AF302116

Martin Hagenmaier

Selbsteinladung ins Paradies

Islamistischer Terrorismus als
religiöse Herausforderung

Bibliografische Informationen der Deutschen Bibliothek

Die Deutsche Bibliothek verzeichnet diese Publikation in der Deutschen Nationalbibliografie; detaillierte bibliografische Daten sind im Internet unter http:/dnb.d-nb.de abrufbar.

1. Auflage als Taschnebuch 2018

Die Originalausgabe erschien im TBT - Verlag, Sierksdorf, im November 2016

Gesamtherstellung und Vertrieb by BoD, Norderstedt, Germany.

ISBN 9783746026483

Alle Rechte vorbehalten. Alle Angaben ohne Gewähr.

Nachdruck, auch auszugsweise, nur mit schriftlicher Genehmigung des Autors. Die Verwendung in anderen Medien oder in Seminaren, Vorträgen etc. ist verboten.

Umschlagsbild: Vertreibung aus dem Paradies, St. Zeno in Verona, Foto: Martin Hagenmaier

Inhalt

Verrückte Religion?

„Langsam, aber unwiderstehlich entgleitet die Welt dem Zugriff des Religiösen. Die Religionen gehören zu den vom Aussterben bedrohten Arten. ... Die Krise ist überall, und überall beschleunigt sie sich, wenn auch in unterschiedlichen Rhythmen." Dieser Einschätzung von René Girard könnte man heftig widersprechen, wenn man die heutige Welt anschaut. Hält nicht die Religion die ganze Menschheit im Würgegriff? Oder sehen wir im *„Schreckgespenst des Fundamentalismus"* nur *„verzweifelte Reaktionen auf die überall zunehmende religiöse Gleichgültigkeit"*?[1]

Religion hat jedenfalls wieder Hochkonjunktur, seit in ihrem Namen (wieder) großflächig gemordet wird. Sie bekommt eine (ihre?) fremde und Angst auslösende Seite (zurück) und verbindet sich mit Fremden- und Globalisierungsängsten. Diese dynamische Entwicklung übertrifft alles, was an fundamentalistischen und anderen Bewegungen trotz oder wegen der Säkularisierung über Europa (und Nordamerika) hinwegging. Sie macht deutlich, dass die großen Antagonismen, die in der religiösen Sprache Ausdruck finden, psychischen Kräften entsprechen, die tatsächlich und nicht nur im Begriff mit Vernichtung und Errettung, Heil und Unheil, Angenommen- und Verworfensein zu tun haben. Die ‚kleineren' Wahnhandlungen erzeugen keine derart große Resonanz: „Frau erschlägt Mutter mit Kreuz", diese Meldung erschien am 25. 3. 2009 bei t-online.de. Die Tat geschah im Wahn, wird die Polizei zitiert. Dadurch fühlt sich aber niemand bedroht. Die Idee ‚Wahn' erzeugt hier Einverständnis im Sinne von ‚Das kommt auch vor…'! Warum ist das so?

Religiöses Verhalten ist außer von Theologie auch Objekt von Religionspsychologie, Psychiatrie und Seelsorge. Alle versuchen, Bedeutungszusammenhänge zwischen der menschlichen Psyche und der Religion bzw. dem religiösen Verhalten aufzuzeigen, um beides einem vertieften Verständnis zuzuführen. Bei der (Psychiatrie-) Seelsorge geht es um die definitorische Trennung von gesunder und kranker Religiosität, bei der Psychiatrie die Annäherung an ein vernachlässigtes ‚Phänomen' vor allem in der psychotischen Erkrankung[2] und bei der Religionspsychologie ein eher nachvollziehendes Verständnis von religiösem Verhalten im Alltag. Religionspsychologie als Religionskritik findet heute wissenschaftlich kaum mehr statt, nachdem die meisten Ergebnisse inzwischen popularisiert wurden. Die These Freuds von der Religion als kollektiver Zwangsneurose[3] ist allerdings mehr vergessen als widerlegt oder bestätigt. Sie wird auch heute weniger als Religionskritik, denn als Religionspsychologie verstanden.[4]

Die „zündende" Bedeutung für „Religion" aus den islamistischen Verbrechen im Namen Gottes hätte von der Religionskritik und -psychologie angesichts des Erstarkens fundamentalistischer Strömungen als Möglichkeit gesehen werden können. Sie blendeten jedoch aufgrund ihrer Befangenheit durch die säkularisierte Sicht eine derartig gewaltförmige Konstruktion von Wirklichkeit grundsätzlich aus und zeigten damit ihre „Beschränktheit" auf die Situation in Europa. Dabei findet die Identifikation von Gott und Gewalt im Alten Testament reichlich Urgrund und Ausdruck, wurde aber gleichsam ‚übersehen' oder als bloß innerpsychische Figur nur theoretisch wahrgenommen.

Religion kam aus der Verdrängung / Säkularisierung und der Konstruktion der Welt als europäischer Vorhof in erstaunlichen Formen wieder, die die ganze abendländische Vernunftgläubigkeit konterkariert. Menschen sind in großer Zahl bereit, bei Meditations- oder Entspannungsübungen dubioser Herkunft nicht nur mitzumachen, sondern sogar etwas zu empfinden, und sich krudesten und abstoßend gewalttätigen Religionsideen anzuschließen.

Immer neue Sektenbewegungen, seit Jahrzehnten mit okkulten Einschlägen, ließen etwas wie ein religiöses Bedürfnis erkennen oder konstruieren. Eine nicht mehr öffentlich gestaltete (kontrollierte) Religiosität verlor ihre offenen entwicklungsfähigen Formen und fiel / fällt in die Stufe des religiösen Anfangs zurück, in der der Mensch in seiner Gruppe nur sich selbst verwirklicht und in seiner Religiosität sein ‚Innenleben' nach außen kehrt. Gott dient dann als Rechtfertigung für die Gewalt gegen „Ungläubige" jeder Herkunft im Sinne der Vereinigung mit der Gewalt Gottes gegen die „große Beleidigung" durch die Missachtung der Ungläubigen. Die Fundamentalismen schließen das religiöse Über-Ich mit einer bei uns als un- bzw. vorbewusst verstandenen archaischen Wut gegen alles andere zusammen und überformen damit alle anderen Wirklichkeitskonstruktionen. Sie üben große Anziehungskraft auf Männer mit darauf ansprechenden psychischen Konstellationen aus. Erstaunlicherweise berichten die Medien auch über Frauen, die an den brutalsten Formen des islamistschen Fundamentalismus beteiligt sind.[5]

Die Pastoralpsychologie versucht im christlichen Bereich, an die Religionspsychologie anknüpfend zu verstehen, wie die Wirklichkeit, die in biblischen Texten, Bildern und Bedeutungen aufgehoben ist, Menschen anregt, sich wieder zu finden, Ähnlichkeit und Differenz zu erfahren, sich auszudrücken und im Ausdruck weitere Wirklichkeit zu konstruieren. Es geht nicht darum, Überlieferungen ‚richtig' zu interpretieren und historisch angemessen zu präsentieren. Vielmehr tritt die Bedeutung, das Bild oder der Text wieder unmittelbar an die Leser/BetrachterInnen heran, indem sie nach Identifikation (Ausschluss von Differenz) für ihre Wirklichkeit suchen. Mit der Übernahme von Wirklichkeiten alter Texte schaffen Menschen so jeweils ihre neue Wirklichkeitskonstruktion.

Es geht dabei um unmittelbare, nicht normative Bezugsetzung. Menschen fühlen sich elementar angesprochen. Sie empfinden in den Texten und Bildern die Ambivalenz, die der Protestant als simul iustus ac peccator kennt, aber nur einpolig – also normativ - benutzt. Die Unmittelbarkeit wirkt aber als verwobene Konkurrenz von Heil und Unheil, Gut und Böse, Erlösung und Verdammung etc. Sie tendiert zur Identifikation mit den Gestalten des „Welttheaters" in jedweder Art. Die Art, in der sie nun in der persönlichen Begegnung empfunden und ausgedrückt wird, hilft dazu, an den Bedeutungen dieses Gegenübers teilzunehmen. In der Begegnung mit den Texten und ihren Bedeutungen verdichtet sich der „Jetztzustand", die aktuelle Konstruktion, mit den Erfahrungen von Heil und Unheil zum Ausdruck einer Lebensperspektive.

Die identifikatorischen Prozesse können auch tödliche Wirkungen generieren. In den pastoralpsychologischen und theologischen Konstruktionen galt und gilt stets der Grundsatz, Religion und der Umgang mit Religiösem sei heilsam im ureigentlichen Sinne. Besonders das seelsorgerliche Herangehen unter dem Aspekt des ‚richtigen' Glaubens sei hilfreich, weil SeelsorgerInnen neben dem Akzeptieren Klarheit gegenüber religiöser oder psychotischer Verwirrung ins Spiel bringen.[6] Die Antagonismen Heil und Unheil stehen unter der Prämisse, dass Gott das Heil will und das Unheil durch Glauben besiegt ist bzw. werden kann. Im Sinne des konstruktivistischen Ansatzes handelt es sich aber um die Begegnung verschiedener Wirklichkeitskonstruktionen. Die eine ist durch Konvention und Bedeutungshierarchien in der Gesellschaft positioniert, die andere (durch Ablehnung der anderen oder/und Diagnosen) sanktioniert. Die christliche Theologie und die Seelsorge haben ihre Position (noch) als Teil der gegenwärtigen plausiblen ‚Ordnung der Welt' und sind Agenten in einer gesellschaftlichen Position, wobei allerdings die Konkurrenzen religiöser und anderer Art zunehmen. Wenn sie zum Verständnis bedrohlicher religiöser Haltungen oder Denkweisen beitragen wollen, dann auch unter dem Aspekt des Erhalts des eigenen Systems. (Das gilt sicher auch für das islamische Denksystem und vermutlich für alle anderen Religionen.)

Das konkurrierende System betont in den Religionen einen Pol, den die systemerhaltende Position interpretatorisch minimiert: Da die „Ungläubigen" (die Anderen) die Herrschaft Gottes bestreiten und ihn dadurch beleidigen, ist es notwendig, diese mit Nachdruck durch ihre

(geistliche) Bekämpfung oder gar (physische) Beseitigung (wieder)
herzustellen. Das Heil der Welt liegt in der unumschränkten Herrschaft Gottes. Die beleidigende Gottvergessenheit der Anderen steht
daher dem Heil im Wege. Sie sind zu beseitigen, wegzubeten, zu be-
kehren oder sie werden das ewige Unheil schauen.

Verrückte Religion? Religion kann als so „verrückt" bezeichnet werden, wie die Menschen, die sie leben und rekonstruieren. Sie ist nicht
von sich aus verrückt oder gefährlich. Ihr Reiz liegt darin, dass jede
von ihnen ein Ensemble von Bedeutungen darstellt, mit Hilfe dessen
Menschen ihre wesentlichen Grundfragen zu beantworten versuchen.
Niemand konstruiert seine Wirklichkeit alleine, sondern immer in
Abhängigkeit von bzw. Auseinandersetzung mit Systemen und Sys-
temstrukturen, die Macht- und Sinnstrukturen entsprechen. Neurowis-
senschaftler versuchen Religion als Konstruktion des Gehirns in den
Arealen zu verorten, die für Wahrnehmung und Konstruktion sozialer
und emotionaler Netzwerke zuständig sind. Wahnähnliche Zustände
wären dann nichts anderes als das Überentwickeln normaler Vorgän-
ge.[7]

Ich beschreibe und untersuche religiöse Strukturen im Zusammenhang
mit dem islamistischen Terrorismus und möchte zeigen, dass die
„Gewalt", die dem „fremden Gott" zugeschrieben wird, zu den Urver-
ständnissen auch der christlichen Religion gehört. Nur der Umgang
mit diesem Urgrund hat sich verschieden entwickelt. Daher steht der
„fremde Gott" dem eigenen näher als gedacht. Zum Vergleich und zur
Differenzierung betrachte ich die psychiatrische Diagnose religiöser
Wahn anhand von mehreren Fällen. Als Wahn wurde nämlich der
islamistische Terrorismus insbesondere nach dem 11. September 2001
und bis heute weltweit bezeichnet. Der Vergleich führt durch Unterschiede oder Differenzen zum Verständnis.

Häufiger erscheinen auch den Menschen, die sich in ihrer Religion zu
Hause und geborgen fühlen, religiös motivierte Verhaltens- oder
Denkweisen als ‚religiöser Wahn'. Sie meinen damit umgangssprach-
lich sowohl diagnostisch erfassbare als auch eher einfach unverständliche Ausdruckweisen religiösen Glaubens oder Begründens.

Jetzt beschreibe ich noch meine Denkweise. Bei der Arbeit an subjektiven Einschätzungen und Vorstellungen – also an Wirklichkeitskonstruktionen – rechne ich mit mehreren Faktoren der Verzerrung. Der
gravierendste davon ist die Plausibilitätsstruktur des Autors, also in
diesem Fall meine. Ich bin eingebettet in die Plausibilitätsstruktur der
westeuropäischen und hier wieder der westdeutschen Gesellschaft.
Dann hat sie mit meinem beruflichen Arbeitsfeld als Seelsorger zu tun
und umfasst schließlich persönliche Erfahrungen verschiedenster Art.

Zudem rechne ich damit, dass meine Plausibilitätsstruktur einer Rationalitätsunterstellung folgt, die zum Beispiel Sie als Leserin oder Leser nicht teilen.[8]

In der reflektierten Einstellung erscheint die Welt als interpretierte und konstruierte soziale Ordnung und Struktur[9], deren jeweiliger Interpretationsstandort verschiedenste Rationalitäten[10] hervorbringt. Wir gehen bei dem, was wir miteinander austauschen, um unser Handeln zu erklären, von der Unterstellung aus, unsere Handlungen seien mitteilbar und „rational". Die eigenen Handlungen und Denkweisen verstehen wir als rationale Folgen von ..., wobei das „Unpassende" der Tendenz unterliegt, passend gemacht zu werden. Wir unterliegen dem „Drang, die Dinge des Alltags in eine Ordnung zu bringen"[11] und darin zu halten.

Unsere Weltkonstruktionen – landläufig Weltbilder - sind nicht einfach veränderbar. Wir schreiben sie täglich fort und bilden sie dadurch immer weiter aus. Sie sind unsere Identität. Alles was ihnen widerspricht, scheidet aus unserem Wahrnehmungshorizont aus. Sonst würde es das fraglose Dasein in dieser Welt bedrohen. Diese Homöostase tendenz kennzeichnet alle Systeme, die Menschen ausbilden. Die Weltkonstruktionen werden daher aktiv verteidigt.

Auch Wahnvorstellungen und religiösen Ideen sind sich fortsetzende Konstruktionen der Welt, die nach Homöostase streben und insofern als fragloses Bezugsschema wirken. Daher müssen alle Akteure so verstanden werden, dass sie zunächst ihr Schema immer weiter auszubauen bemüht sind und die Welt nach diesem interpretieren und konstruieren. Wenn sich ausschließende Bezugsschemata aufeinander treffen, wie es auch in Wahnvorstellungen der Fall ist, entwickeln die darin entstehenden Rationalitäten eine Qualität, die den Anderen oder das Andere als ‚falsch', ‚widergöttlich' oder ‚unwahr' verstehen muss. Der Gegensatz heißt dann nicht ‚Wahn' oder ‚normal'. Vielmehr stehen sich einander ausschließende Konstruktionen gegenüber, die zu betrachten das Ziel dieser Re-Lektüre ist. Die eigene Betrachtungsperspektive ist nur eine solche und kein Standpunkt von außerhalb.

Eine Verschärfung dieser autopoietischen Homöostase bringt Peter Sloterdijk ins Gespräch und schafft damit den Übergang von der Homöostasetendenz zur Transzendenz. Er sieht das Leben selbst „als eine mit autotherapeutischen oder ‚endoklinischen' Kompetenzen ausgestattete Integrationsdynamik, die sich auf einen artenspezifischen Übungsraum bezieht. Ihm kommt eine ebenso angeborene wie – bei höheren Organismen – adaptiv erworbene Zuständigkeit für Verletzungen und Invasionen zu, die ihm in der fest zugeordneten Umwelt oder in der eroberten Umgebung regelmäßig begegnen. Solche Immunsysteme könnte man ebenso gut als organismische Vorformen eines Sinns für Transzendenz beschreiben: Dank der ständig sprungbereiten Effizienz dieser Vorrichtungen setzt sich das Lebewesen mit seinen potentiellen Todbringern aktiv auseinander und stellt ihnen sein körpereigenes Vermögen zur Überwindung des Tödlichen entgegen. ... Für jeden Organismus ist seine Umwelt seine Transzendenz, und je abstrakter und unbekannter die Gefahr ist, die von der Umwelt her droht, desto transzendenter steht sie ihm gegenüber."[12] Die Tendenz zur Homöostase ist als „angeborene" Ausstattung zu verstehen, die das System erst zu einem solchen macht. Unter Zuhilfenahme dieser Ausstattung bilden Individuum und Gesellschaft in ständiger Übung Systeme zur Bewältigung der Widerfahrnisse aus. Die ‚Humansphäre' arbeitet mit drei Immunsystemen, neben dem automatisiert biologischen mit einem sozio-immunologischen (Justiz, Militär etc.) sowie dem psycho-immunologischen oder symbolischen System. Letzteres ist für die Bewältigung der Verwundbarkeit des Menschen im Sinne der schicksalhaften ‚Todestendenz' zuständig und betätigt sich „in Form von imaginären Vorwegnahmen und mentalen Rüstungen"[13]. Alle drei Immunsysteme sind aber auch untrennbar ineinander verwoben. Die psycho-immunologischen Systeme „funktionieren nicht hinter dem Rücken der Subjekte, sondern sind ganz in deren intentionales Verhalten eingebettet - nichtsdestoweniger ist es möglich, dieses Verhalten besser zu verstehen, als es von seinen naiven Agenten verstanden wird."[14] Damit begründet Sloterdijk Kulturwissenschaft als möglich und nötig, ja als verstehensmäßige nicht-naive Bedingung für das Überleben der Kulturen.

Man muss damit rechnen, dass gerade die Religionen in all ihren Ausprägungen in diesem Sinne als psycho-immunologische Systeme fungieren. Da sie „einer Explikation ihrer dunklen Seite fähig sind"[15], lassen sich auch verwirrende oder bedrohliche Formen als Immunwirkung verstehen. Der übende Mensch versucht eine Bewältigung seines Daseins zu erzielen. Einige geraten durch „Vorwegnahme" und „mentale Rüstung" auf Abwege, die nur schwer abzuwehren sind. Ich möchte daher nicht „sichere" Elemente der Religionen von „gefährlichen" trennen, sondern verstehen, dass und wie die „sicheren" Anteile auch Grundlagen für die „gefährlichen" sind. Sowohl der Ex-tremist übt sich in der „Askese" seiner jeweiligen Weltsicht immer weiter ein, wie auch jeder andere Mensch sich in seinem jeweiligen konstruktiven Werk der Erstellung seiner eigenen Welt und deren Immunologisierung zu vervollkommnen trachtet. Die These Sloterdijks, dass die Religion gar nicht existiert, ist in diesem Zusammenhang nicht so sensationell wie sie einigen erscheint. In konstruktivistischer Sicht „gibt es" auch keine Wirtschaft oder Kultur – alles wird je und je weiterübend konstruiert. Wer will dem widersprechen?

Nun frage ich mich noch - aus meiner Sicht folgerichtig: Kann ‚Wahn' hier wirklich als Leitbegriff dienen? Ist das nicht bloß meine Form der Homöostase? Liegt nicht vielleicht ein anderer Begriff oder ein anderes Modell der Interpretation näher, das der Psychopathie? Bereits Arno Plack hat die Terroristen der 70iger Jahre Psychopathen genannt, weil sie seiner Meinung nach durch Gewalt das Gegenteil der angestrebten Freiheit erreichten.[16] Das könnte man auch auf Suizidattentäter anwenden, die Gottes Herrschaft durch Mord und Selbstmord erreichen wollen. Es gälte aber wohl für alle Terroristen, weil jeweils die Reaktion der Gesellschaften weltweit mehr aus Abwehr als Zustimmung besteht.

Persönlichkeitsstörung[17] heißt die Psychopathie heute auch in Deutschland. Noch Ende des 19. Jahrhunderts verstand sie beispielsweise der Psychiater J.L.A. Koch als genetische Minderwertigkeit. Der Begriff wurde aber schon von F. Pinel im Jahr 1809 benutzt.[18] In der Weimarer Zeit erlebte die Psychopathie – Idee dann einen großen Aufschwung.

In den 1980iger Jahren wurden im psychiatrischen Lehrbuch die Begriffe Psychopathie und Psychopath zurückgewiesen.[19] Aus psychotherapeutischer Sicht hat Harald Schultz-Henke schon vorher den Begriff nur „in Anführungszeichen" verwendet.[20] Die englischsprachigen Fachleute verwenden den Begriff psychopathy weiter und der schlägt sich differenzierter als vor hundert Jahren in einer Liste der psychopathy nieder, die dann wiederum in den internationalen Diagnoseschlüssel eingegangen ist (ICD 10 (F6) F 60.1 bis F 60.8).[21]

Einen Perspektivwechsel zum Thema Psychopathie hat Kevin Dutton präsentiert. In seiner Schrift werden als Kennzeichen die für ‚Lebenserfolg' notwendigen Eigenschaften Skrupellosigkeit, Charme, Fokussierung, mentale Härte, Furchtlosigkeit, Achtsamkeit und Handeln aufgeführt. Diese Merkmale kommen bei jedem vor. Der Psychopath aber liegt mit allen immer ‚am Anschlag' und kann sie nicht „herunterregeln". Das ‚normale Leben' verlangt jedoch stets eine angemessene Dosierung.[22]

Der Begriff Psychopathie oder die entsprechende Bezeichnung Persönlichkeitsstörung bieten aufgrund Ihrer Entstehungsgeschichte und ihrer mangelnden Erklärungs- und Diagnosefähigkeiten keinerlei Anhaltspunkte, damit eine Erscheinung wie die des islamistischen Terrorismus noch überhaupt etwas deuten zu wollen oder zu können. Beide Bezeichnungen sind allenfalls Etiketten für unerwünschtes Verhalten. Daher bleibt diese Untersuchung bei dem Begriff des Wahns.

9

Mein Vorhaben, mit dem Begriff Wahn im Feld des Islamismus und einigen Reaktionen darauf zu operieren, kann ich nicht einfach wie eine vorfahrtberechtigte Hauptstraße durchziehen. Eine Unzahl von Wahrnehmungen, politischen und religiösen Implikationen, persönlichen und gesellschaftlichen Ängsten sowie martialischen, menschenverachtenden und manchmal auch tragischen Ereignissen verlangen aus meiner Sicht vielmehr eine perspektivische Arbeit. Perspektivisch heißt: Ich umkreise nach der Be-griffsbildung zum Wahn mein Thema islamistischer Terrorismus als religionsgeleiteter Terrorismus mehrfach und schildere, was ich aus der jeweiligen Perspektive wahrnehme. Das führt dann zu Ergebnissen, die mir zeigen, dass hier alles auf religiöse und politische Art mit allem zusammenhängt. Der Wahn der einen wird mit dem Wahn der anderen beantwortet und umgekehrt. Den Wahn generiert das gesellschaftliche Dasein. Er nährt sich aus persönlichen und historischen Erfahrungen und Deutungen. Die Religionen, die im Nahen Osten entstanden sind, können sich nicht aus der Diskussion mit dem Hinweis verabschieden, alles sei eine Fehlinterpretation.

Als Ergebnis sehe ich keine Strategie der Lösung des Problems, sondern nur den Vorschlag, die in Wahn gefassten Bedeutungen miteinander zu verhandeln. Das setzt voraus, dass der eine den anderen als Mitmensch anerkennt. Eben das scheint das größte Problem zu sein.

Religiöser Wahn

Das Geschehen am 11. September 2001 und alle Nachfolgetaten wurden häufig und bis heute unter ,religiöser Wahn' subsumiert. Was aber ist religiöser Wahn? Ich schaue den Begriff ,religiöser Wahn' an, um mit einigermaßen sicherem Begriffs- und Bedeutungsfeld zu arbeiten. Die Religiosität in der Psychiatrie gibt für die Fragestellung des Wahns besonders viel her, weil von psychisch kranken Menschen religiöse Bedeutungen unmittelbar zur Beschreibung gegenwärtiger Identität benutzt werden. Die Befremdung, mit der die Umwelt diesen Beschreibungen begegnet, hebt die Bedeutung solcher Identität. Einerseits sind viele Menschen nämlich bereit, andere als Erleuchtete anzunehmen (mit allen Konsequenzen für ihr leibliches und seelisches Leben), andererseits werden religiös nicht durch Studium, Beruf, Klosterdasein etc. qualifizierte Menschen mit dem Stempel "Wahn" in Krankenhäuser gebracht. Die Ambivalenz diesen Erscheinungen gegenüber geht bis in das Neue Testament. Das beschreibt besonders klar die „Verwerfung" Jesu in seiner Heimatstadt Nazareth in Lukas 4,19. Die Wundererzählungen enden oft mit dem „Entsetzen" der Menge. Den Unterschied zu den terroristischen Wahnvorstellungen, so es sich um solche handeln sollte, kann man aber darin noch nicht erkennen. Daher folgen nun Beispiele unbestreitbaren religiösen Wahns.

Frau A und die Wiederkunft Christi

Frau A hat in langer und mühsamer Arbeit mit der Bibel und innerhalb einer freien Gemeinde, der sie mehr als zehn Jahre angehört, herausgefunden, dass ein äußerst wichtiges Ereignis bereits gewesen ist: die Wiederkunft Christi. Wie Schuppen fiel es ihr eines Tages von den Augen. Sie hörte eine Stimme vom Nordhimmel, dass der Herr mit den Füßen auf dem Ölberg steht. Zur Erklärung dessen, dass sie es erst so spät bemerkt hat, führt sie eine komplizierte Zahlenrechnung an, nach der 42 Jahre von einem biblischen Autor und der kirchlichen Interpretation unterschlagen worden seien. Die genaue Kenntnis der Zahlen aus diversen alttestamentlichen Büchern lässt eine präzise Arbeit annehmen.

Frau A zieht aus ihrer Erkenntnis Konsequenzen. Sie möchte dem Herrn mit einer Öllampe entgegengehen, nachdem sie die Nacht durchgewacht hat. Zunächst fährt sie mit der Bahn, später setzt sie den Weg zu Fuß fort. Allerhand merkwürdige Ereignisse begegnen ihr unterwegs, aber nicht der Herr. Sie wird müde, setzt sich hinter einen Busch. Als sie sich umdreht, steht ein Polizeiauto hinter ihr. Die Polizisten bringen sie nach Hause. Dort allerdings hat bereits die Ordnungsbehörde die Tür versiegelt. Sie wird in ein psychiatrisches Krankenhaus gebracht, wo sie sehr gut argumentieren kann, was die Inhalte der Bibel betrifft. Dennoch nimmt das Gericht eine Zwangseinweisung vor. Die Begründung Psychose erscheint plausibel, zumal Frau A nicht das erste Mal in dieser Hinsicht aufgefallen war. Zum Hintergrund wäre zu sagen, dass Frau A in sehr eingeschränkten materiellen Verhältnissen lebt und zusätzlich auch noch viele Probleme mit ihrem ehemaligen Lebensgefährten hat. Sie geht ihrer eigenen Gemeinde und auch anderen Menschen durch übergroße Genauigkeit im Hinblick auf die Bibel eher auf die Nerven als sie zu überzeugen.

Eine Interpretationsmöglichkeit kann man eher erahnen. Das große Ereignis - auch noch durch exakte Bibellektüre nachzuweisen - wäre der Ausweg aus dem kleinen belasteten und ereignislosen Dasein ohne weitere konkrete Utopie. Damit ist ein psychodynamisch offensichtlich sehr wesentlicher Punkt religiösen Verhaltens angezeigt: Wo Identität zerbricht, bietet sich das Religiöse als Stütze an. Bei Frau A vereinen sich Sondererkenntnis, exakter biblischer Nachweis und tatsächliche Umsetzung in eine Handlung zu einer neuen, wenn auch mühsamen und bedrohten Identität. Sie erinnert mit ihrem Weg der religiösen Handlung an die "Sondererkenntnisse" vieler Sekten, deren bedrohte Identität durch starres Ritual und scharfe Mitgliederkontrolle geschützt wird.

Bei der Interpretation frage ich mich allerdings in diesem frühen Stadium auch, ob nicht vielleicht zusätzlich oder auslösend ein persönlicher realer Konflikt eine Rolle spielt, der sehr tief an die Wurzeln der Lebensvorstellungen von Frau A reicht. Ohne dass diese Fragen gelöst wären, "stabilisiert" sich Frau A in ihrem Verhalten wieder und kann nach einigen Wochen entlassen werden. Ihr Kontakt zu mir als Seelsorger lässt sich aus der Aussage entnehmen, mit der sie sich nach einem Gottesdienst verabschiedete: „Es gibt Predigten, die sind dünn. Ihre war sehr dünn!" Die Worte ‚sehr dünn' dehnte sie lang und laut. Ein positiver Gesprächskontakt ist nicht entstanden.

Im folgenden Sommer ist Frau A erneut im psychiatrischen Krankenhaus. Sie eröffnet mir freudestrahlend, sie habe nun die endgültige richtige Offenbarung über die Wiederkunft Christi erhalten. Sie sei glücklich, mir das mitteilen zu können, es sei eine wahre und unumstößliche Gewissheit..... Wir müssten jedoch sehr schnell noch möglichst viele Menschen vor dem Gericht erretten. Meine Aufgabe als Prediger sei es nun, die Dinge deutlich beim Namen zu nennen, den als Hure Babylon jetzt entlarvten ‚anderen Teil' der Christenheit anzuprangern und meine Amtsbrüder sofort telefonisch zu unterrichten.

"Was", sagt Frau A im zweiten Gespräch, "Sie haben nichts unternommen, um die Botschaft von der Wiederkunft Christi zu verbreiten und einige Seelen zu retten?" Ihre Stimme wird ziemlich laut und sehr heftig. "Das wird auf Sie kommen im Gericht!" Nach einer Weile fügt sie dann etwas leiser und nicht weniger klar hinzu: "Ich weiß jetzt auch den Termin, es ist in zwei Wochen um fünf Uhr nachmittags." Sie lässt mich stehen und fängt an, ihre Mitpatientinnen wegen deren unchristlicher Kleidung zu beschimpfen, ihnen die Botschaft einzuschärfen und im Übrigen das Fernsehprogramm ganz allein zu bestimmen. Widerspruch duldet sie nicht, sie ahndet ihn sogar mit einer deftigen Ohrfeige.

Zum festgesetzten Termin der Wiederkunft Christi sitzen sie, einige Mitpatienten und ich zusammen in "Warteposition". Als der Herr nicht in Erscheinung tritt, beginnt Frau A, ihre Vorstellung mit Interpretationen zu retten. Er selbst sei noch nicht da, aber die Wolke, auf der er kommen werde, sei bereits zu sehen. Jeder habe ja mit verfolgen können, wie just zur bestimmten Zeit der Himmel sich einzutrüben begonnen habe. Dass die Wolke am Westhimmel aufzog, schien sie nicht zu beschweren. Einige Mitpatientinnen schienen eher enttäuscht, einige der Männer hatten etwas Spott übrig.

Frau A wirkt seither eher mehr als weniger gereizt. Sie beginnt aber, sich auf "echte" Gespräche mit mir einzulassen und wird nach einigen Wochen wieder entlassen. Sie gleicht jetzt einer relativ durchschnittlichen älteren Dame und jeder weiß, dass sie zu Hause nicht gerade auf Rosen gebettet sein wird. Sie forscht wahrscheinlich weiter nach dem großen Ereignis, mit der Bibel und auch anderen Eingebungen oder Hilfsmitteln. Für die Kirchengemeinde durchschnittlicher Prägung ist das noch unzugänglich. Selbst Freikirchen sind da vorsichtig. Aber Frau A ist (noch) nicht zu bewegen, sich gründlich und regelmäßig weiter auseinanderzusetzen. Es bleibt bei einer Anzahl eingehender Gespräche im Krankenhaus.

Wenige Tage später saß mir eine gedrückt wirkende Frau gegenüber, die von sich aus keinen Kontakt mehr suchte. Ja es sah gerade so aus, als sei sie mir aus dem Wege gegangen, bis ich mich von mir aus direkt an sie wandte.

Sie wisse es jetzt, dass alles eine Illusion gewesen sei. Sie sei ja oft genug gewarnt worden. Nun habe sie heftige Schuldgefühle und die große Frage, ob denn der Glaube nichts sei? In einem Nebensatz gibt sie Auskunft über die Hintergründe ihres Suchens und ihrer Schuldgefühle. Sie sei der Meinung gewesen, der da kommt, das sei ihr eigener Sohn, sie selbst also die Mutter Jesu. Real - so berichtet sie weiter - habe ihr Sohn schon seit Jahren jeden Kontakt mit ihr abgelehnt und sich verbeten, dass sie Kontakt mit ihm und seiner Familie aufnehme. Ihre Sünden müssten ihr vergeben werden. Frau A ist jetzt allein und nicht von einer aufgeregten Schar von Mitpatienten umgeben. Sie wisse nicht, wie es nun richtig weitergehen solle. Sie könne einfach nicht mehr. Übrigens: Die Offenbarung, die sei an ihrem Zustand schuld. Man dürfe nicht in der Offenbarung lesen. Sie sei jedoch auch hier genug gewarnt worden. Wenn sie an all die grausigen Bilder denke....

Ich versuche, der Zuversicht Ausdruck zu geben, der gegenwärtige Zustand werde irgendwann vorbeigehen, auch wenn sie selbst das so nicht empfinden könne. Ich hätte das schon öfter erlebt. Frau A möchte jedoch die Versicherung haben, es sei durch ihre jetzige Erfahrung nicht der ganze Glaube null und nichtig.

In einem weiteren Gespräch wehrt Frau A den Gedankengang, die ganze Entwicklung könne mit ihrem Wunsch, den Kontakt mit dem Sohn wieder herzustellen, zu tun haben, ab. Das bringe sie nur durcheinander! Sie möchte von mir ein Wort der Bibel haben, das ihr die Gewissheit gebe, nicht aus dem Heil in die Verdammnis gefallen zu sein, sie könne gar nichts mehr und ihr ganzer Schwung sei doch weg. Meine Versuche, ihr zu sagen, sie sei jetzt in einer schlechten Situation und könne deshalb nicht mehr so frohgemut glauben, möchte sie nicht gelten lassen. Frau A kommt auf den Jakobusbrief zu sprechen, wo von den Kranken gesagt wird, sie sollten durch die Handauflegung der Ältesten behandelt werden. Wir suchen gemeinsam nach dem Gleichnis von "verworfenen" Knechten, die schlafen, wenn der Herr kommt.

Die Leidensgeschichte von Frau A ist damit noch nicht zu Ende. Sie wird entlassen, löst ihre Wohnung auf und geht in ein Heim. Einige Wochen später taucht sie in einem völlig verwirrten und desolaten Zustand wieder auf. Sie habe nun den Herrn gefunden. Es sei ein Mitbewohner des Heimes, der sich "genau ausweisen" konnte. "Er wusste alles, was der Messias wissen muss." Erst nach drei Wochen kam der nun fast bemitleidenswerten Frau die Erkenntnis, dass sie "betrogen" wurde. Woher die Wende rührte, ließ sich nicht eruieren. Die Krise scheint diesmal schneller beendet als sonst.

Weiterer Interpretationsversuch

Will man die Geschichte von Frau A weiter interpretieren, lässt sich zunächst nur mit Sicherheit von einer Psychose sprechen, die phasenartig verläuft. Die "Erleuchtung" gibt der Erleuchteten die Macht über die Geschicke und andere Menschen jedenfalls in der eigenen Identität. Damit lässt sich Böses und Widerständiges abwehren und die eigene Rolle und Identität mit großen Bedeutungen neu definieren.

Der Schweizer Psychiater Christian Scharfetter deutete solche Symptome als „Indikatoren der Betroffenheit", die dem „Therapeuten Hinweise, was der Patient unmittelbar braucht", vermitteln.[23] Die Art der Verarbeitung der biblischen Inhalte zeigt an, dass Frau A etwas braucht, was ihrem Leben Halt und Sinn verleiht und die Niederungen ihres Weltempfindens überwindet. Und noch einmal Chrstian Scharfetter: "In der desintegrativen Krise des Ich-Bewusstseins, die wir Schizophrenie nennen, sind häufig im eigentlichen Sinne weltbewegende Themen da: Tod und Wiedergeburt, Weltuntergang und Weltschöpfung, Schöpfer und Geschöpf, Sender und Gesandter, Gut und Böse, Schuld und Sühne, Krankheit und Heilung, Ausgesetztheit und Aufgehoben-Sein, Getrennt - Sein und Eins-Sein. Dies sind religiöse Grundthemen der Menschheit. .... Es gibt aber Wandlungen der Persönlichkeit durch diese Erfahrung, manchmal zu Reife und spiritueller Vertiefung."[24] Er warnt davor, religiöse und psychotische Erfahrungen in einen Topf zu werfen.[25] Es wäre wohl möglich, dass Frau A in einer anderen Umgebung einen religiösen Impuls ausgelöst hätte, etwa eine Gruppe um sich geschart, die mit ihr die Endzeit erwartet hätte. In der Hauptsache dient aber ihre wahnhafte Verarbeitung biblischer Inhalte dem Ziel, die Bedrohung der eigenen Identität zu kompensieren. Dabei geht es auch um eine Veränderung der gesamten Umweltwahrnehmung, die mit dem veränderten Ich interagiert. „Bei den Ich-Störungen ist besonders interessant, wie sich nach den Schilderungen von Patienten die innere Logik erschließt. Wenn jemand in dem Chaos seiner eigenen Gedanken und Wahrnehmungen überhaupt nicht mehr zurechtkommt,..., dann wirft er den Notanker – auf andere Menschen.... Es mag ein tolles Gefühl sein, zum Beispiel Napoleon, Gott oder Jesus zu sein. ... Es erscheint als Lösung, dem eigenen Chaos zu entkommen, einfach das Ich zu wechseln."[26] Georg Northoff sieht das Ich als „Beziehung zwischen Gehirn und Umwelt". „Wenn das Ich verändert ist, verändert sich die Beziehung zur Umwelt."[27]

Nicht nur in der Seelsorge wäre es sicher falsch, mit Gegenargumenten die Sichtweise von Frau A zu entkräften.[28] Zunächst muss die Funktion der Religion als Sicherung der Person erkannt sein, bevor ein Umgang möglich wird. Der Wahn führt nicht zum Leben, wie es der Glaube verspricht, sondern versucht, die Welt festzustellen, damit Ambivalenzen und Unsicherheiten ausgeräumt sind. Der Glaube aber überlässt gewissermaßen die letzte Entscheidung Gott und hilft dadurch dem Menschen, sich in der Welt der Ambivalenzen zurechtzufinden, weil er sie bei Gott aufgehoben weiß. Das ‚Feststellen der Welt' gleicht einem ähnlichen Konstrukt im islamistischen Terrorismus. Deutlich wird damit, dass eine religiöse Wahnvorstellung – auch wenn sie psychiatrisch als Psychose diagnostiziert werden kann –

ganz offenbar Sicherheiten ohne Ambivalenzen im Sinne einer ganz großen Klarstellung sucht oder behauptet. Dies geschieht als Selbstheilungsversuch.

Selbstheilung durch persönliche Glaubens - Dosis?

Andere Beispiele für religiöse Funktionen. Es kommt vor, dass jemand in einer Krankheitsphase äußert: "Ich bin Gottes Frau, das ist mein Geheimnis und soll es bleiben!" Gleichzeitig formuliert diese Frau die Frage, ob es Sünde ist, einen Kaplan mit einer Liebesbeziehung zu "verfolgen", ohne dass er etwas davon weiß. Beides mischt sich mit "mystischen Gedanken", von der Braut Christi, die an mittelalterliche mystische Vorstellungen erinnern.

Andere Menschen gehen während oder nach einer psychischen Erkrankung zu Religionsgemeinschaften, die sichtbare Zeichen einer Aufnahme, wie (Wieder-) Taufe, oder Bekenntnis vollziehen. Ist es eine psychische Strategie der Immunisierung gegen das Leben bzw. bestimmte seiner Aspekte? Betroffensein von Ereignissen kann dann eingeordnet werden in eine bestimmte, vorgefertigte und eingeprägte Sicht der Welt und des Glaubens, in die der nunmehr Gläubige immer tiefer einsteigt. Die eigene Position wird damit dem einzelnen deutlich. Wer sich mit einer solchen Strategie in die Hände einer eher ‚strenggläubigen' Gemeinschaft gibt, lässt sich beim Hinausfallen aus den Sicherheiten dieser Weltsicht, zur Verstärkung für die anderen Mitglieder, leicht als psychisch krank verstehen. Der Betroffene selbst ist im Rahmen einer solchen Gemeinschaft auch eher bereit, dies einzusehen, weil er ja selbst die Immunisierungsstrategie verfolgt hat. Die Immunisierungsstrategie gegen die Realität verschafft also nicht Leidensfreiheit, aber doch eine bestimmte Sicht des Leidens, eine Leidensqualität. Die Hinwendung zu einer strengen Gemeinschaft kann auch als Strategie der Selbstheilung und Akzeptation gesehen werden. Diese Gemeinschaften werden bei religiösen Bildern der genannten Qualität aber zunehmend abweisend, weil sie Identifikationen mit dem Heiligen auch nicht gutheißen. Sie werden also die Dosis des Glaubens als Heilungsstrategie erhöhen und immer neu anpassen.

SeelsorgerInnen sind bisher kaum in der Lage, eine solche Selbstheilungsstrategie entsprechend zu begleiten, sodass sie darüber hinaus zu einer Integration der Religion in die Person führt. Die Anbindung der Person an die Religionsgemeinschaft verläuft in Form einer Art Dauermedikation. Bestimmte Dosen des Glaubens werden täglich verabreicht bzw. selbständig "eingenommen".

Immunisierungsstrategie

Wenn man Vergleiche mit "normalem" religiösem Verhalten zieht, so

fallen zahlreiche Parallelen auf, die auf eine Strategie der Immunisierung hindeuten:
- Gebet in Notzeiten,
- Zunahme des Kirchenbesuchs bei schwierigen Lagen (Schweden nach dem Palme-Mord, Lage nach dem 9.11.2001, ‚Tsounami' in Südasien),
- Grund für die Kindertaufe in einer Art Immunisierung des Säuglings gegen Unglück ganz im Gegensatz zur gängigen Theologie,
- kirchliche Eheschließung als besondere Versicherung gegen kritische Partnerschaftsentwicklung.

Auch das volkskirchliche Leben trägt diese Art von Immunisierungscharakter. Die religiöse Distanz ist geradezu eine Bedingung eines religiösen Kirchenverständnisses, das der Immunisierung dient. Man könnte, angeregt durch das Selbstverständnis, den Umgang des Glaubenden mit seiner Religion(sgemeinschaft) auch mit einem anderen Vorgang vergleichen: mit der Nahrungsaufnahme. Dann würde der Glaube zum täglichen Brot und hätte mit der Immunisierung nichts zu tun. Auch die Nahrungsaufnahme erfolgt manchmal ritualisiert und in bestimmten Formen der Abhängigkeit.

Die Umstände des Umgangs mit dem Glauben lassen jedoch bei vielen eher auf Medikation schließen. Denn die Mitglieder begeben sich in eine starke Abhängigkeit von der Interpretation durch den Pastor. Dieser kontrolliert und verabreicht die Dosis und stellt selbst und mit seiner Leitungsgruppe Diagnosen, wann, wie viel und welche Art der Glaubensmedizin im Moment nötig sei. Die religiös gedachte und formulierte Heilung an Leib und Seele ist nahezu als therapeutisches Ziel anzusehen.

Dies geschieht religionsübergreifend überall da, wo Religion religiös gedacht und genutzt wird. Bei der Erkrankung eines Moslems, die als Psychose diagnostiziert wurde, ergab sich ein Konflikt, der sich in nichts von dem unterschied, was an Konflikten auch im Bereich unserer Seelsorge auftreten kann. Der Vorbeter besuchte den Erkrankten und wollte mit ihm ein siebentägiges Programm der Seelsorge beginnen, das aus Koranlesen und Gebet bestehen sollte. (Wie mir erklärt wurde, handelt es sich dabei um ein meditatives, von wenigen bedeutungsvollen religiösen Formeln eingeleitetes freies Gebet). Aus der Sicht des Vorbeters konnte dieses seelsorgerliche Vorgehen dem Kranken helfen, ohne dass die psychiatrische Behandlung, dadurch gestört wurde.

Der Betroffene aber wurde durch das Gebet in einen Zustand schwerer innerer Spannung versetzt, die sich auch körperlich äußerte. Der behandelnde Arzt interpretierte das als "Dekompensation". Er untersagte die "Gebetsstunden", weil sie dem Patienten schadeten. Bei distanzierter Betrachtung aber handelt es sich hier einfach um zwei konkurrierende Therapien. Das seelsorgerliche Handeln ist trotz oder vielleicht gerade wegen seiner traditionellen Mittel in diesem Falle ein therapeutisches Programm, das ausdrücklich die Heilung zum Ziel hat.

Zwischen den Religionen und Religionsgemeinschaften verschiedener Prägung herrscht kein Gegensatz prinzipieller Art. Die strengen und sektenartigen bilden aber einen Zusammenschluss von Menschen, die Immunisierung sehr dringend brauchen und die Religion therapeutisch benutzen.

Symbole tauchen aus dem „Unterbewusstsein" auf.

Ein erstaunliches Phänomen tritt dabei immer wieder auf: dass Menschen sich ohne vorherige genauere Kenntnis und Überlieferung ein Bild, Symbol oder eine Gestalt der Bibel aussuchen, die ihre Situation beschreiben. Für C.G. Jung war dies ein Grund, davon zu sprechen, dass eine spontane Reproduktion komplizierter Archetypen "ohne jede Möglichkeit direkter Tradition" möglich sei.[29]

Ein junger Mann, Student, im Moment und wohl schon länger ohne richtigen "Durchblick" (Selbstschilderung nach einiger Zeit Wohngemeinschaft), fällt auf, weil er meint, er könne wie Jesus über Wasser gehen. Zu diesem Zweck wollte er sich vor einem städtischen Brunnen entkleiden, ohne daran zu denken, dass das beim Gang *über* Wasser nicht notwendig wäre. Der ‚Entkleidungsversuch' führte zur Einweisung in die Psychiatrie.

Er trifft in einer Gruppe einen Mitpatienten, der nur in biblischen Sätzen spricht und sich selbst als Johannes bezeichnet, in Wirklichkeit damit aber die "Stelle neben Jesus" meint. Dieser spricht sich große Macht zu im Kampf gegen einen Widersacher aus dem Alten Testament. In der Gruppe meiden sich die beiden und umgehen ihr sonst geliebtes Thema, wirken einsilbig und uninteressiert.

Ein wenig anders verlief die Religionsanbindung bei jemand anderem: Der Betroffene war ein bekehrter Drogenabhängiger. Eines Tages hatte er die Droge durch Jesus ersetzt. Die religiöse Überlieferung war ihm bekannt. In seiner Drogenzeit arbeitete er im Gesundheitsbereich und musste bei Abtreibungen helfen. Als er dann in ein Jesus Center gefunden hatte, baute er allmählich die Meinung auf, als Werk Gottes Beratungsstellen für Schwangerschaftsabbruch zerstören zu müssen: Ein Zeichen des eifernden Gottes gegen die Sünde. Wer denkt da nicht an die Geschichte von Gideon oder Elia, die im religiösen Eifer Götzenbilder zerstörten und Priester anderer Religionen umbrachten. Die Religion ist hier als Begründung in den Handlungsbereich eingegangen. Sie dient zur Motivierung und doch auch zur Schließung einer Lücke im Selbstverständnis. Denn die Handlung im „heiligen Zorn" richtet sich gegen das, was der Betroffene in früherer Zeit mit vollziehen musste, ohne sich wehren zu können. Sie richtet sich also auch gegen eigene „Mitschuld".

Möglichkeiten der Interpretation für eine Maria

„Maria" wurde nach einer therapeutischen Gruppenbehandlung aufgenommen. Sie geriet auf eine Station, auf der gerade eine Stationsärztin mit starken psychotherapeutischen Interessen und einer Ausbildung im ‚Katathymen Bilderleben' tätig war. Diese fing auch sofort eine psychotherapeutische Arbeit an, in der sie die starken Tendenzen „Marias" zur Abspaltung des Bösen erarbeitete und hoffte, auf diese Weise eine Integration des Bösen in die Persönlichkeit der Patientin zu erreichen.

Bei mir fragt Maria nach, wann sie endlich heiraten könne. Ob ich denn nicht nachmittags um vier an der Kirche sein könne. Sie erzählt mir weiter, ihr Mann sei Jesus und da sei sie in der Kirche doch richtig. Zum Bild der Maria zurückkehrend erklärte sie schließlich noch, sie sei schwanger von Gott.

Ich setze voraus, dass „Maria" Symbole – fest formulierte Bedeutungen religiöser Art - benutzte, um ihren psychischen Zustand zu formulieren. Das Bedeutungsfeld Maria ist die „unbefleckte Empfängnis", schwanger sein ohne Sexualität oder jedenfalls ohne ‚böse' Sexualität. Es ist zugleich die in Einssetzung mit dem rein Guten, das alles Böse ausschließt. Maria bringt der Welt das rein Gute, die Erlösung von den Sünden. Wenn der Erlöser schließlich noch der Mann von Maria ist, dann kann eigentlich gar nichts mehr passieren. Alles Böse ist in dieser Vereinigung ausgeschlossen. Immer wieder kommt Maria von sich aus, um eigentlich nichts anderes zu erzählen, und auch den Hochzeitstermin um vier zu bestätigen.

Was Arzt und Pastor betrifft, so ergibt sich ein Austausch über die Probleme des Umgangs mit „Maria" und auch über die verschiedenen Interpretationsansätze. Die psychotherapeutische Zielsetzung läuft mehr auf die Wiederherstellung „normaler" psychischer Befindlichkeit (mit Abstrichen) hinaus, die seelsorgerliche eher auf Verstehen dieser bizarren Welt religiöser Bedeutungen, und den dahinter liegenden Anlass einer katastrophalen Bedrohung der Identität als Frau. Maria als Bedeutungsgestalt könnte als Hinweis auf eine Störung im Bereich der Sexualität begriffen werden. Die bösen Anteile werden dabei bestimmten Traditionen folgend (unbefleckte Empfängnis) abgespalten. Es bleibt die Möglichkeit, Frau zu sein, ohne „böse" Sexualität. Dazu kommt als zweites, dass Maria „nichts dafür kann"; sie wurde ausgesucht und vom Engel konfrontiert, ohne die Möglichkeit, nein zu sagen (Matthäus 1).

Maria ist also ohne Einfluss auf ihr Schicksal als Frau und wird ohne Einwilligung Mutter. Schließlich nimmt ihr Mann Josef sie trotz dieser Lage zur Frau. Damit kommt im dritten Schritt eine Reduzierung des Ausgeliefertseins, die durch die Liebe eines Mannes bestimmt wird. Die „Maria" geht aber nicht bis zu diesem Schritt. Sie verweilt bei der Vorstellung, Gottes Frau zu sein, die sich in diesem „Wahn" offenbar mit dem Gedanken verträgt, gleichzeitig die Frau Gottes und ihres eigenen Sohnes zu sein. So wäre Gott gleich Jesus oder umgekehrt.

Im tatsächlichen Verhalten sehnt sich „Maria" danach, ihren Mann, von dem sie geschieden ist, wieder zu bekommen. Er soll sie damit - so könnte aus dem Symbol gefolgert werden - von dem Geschehen (Promiskuität) nach der Scheidung befreien und sozusagen „legalisieren", was an Sexualität passiert ist. Die Identifizierung mit Maria deutet darauf hin, dass sie dem Geschehen, Frau zu sein, hilflos ausgeliefert ist. Sie hat es nicht gesteuert, sondern es hat sie gesteuert. Doch die Folge, „schwanger von Gott" zu sein, zeigt dennoch eine Akzeptation des Geschehens an. Schließlich ließe sich ja damit eine besondere Rolle begründen, nach der es ihrem Mann eine Ehre sein muss, sie (wieder) zur Frau zu nehmen.

Die Selbstheilungstendenz läge eben darin, etwas besonders Heiliges darzustellen, weil sie damit ihr Schuldgefühl, promisk gelebt zu haben, verdeckt. Psychische Erkrankungen bringen manchmal im Vorfeld Promiskuität mit sich, so dass das Gefühl, nicht verantwortlich zu sein, einer psychischen Realität entspräche.

Weitere Fälle von Wahn

„Wiedergekehrter Jesus"

Ein jüngerer Patient beschwert sich über sein Eingeschlossensein. Er wisse auch gar nicht, warum das geschehen soll. Auf die Frage, warum er überhaupt in ein psychiatrisches Krankenhaus gekommen sei, erzählt er, er sei fast ertrunken und dann von der Polizei hierher gebracht worden. Er sei im Wasser ausgerutscht. Im Gespräch schildert er sich als „Zweiter", der nach Israel gehen müsse, um dort drei Jahre lang zu wirken. Danach müsse dann ein „Zweiter" für die unerlöste Menschheit sterben. Damit ist auch das Wasserereignis aufgeklärt. Im flachen Wasser konnte er durchaus gehen, im tiefen aber nicht. Weshalb die Identifikation mit dem wiederkehrenden Jesus?

Der junge Mann lebt von der Sozialhilfe. Er wirkt nicht sehr begabt, sondern eher wie am Rande der geistigen Behinderung, obwohl seine berufliche Ausbildung das Gegenteil sagt. Er lässt sich durch „pastorale Gegenwart" leicht beruhigen, obwohl er sein Ziel, Ausgang zu haben, dadurch nicht erreicht. Sicher ist die Identifikation alleine schon eine Figuration des Größenselbst. Es reißt heraus aus der kümmerlichen Existenz, endet aber auch leicht „im Wasser". D.h. er ist der Realität nicht gewachsen, sofern er auf die Probe gestellt wird. Doch für die psychische Verfassung zeigt es eine Schwäche des Selbstgefühls an, das durch die übergroße Identifikation ausgeglichen wird.

„Maria und Eva"

Frau K lässt dringend nach dem Seelsorger fragen. Bei der Ankunft auf der Station eröffnet Frau K das Gespräch mit den Worten: „Sie wissen ja, was ich Ihnen sagen will!" Auch auf die Verneinung lässt sie sich in dieser Vermutung nicht irremachen, spricht von Telepathie und erklärt schließlich, sie habe die größte Macht auf der Erde. Alles Leben hänge von ihr ab und sie höre die Stimmen aller Toten, Kaiser, Könige und normalen Leute..... Auf den Einwurf, das müsse sehr verwirrend und auch Kräfte zehrend sein, bestätigt sie, sie könne keine Nacht schlafen, höchstens eine Stunde, weil sie dann ja wieder herumgehen müsse und dafür sorgen, dass kein Atomkrieg ausbricht.

Die Frage, was hinter ihren Vorstellungen steht, bleibt offen: Zunächst kommt die Assoziation: unüberblickbare Lebenslage, Überkompensation von Erfahrungen, mangelnden Einflusses auf die Ereignisse (Personen) um sie herum. Frau K fährt dann fort zu erzählen: Auf der Station gibt es zwei Teufel. Diese müssen eingedämmt werden, denn sie ruhen nicht aus. (Der Teufel ruht nicht!) Sie habe auch einen Mann, der ihr ‚wahrer Adam' (!) sei, ein Türke. Der sei zwar noch verheiratet, sie auch, aber sie und Adam müssten dafür sorgen, dass auf der Welt nichts Schlimmes passiert oder sie sogar untergeht. Frau K erzählt, sie lebe von ihrem Mann getrennt bei ihren Eltern. Sie wolle sich nicht scheiden lassen. Ihr Mann sei der Teufel, das habe sie aber erst seit sechs Jahren gewusst, seit ihrer ersten Einweisung in ein Krankenhaus. Nun könne sie alles beeinflussen, sie sei das gute Prinzip und Gott sei kein Mensch. Aber das koste, so beteuert sie, sehr viel Verantwortung und Kraft. Sie sei die Mutter der ganzen Erde (auf Nachfrage: wie Eva in der Bibel). Schließlich sei sie auch die Mutter von Jesus... Maria? Ja, Eva und Maria in einem. Ihr Sohn sei Jesus, das sei daran erkennbar, dass sie schwanger geworden sei, obwohl sie ihre Regel nicht gehabt habe (eineinhalb Jahre lang). Die Geschichte erklärt sich selbst als Zusammenstellung aller (guten) weiblichen Kräfte in einer Person.

Frau als Teufel

Ausgerechnet im Wallfahrtsort Lourdes hat eine Frau ihre Mutter (81) mit einem Kreuz erschlagen. Nach dem Bericht über die Tat waren beide Frauen strenggläubig. Die Tochter sagte aus, sie habe in einer Vision gesehen, dass „ich der Teufel und das Schlechte bin". Dieser Vorgang ist insofern anders als die anderen, dass es hier nicht um einen Rettungswahn geht, sondern um eine Identifikation mit dem Teufel. Ohne genauere Kenntnis ist eine Bewertung dieser Aussage nur schwer möglich. Es könnte sich um eine Rationalisierung handeln, mit der die „böse Tat" für die Tochter erklärbar wird. Jedenfalls handelt es sich auch hier um eine Kompensation und Identifikation mit einer großen Macht, deren sich der Mensch nicht erwehren kann. Der Teufel könnte Machtlosigkeit kompensieren und eindeutig klarstellen, dass dieser Mensch nicht sie selbst ist. Wenn man die Situation der Frauen in Rechnung stellt, die von der Sozialhilfe lebten und das unter beengten Verhältnissen, wäre auch eine andere Art der Wahnhaftigkeit denkbar: Dieses Zusammenleben kann nicht spannungsfrei verlaufen sein. Tiefgläubige Frauen haben aber keine Auseinandersetzungen und auch keine Ablösungswünsche, denn Gott macht durch Jesus froh und selig. Was dann so übermächtig auftaucht, dass es die eine von den beiden das Leben kostet, kann nur vom Teufel sein. Der Teufel ‚besetzt' die Menschen, sodass sie nicht mehr Herr ihrer selbst sind. So hat die Tochter eigentlich nur eine Identifikation mit einer religiösen Denk- oder Glaubensfigur vollzogen, mit der sie ihren Zustand des absoluten „Nicht-mehr-Herr-ihrer-selbst-Seins" erklärt. Zudem sieht sie in den Abgrund der ewig Verdammten. Was als Wahn erscheint, wäre die genaue Aussage ihrer psychischen Situation: Religiöse Sprache ist ein Ausdruck psychischer Existenz[30], hier als Abspaltung des ‚Bösen'.

Als bemerkenswert bleibt vor allem festzuhalten, dass in diesem Fall eine der wenigen Identifikationen mit dem Teufel auftritt, während sonst immer positiv mächtige Figuren die Inhalte von Wahnideen bilden. Wenn der Teufel dabei ist, dann eigentlich nahezu immer als eine zu bekämpfende Gestalt, deren Bekämpfung die eigene wahnhafte Aufgabe im Gottesauftrag oder als Gott selbst ist.

Jesu Bruder

Ein junger Mann, kaufmännischer Beruf, Schulbildung Abitur, vorher nie auffällig, wird zunächst mit einer schweren Depression, die bald in eine Art Manie umschlug, in auf die Aufnahmestation gebracht. Aus der Depression konnte er nur mit E-Schock geholt werden, die Manie dauert ziemlich lange. Er kommt zum Gespräch mit der Aussage, er sei jetzt gläubig geworden, Gott habe aus ihm durch die Behandlung hier aus zwei Menschen, die jeder in sich trage, einen gemacht. Er sei Jesu Bruder! Er wolle ein großes Maklerbüro aufmachen und schnell reich werden. Er könne sehr gut verkaufen, das hätte ich ja wohl mitbekommen, weil er neulich acht Mitpatienten zum Gottesdienst gebracht habe.

Niemand weiß so recht, was mit Herrn D los ist. Die Hintergrundinformationen aus der Umgebung reichen von "Er hat den Verstand verloren" (Mitschüler) bis zu der besorgten Information, die Freundin bzw. deren Verhalten könne der Grund sein. Herr D sagt, er hat sich von seiner langjährigen Freundin getrennt, er habe eine "Traumfrau" gefunden. Diese aber erwidert seine Gefühle nicht. Im Zuge seiner Vorstellung von einer selbstständigen Maklerexistenz hat Herr D seine Arbeitsstelle gekündigt. Die Gedanken äußert der junge Mann mehrfach, bis sie allmählich weniger werden und dann ganz aufhören. Es bleibt lediglich bei der Idee, eine selbstständige Existenz zu gründen. Der Bruder Jesu zu sein, war eine Vorstellung, welche die Identifikation vorsichtiger behandelt, als wenn man wähnt, Jesus selbst zu sein. Dennoch ist natürlich Jesus gemeint.

„Schwanger vom Heiligen Geist"

Frau P, akademisch gebildet, scheint ziemlich verwirrt, will nach China reisen..., denkt, sie sei „Großes", will sich scheiden lassen, lebt getrennt von ihrem Mann, der sie jeden Tag besucht. Sie berichtet, sie habe zwar die Trennung gewollt, sei dann aber doch mit ihrem Mann zusammengekommen. Schwanger sei sie aber durch den Heiligen Geist, d.h., sie sei Maria. Doch bibelgläubig sei sie natürlich nicht. Nach einigen Wochen, in denen Frau P. verzweifelt um ihren Wahn kämpft, mir immer wieder anvertraut, ihre Ärzte wollten ihr diesen schönen Gedanken mit der Schwangerschaft wegnehmen, sagt sie eines Tage, der „Gedanke sei nun verschwunden". Sie wolle auch gar nicht mehr darüber reden. Auch bei Frau P. scheint es um Beziehung und Sexualität zu gehen.

Heftige religiöse Aktivität

Frau B., schon länger als Patientin im psychiatrischen Krankenhaus bekannt, fällt durch verstärkte religiöse Aktivität auf. Es geht soweit, dass sie damit auch im Krankenhaus Schwierigkeiten bekommt. Sie legt sehr viel Wert auf Gespräche mit seelsorgerlichem Inhalt und erzählt, sie sei sehr enttäuscht darüber, dass eine erfolgreiche Mission nicht möglich sei. Sie habe jahrelang in der Zeltmission mitgearbeitet, es seien aber gerade mal drei Menschen bekehrt worden. Als sie das dem Verantwortlichen geklagt habe, habe der darauf so ausweichend reagiert.
Bei der Geschichte ihrer Frömmigkeit kommen wir darauf zu spre-

chen, dass die besonders heftige Art zu beten vor dem Tode ihrer Schwester aufgetreten sei. Sie habe nicht mehr geschlafen, nur noch gebetet. Die jetzige Einweisung kam ein halbes Jahr nach dem Tode ihrer Mutter zustande, den sie zunächst ganz gut verkraftet habe, dann aber zunehmend mit Manie verarbeiten musste: Frömmigkeit als Abwehr- oder Verarbeitungsmechanismus.

Das Überbringen einer Botschaft

Anfang September 2009 wurde in Mittelamerika ein Flugzeug gekapert. Die rätselhafte Entführung des Flugzeugs endete mit der Freilassung aller Geiseln und der Festnahme des Hijackers. Er erzählte dann im überaus freundlichen Ton der Polizei, er sei Pastor – selbsternannt, wie sich herausstellte – und wollte nach Mexiko City, um dem Präsidenten eine Botschaft Gottes zu überbringen. Der In-halt dieser Botschaft sollte die Warnung vor einem Erdbeben sein.[31] Der Bote kann offenbar alle Mittel nutzen, um seine Botschaft zu überbringen. Eine bloße Veröffentlichung hätte dazu nicht ausgereicht. Dieser hätte die Öffentlichkeitswirkung gefehlt, die den ‚Boten Gottes' mit seiner Botschaft auf einen Schlag bekannt macht. Aus der Sicht des ‚Botschafters' Gottes ist die Benutzung jeden Mittels notwendig, damit die Menschen endlich zuhören.

Umgang mit Themen, die jeden ‚angehen'

Die für Medien, allgemeine Öffentlichkeit, aber auch für ÄrztInnen, PsychotherapeutInnen und selbst TheologInnen und SeelsorgerInnen oft bizarre und unzugängliche Welt der religiösen Bedeutungen hätte eigentlich in der Theologie und Seelsorge ein natürliches Gegenüber. Im Umgang damit kommt es nicht auf „Rechtgläubigkeit" an, auch nicht auf die Verabreichung theologischer Wahrheiten. Viel mehr steht der ganze Glaube zur Debatte. Die Symbole oder Bedeutungen des Glaubens sind auch im Unbewussten von SeelsorgerInnen und allen anderen vorhanden, so dass eine Korrespondenz mit den Menschen, die sich mit religiösen Symbolen identifizieren, unterhalb der Bewusstseinsebene stattfindet. Die Rolle aller anderen wird in der Kommunikation eminent wichtig. Als mögliche zugeschriebene ‚Funktionen' wären denkbar:
1) Schutz vor den „Angriffen" des Symbols oder der Bedeutung.
2) Retter aus der Negativseite (bösen Seite).
3) Religiöses Objekt im Wahnsystem, das zu bekämpfen ist.
4) Personifizierung des Bösen - Priester und Prophet des Teufels.
5) Vertreter Gottes, mit Omnipotenzzuschreibungen ausgestattet.
Wer in sich nachschaut, wird bemerken, dass er selbst mit diesen "Rollen" ein inneres Gespräch führt oder, sofern er sie leugnet oder verdrängt, von ihnen dominiert wird. Der Umgang mit Menschen, die

religiöse Bedeutungen real benutzen, führt deshalb in eine vertiefte Selbstwahrnehmung im Bereich des eigenen persönlichen Umgangs mit Religion. Wer nicht bereit ist, solche Wahrnehmung zu machen, wird deshalb auch den ‚wahngeplagten‘ Menschen ablehnen müssen, damit er die eigene Abwehr aufrecht halten kann. Die Folge dieser Ablehnung wird die Unerreichbarkeit des Betroffenen sein mit dem Ergebnis mangelnder Kommunikations- und Verständnismöglichkeit. Das ist spiegelbildlich dasselbe, was auch der wahngeplagte Mensch kommuniziert.

Andererseits kommt dabei auch die Funktion der institutionalisierten Religion zum Vorschein: Die Konfession „hat den offensichtlichen Zweck, unmittelbare Erfahrung zu ersetzen durch eine Auswahl passender Symbole, die in ein fest organisiertes Dogma und Ritual eingekleidet sind.“ Jung resümiert dann aufgrund seiner Erfahrung mit kranken Menschen weiter: „Ich musste sie durch Krisen und leidenschaftliche Konflikte begleiten, durch die Angst vor dem Wahnsinn, durch verzweifelte Verwirrungen und Depressionen, die zugleich grotesk und furchtbar waren, sodass ich völlig überzeugt bin von der außerordentlichen Wichtigkeit des Dogmas und des Rituals, zum mindesten als Methoden geistiger Hygiene.“[32] Seelsorge ist der Versuch, über diese Funktion der Religion hinaus, Wege zum Wiedereintritt in die wechselseitige Kommunikation zu finden. Sie tritt in die Stelle dessen ein, der ‚endlich zuhört‘. Mit den Wahngebilden aus fremden Religionen können zuerst nur diese selbst ins Gespräch kommen. Die Deutungen aber können unter den ‚theologischen Fachkräften‘ ausgetauscht werden.

Merkmale des religiösen Wahns

Meist handelt es sich um Identifikationen mit ‚großen' religiösen Bedeutungen, manchmal um eine ‚plötzliche' neue Erkenntnis im Zusammenhang damit.

In den meisten Fällen entsteht eine Identifikation mit einer heilenden oder heilsamen Bedeutung. Es sind jedoch auch zerstörende Identifikationen möglich: Hier waren es die prophetische Handlung gegen die Sünde und das Töten als Teufel. In der Tendenz bilden Frauen eher behütende oder Beziehungsidentitäten aus, Männer dagegen bedeutende, beherrschende, zerschmetternde oder ‚wahre'.

Die Identifikationen oder Erkenntnisse sind bei beiden Geschlechtern Herstellungsversuche von Eindeutigkeiten ohne Ambivalenz, also das Feststellen der Welt (der eigenen Weltkonstruktion) oder zumindest die Wahrnehmung eines Ereignisses, das alles auf einmal ‚klarstellt'.

In einigen Fällen bewirkt die Identifikation mit Bedeutungen oder Identitäten die ganz große und unerfüllbare Aufgabe, selbst auf die Welt oder bestimmte Teile davon aufpassen zu müssen.

Wahnvorstellungen dienen in der Regel der Mitteilung (manchmal sogar regelrecht der Verkündigung), nicht als Auftakt zum wechselseitigen Gespräch oder zu einer eigenen Mitteilung des Gesprächspartners. Diese Form könnte auch zum Ausdruck bringen, dass der Betroffene endlich Gehör finden möchte.

Identifikation mit einer religiösen Gestalt oder einer religiösen Bedeutung kann vielfach als Selbstheilungsversuch verstanden werden. Er enthält die Überkompensation einer als zerstörend empfundenen Identitätsbedrohung. Es geht um die ‚innere Welt' eines Individuums, lässt aber die äußere nicht unberührt.

Der Mitteilungsinhalt wird in seelsorgerlicher Interpretation erkennbar, wenn die (biblischen oder anderen religiösen und traditionsgeleiteten) Bedeutungen der Identifikationsobjekte analysiert werden. Dabei gibt es keine festen Interpretamente wie etwa in der Symboltheorie. Die Interpretation geschieht im freien Einfall anhand der Bedeutungen und aller nur denkbaren Perspektiven (multiperspektivisch).

Religiöser Wahn macht Gespräche schwierig. Die Diagnose bedeutet in ihrem weiteren Sinne auch, dass eben gerade das wechselseitige Gespräch nicht möglich sein könnte. Gerade das aber verstärkt den Wahn. Das Gespräch muss also geführt werden, wie bizarr die Vorstellungen auch immer zu sein scheinen.

Religiöser Wahn ist eine eigene Konstruktion der Wirklichkeit. Er enthält damit auch seine ganz eigene Rationalität.

Perspektiven zum islamistischen Terrorismus

1 Fundamentalismus und religiöser Wahn

Die Terroranschläge vom 11. September 2001 und ihre Folgetaten haben nicht nur die politische Welt in Aufruhr versetzt und verändert. Sie brachten etwas mit sich, was die Wahnerkrankungen nie oder jedenfalls ganz selten erzeugen: Sie schufen auch für die Religionen einen neuen Bezugsrahmen, dessen sich die wenigsten richtig bewusst geworden sind. Vielfach wurde dieser Bezugsrahmen einfach abgelehnt, weil Religion ‚nichts mit Gewalt zu tun' habe. Es ist aber nicht mehr möglich, ohne diesen Bezugsrahmen über Religion zu sprechen. „Sind Religionen gefährlich?" fragte der evangelische Theologe Rolf Schieder (mit etwas Verzögerung) aus Sicht der christlichen Theologie.[33] Sogar ein Buchtitel wie „Gewalt als Gottesdienst"[34] oder die Formulierung „Gewaltmystik"[35] sind möglich.

Christliche Theologie und Kirchen beschäftigten sich zunächst im Wesentlichen mit den nahe liegenden Fragen vom Kriegseinsatz gegen Terroristen, gegen den Irak und andere. Wenige protestierten gegen den Einsatz von Waffen gegen das terroristische Netzwerk, sehr viele intensiv gegen den Irakkrieg. Der Paradigmenwechsel ging im Irakkrieg nahezu unter, weil sich hier alles scheinbar auf die Frage von ‚Macht ist gleich Recht' reduzierte. Nur Jürgen Moltmann brachte den Perspektivwechsel im Jahre 2001 sofort auf eine griffige und allgemein geltende Formel: „Religion ist nicht länger ‚Privatsache', Religion ist Terror oder Glaube."[36] Die Terroranschläge und ihre begleitenden Verlautbarungen, die Gottesdienste danach überall auf der Welt, stellten die Frage nach Religion und ihrem ‚Wesen' ganz allgemein und ganz zentral. Von Jürgen Habermas konnte man lesen: „Aber auch uns, den universalen Augenzeugen des „apokalyptischen" Geschehens am Fernsehschirm, drängten sich biblische Bilder auf. Und die Sprache der Vergeltung, in der nicht nur der amerikanische Präsident zunächst – ich sage zunächst – auf das Unfassbare reagierte, erhielt einen alttestamentarischen Klang. Als hätte das verblendete Attentat im Innersten der säkularen Gesellschaft eine religiöse Saite in Schwingung versetzt, füllten sich überall die Synagogen, die Kirchen und die Moscheen."[37]

Islamistische Weltdeutung, islamistischer Herrschaftsanspruch legten und legen immer wieder eine Grundausrichtung jeglicher Religion bloß, die in den säkularisierten Zusammenhängen (Europas) immer stärker verschwunden schien: die Neigung, sich als Gesamtdeutung der Welt und damit als Herrschaftskonstrukt zu verstehen. Autoren aus Philosophie und Soziologie beschäftigten sich (wieder) mit der Religion.[38] Im Anspruch der Kirchen auf ungefragte Mitwirkung in der politischen Auseinandersetzung und auf grundlegende Aussagen im Bereich ethischer Fragen kommt diese Neigung kaum wahrnehmbar immer noch zur Wirkung. Auch der messianische Aspekt der USA – Gesellschaft ist säkularisierter Ausweis davon. Es gibt messianische Elemente im „amerikanischen Traum" und folglich auch in der amerikanischen Politik. Das Siegel der USA und jede Ein-Dollar-Note tragen die Verheißung „Novus Ordo Seculorum" (die neue Weltordnung). Damit wird nicht nur eine, sondern die neue Weltordnung proklamiert.[39] Die Art und Weise, in der der amerikanische Präsident George W. Bush seinen Krieg gegen den Irak begründete, legt dann von dieser messianischen Einstellung Zeugnis ab.

Es nützt wenig, gefragt und ungefragt zu betonen, es sei nicht „der Islam", schon gar nicht „die Religion", was in Terroranschlägen zum Ausdruck kommt. Die Frage, was jeweils das Ureigenste einer Religion sei, wird immer im jeweiligen Kontext beantwortet. Die dazugehörige historisch – kritische Forschung liegt für den Islam beispielsweise bei der Autorin Fatima Mernissi vor.[40] Vielmehr gilt es den Blick darauf zu lenken, welche religiösen Traditionen und Grundmotive sich in dieser Form der Gewalt Bahn brechen und was das für den Umgang mit dem Glauben bedeutet.[41] Der prominente islamische Autor Salman Rushdie wird folgendermaßen zitiert: „Es habe keinen Zweck, immer beschönigend darauf hinzuweisen, dass der Koran die Liebe zu Gott und den Mitmenschen in den Mittelpunkt stelle. Fanatische Richtungen im Islam seien die am schnellsten wachsende Strömung innerhalb der Religion, und ihnen gehe es nicht um eine theologisch korrekte Auslegung des Korans. ‚Für eine beträchtliche Zahl 'gläubiger' muslimischer Männer steht der Islam in einer zusammengewürfelten, kaum durchdachten Weise nicht allein für Gottesfurcht, sondern für eine Kombination von Sitten, Meinungen und Vorurteilen.' Diese Islamisten machten die ‚Ungläubigen' für alle Probleme muslimischer Gesellschaften verantwortlich."[42] Auch Ghaffar Hussain, ein ‚Aussteiger' aus der islamistischen Szene spricht im Spiegel-Interview vom Islamismus als ‚moderner Ansicht'[43].

Aggression und Gewalt findet sich auch in den Gottes- und Menschenbildern besonders des Alten Testaments in reichem Maße. Jan Assmann stellt eine unmittelbare Verbindung her, wenn er sagt, es seien heute „ganz eindeutig die islamischen fundamentalistischen Bewegungen, die im Banne einer politischen Theologie der Gewalt stehen, wie sie in (...) biblischen Texten vorgezeichnet ist".[44] Im Christentum hat sich trotz der eindeutigen Versöhnungsbotschaft Jesu erst nach langer und teils blutiger Geschichte der versöhnende Aspekt in den Vordergrund geschoben.[45] Einen Grund dafür beschreibt Steven Pinker in seinem Werk mit dem Titel ‚Gewalt'. :„Die Empfindlichkeit gegenüber der Gewalt hat sich so stark verändert, dass religiöse Menschen ihre Einstellung zur Bibel heute unterteilen. Sie legen Lippenbekenntnisse für die Bibel als Symbol der Moral ab, beziehen ihre Moral aber in Wirklichkeit aus modernen Prinzipien."[46] Diese Aussage verkennt, wie stark die Interpretation der Bibel inzwischen Gott für den (liebevollen) Garanten des Individuums hält. Sie erkennt diesen Grundgedanken in allen Teilen der Bibel, in der es um die Auseinandersetzung der Menschen mit ihrem Gottesbild geht, nicht um historische Belege, was Gott gesagt und getan hat. Im Übrigen legt sich Pinker auch in seiner weiteren Interpretation der Bibel beim Zeichen des Kreuzes auf die Interpretation des Opfers für unsere Sünden fest.[47] Dass man den Kreuzestod Jesu auch so interpretieren könnte, dass hier unübersehbar gezeigt wird, was der Mensch dem Menschen antut, dass Jesus also Opfer der Menschen geworden ist und sie sich jeden Tag an diese Geschichte erinnern, damit sie sich besinnen und umkehren – das würde doch einen ganz anderen Aspekt des Kreuzzeichens hervortreten lassen.

Der religiösen Tiefe und Inbrunst hat das nicht geholfen – im Gegenteil. Es fragt sich sogar, ob die milde Form des heutigen Protestantismus etwa noch eine Ahnung davon hat, wie viele psychische Energien ambivalent im Glauben gebunden sind und ob dieses „Vergessen" nicht am Ende das Wiedererstarken der aggressiven Seiten fördert. Ulrich Beck stellt dazu lapidar fest, dass der Protestantismus als europäisch und darin national konstituiert und konstruiert der eigentliche Verlierer der kosmopolitischen Konstellation sei.[48] Er verliert mit und in Säkularität und Gewaltfreiheit. Es ist das Verdienst der Aufklärung, auf den Zusammenhang zwischen (damals kirchenförmiger) Religion und Gewalt aufmerksam gemacht zu haben. So lässt Friedrich Schiller seine Elisabeth in ‚Maria Stuart' sagen: „Die Sankt Barthelemi sei meine Schule! / Was ist mir Blutsverwandtschaft, Völkerrecht? / Die Kirche trennet aller Pflichten Band, / Den Treubruch heiligt sie, den Königsmord, / Ich übe nur, was Eure Priester lehren. ... Gewalt ist nur die einz'ge Sicherheit, / Kein Bündnis ist mit dem Gezücht der Schlangen."[49]

Als „religiöser Wahn" wurde der Paradigmenwechsel nach den Terroranschlägen vom 11. September ein echtes Menschheitsthema. Wenn schon die Selbstmordattentäter mit umgebundenen Sprengsätzen in Israel und anderswo die Frage aufwarfen (und aufwerfen), warum solches Gewalthandeln mit religiösen Gedanken begründet werden kann, dann erst recht die Selbstmordattentäter von New York und Washington. Ihre Taten waren Massenmorde sondergleichen. Sie veranlassten Entsetzen und regten Medien und andere dazu an, die Geschichte des religiösen Wahns[50] breit und ausführlich zu beschreiben und als Kennzeichen und Möglichkeit aller Religion sichtbar zu

machen. Wie bei allen kleinen und großen Katastrophen folgte dem
Entsetzen die Frage, warum das sein kann und wer das zulässt. Nach
einiger Zeit rückte der militärische Kampf in Afghanistan in den Mittelpunkt des Interesses, bei dem ein merkwürdig schneller Sieg über
die Taliban durch vorher schwache Kräfte der Nordallianz eintrat,
ohne dass die Terrorstrukturen wirklich bloßgelegt werden konnten.
Der damalige ‚Führer' der Terroristen, Bin Laden, gab bekannt, dass
er sich lieber von seinen Getreuen erschießen lassen wollte, als in die
Hand des Feindes zu geraten und bewies damit zwei Dinge: Er stand
in der Tat in religiösen Traditionen und er widersprach seinen eigenen
Lehren. Die religiöse Tradition, dass man sich nicht in die Hände
seiner Feinde begibt, findet sich beim Selbstmord des ersten Königs
der Israeliten, Saul. Wer will, kann auch die Übergabe der Städte in
Afghanistan aus dieser Geschichte lesen.

*"Die Philister aber stritten wider Israel; und die Männer von Israel
flohen vor den Philistern, und Erschlagene fielen auf dem Gebirge
Gilboa. 2 Und die Philister setzten Saul und seinen Söhnen hart nach;
und die Philister erschlugen Jonathan und Abinadab und Malkischua,
die Söhne Sauls. 3 Und der Streit wurde heftig wider Saul und es erreichten ihn die Schützen, Männer mit dem Bogen; und es wurde ihm
sehr angst vor den Schützen. 4 Da sprach Saul zu seinem Waffenträger: Ziehe dein Schwert und durchbohre mich damit, dass nicht diese
Unbeschnittenen kommen und mich durchbohren und mich mißhan-
deln! Sein Waffenträger aber wollte nicht, denn er fürchtete sich sehr.
Da nahm Saul das Schwert und stürzte sich darein. 5 Und als sein
Waffenträger sah, dass Saul tot war, da stürzte auch er sich in sein
Schwert und starb mit ihm. So starben Saul und seine drei Söhne und
sein Waffenträger, auch alle seine Männer am selbigem Tage
zugleich. 7 Und als die Männer von Israel, die diesseits des Tales und
diesseits des Jordan waren, sahen, dass die Männer von Israel geflo-
hen, und dass Saul und seine Söhne tot waren, da verließen sie die
Städte und flohen; und die Philister kamen und wohnten darin."* (1.
Sam. 31,1-8)

Die von Bin Ladens Anhängern und anderen benutzte Waffe des
Selbstmordattentats als Kampfmittel im Heiligen Krieg kann für kei-
nen religiösen Menschen, auch nicht für einen Moslem gelten. Die
Ankündigung jedoch, nicht in die Hände der ungläubigen Feinde fal-
len zu wollen, gehört offenbar zu den religiösen Überlieferungen. Die
Ankündigung des Terroristenführers könnte ein Teil der Wirkungsge-
schichte dieser Tradition sein, die im Christentum nicht fortlebte. Die
Tradition des jüdischen und des christlichen Glaubens hat aus dem
„Bilanz- und Angstselbstmord" Sauls nie ein religiöses Problem gemacht. Die religiöse Seite des Terrorismus kam schon wenige Wochen

nach den Attentaten wieder aus dem Blickfeld, obwohl sie als tragende Grundidee für die politische Entwicklung größte Beachtung in dieser Auseinandersetzung verdient. Diese wird aber immer noch mit Vorurteilen und beleidigten Zurückweisungsgefühlen geführt.

"Die Vernichtung von fünf- bis sechstausend hilflosen und ahnungslosen Menschen in den entführten Flugzeugen und den beiden Türmen ist Massenmord gewesen. Gründe, Erklärungen, Entschuldigungen dafür zu suchen, das absolute Verbot des Massenmords zu relativieren, das ist ein intellektueller Fehler, ein mehr oder weniger naives Echo der rechtsradikalen und der linksradikalen Feinde der Demokratie. Ein Fehler lässt sich auf vielerlei Weise erklären und entschuldigen, das menschheitsfeindliche Verbrechen nicht."[51]

Wer sich mit den Hintergründen der Terroristen auseinandersetzt, betreibt keinen intellektuellen Fehler, sondern versucht, die Frage der terroristischen Gewalt einem Verständnis näher zu bringen, das eine zukünftige „Bekämpfung" leichter machen soll. Es scheint so, als sei vergessen, dass der Fundamentalismus zuletzt in den achtziger Jahren beispielsweise unter den Konservativen in den USA großen politischen Einfluss gewann. Die christlichen Kirchen wurden von fundamentalistischen Bewegungen zeitweise regelrecht in die Zange genommen. Erklärungen darüber, welchen Faktoren der Fundamentalismus entspringt und warum die religiösen Überlieferungen dabei eine große Rolle zumindest als Formulierungs- und Motivierungshilfe spielen, geraten eher oberflächlich. Die Bezeichnungen „religiöser Wahn", Terrorismus und Fundamentalismus werden nahezu synonym gebraucht. Eine gelegentliche Übereinstimmung von Wahn, Terrorismus und Fundamentalismus bedeutet nicht, dass es sich um verschiedene Worte für das gleiche handelt. Bassam Tibi warnt ausdrücklich vor der Vermischung von religiösem und politischen Fundamentalismus. "Beim religiösen Fundamentalismus handelt es sich um eine politische Ideologie, die seit dem Ende des 20. Jahrhunderts in fast allen Weltreligionen vorzufinden ist, aber hier in Deutschland als eine zeitgenössische Erscheinung sehr wenig verstanden wird. Auf diese Weise konnte der Fundamentalismus zu einem unspezifischen Schlagwort werden. In seiner allgemein gebräuchlichen falschen Handhabung wird das Wort willkürlich sowohl auf das Phänomen wachsender Religiosität als auch auf den politischen Extremismus bezogen. Religiöser Glaube und politische Bewegungen werden somit durcheinandergebracht."[52] Es gibt Fundamentalismus, der sich nicht terroristisch entwickelt, sondern nur als politische Ideologie fungiert, dann jedoch von terroristisch gestimmten Menschen missbraucht wird wie viele ideologische Lehren. Terrorismus muss nicht immer fundamentalistisch begründet sein, sondern kann rein kriminelle Ursachen

33

haben. Wenn Fundamentalismus und Wahn zusammenkommen, kann das monströse terroristische Folgen haben, kann aber auch im Wahn versinken oder zur innengewendeten Sekte verkommen. Immer ist das Gemisch der drei seelisch-geistigen Zustände sehr brisant.

Auch aus der Sicht jenseits der Ereignisse gibt es zwischen dem Fundamentalismus und dem religiösen Wahn Berührungspunkte. „Fundamentalismus" bezeichnet als unscharfer Begriff im christlichen Bereich die Bewegungen im 19. und 20. Jahrhundert, welche die Unfehlbarkeit der Schrift (im wörtlichen Schriftverständnis), die Ablehnung moderner Bibelauslegung und die Überzeugung betonen, dass alle, die etwas anderes denken oder sagen, keine echten Christen sind. Die Wurzeln dieser Glaubenshaltung liegen in einer Reaktion auf Rationalität und Aufklärung, besonders aber auf den Liberalismus im ausgehenden 19. Jahrhundert. Aus der politischen Erfahrung ist bekannt, dass fundamentalistisch motivierte Proteste gegen Abtreibung in den USA in Mordanschlägen gipfelten. Neben der Gegnerschaft gegen die Abtreibung konnte aus dieser Sicht auch für die Todesstrafe votiert werden, was die fundamentalistische Politik aus christlicher und islamischer Quelle übrigens gemeinsam haben (siehe Iran und USA). Die Thesen von Charles Darwin zur Entwicklung des Lebens wurden unter fundamentalistischem Einfluss in einigen Bundesstaaten der USA ‚verboten'. Charismatische Bewegungen in den protestantischen und der katholischen Kirche beanspruchten geistliche und geistige Führerschaft für sich.

Im islamischen Bereich bekamen die fundamentalistischen Koranverständnisse aus westlicher Sicht politische Bedeutung vor allem durch die Machtübernahme des Ayatollah Khomeini im Iran. Weil es sich um schiitischen Islam handelt, stellt diese Machtübernahmen kein Modell für die große Mehrheit der Sunniten dar. Der Gottesstaat galt dennoch bis zur Herrschaft der Taliban in Afghanistan als das fundamentalistische Modell schlechthin. Die Internationalisten unter den Islamisten wollen nationale Grenzen und Identitäten überwinden, um für alle Moslems einen Gottesstaat zu schaffen.[53]

Den ausdrücklichen Beginn des politischen Fundamentalismus sehen jedoch Fachleute wie Bassam Tibi in der Niederlage der arabischen Welt im „Sechs-Tage-Krieg" von 1967.[54] Mit religiösem Wahn hat das allerdings wenig zu tun, weil es jeweils um ganz konkrete Positionen in der Auseinandersetzung mit gesellschaftlich – philosophisch – politischen Bewegungen und deren Durchsetzung ging und geht. Religiöser Wahn kann sich in spektakulären Aktionen äußern, ist aber nicht in der Lage, lang anhaltende politische Durchsetzungsfähigkeit zu entwickeln. Was sich aus der Sicht westlicher Rationalität als religiöser Wahn kleidet, ist in Wirklichkeit fundamentalistisches Lebens-

und Politikverständnis mit hoher Durchschlagskraft und großem - bis hin zum todeswütigen - Durchsetzungswillen. Als Bildmaterial bietet sich dazu das politische Schicksal Ägyptens in den Jahren nach der Entmachtung Mubaraks an. Die Bevölkerung wählte mehrheitlich islamistisch. Das führte zu einer neuen Revolte der Bevölkerungsteile, die sich nicht islamistisch beherrschen lassen wollten. Ein militärisches Eingreifen beendete die islamistische Regierungszeit des gewählten Präsidenten Mursi. Jetzt herrscht wieder ein Alleinherrscher als Präsident, der allerdings gewählt wurde. Diese Konstellation lässt die Gewalt wieder anschwellen.

„In der Gottesvorstellung spiegeln sich die Grundstrukturen des kollektiven Bewußtseins und des kollektiven Unbewußten ganzer Kulturräume. ... Die Massenmedien, die Mobilität und die Vermischung der Bevölkerung haben in den letzten Jahrzehnten eine *pluralistische* Wirklichkeit geschaffen; und dieser neue weltanschauliche und religiöse Pluralismus hat zu einer Identitätskrise nicht nur vieler Einzelner, sondern auch ganzer Kollektive jener Kulturen geführt, die seit Jahrtausenden von einer monotheistischen Tradition geprägt sind."[55] Diese Einschätzung hat Martin Odermatt 1991 veröffentlicht Sie hat an Aktualität eher gewonnen als verloren. Der Fundamentalismus entsteht und fungiert als Abwehrmechanismus gegen die Kränkung durch das pluralistische Durcheinander der Welt.

Ich merke an, dass methodisch atheistische (Richard Dawkins, Der Gotteswahn), soziologische (Ulrich Beck, Der eigene Gott) und kulturwissenschaftliche Ansätze (Peter Sloterdijk, Gottes Eifer) einmütig die Grundidee des monotheistischen Weltbildes als die Grund - Matrix für die „Vernichtung des Anderen" sehen und damit den Fundamentalismus egal welcher Prägung zur eigentlichen Religion erheben. Die Einmütigkeit der Argumentation liegt durch den massiven Einbruch des Religiösen anhand des Islamismus nahe, könnte aber ein methodischer Fehler sein. Die protestantische Interpretation dieser Matrix kommt bei solch fundamentaler Auseinandersetzung nicht vor.

Die „verführerische Einladung ins Paradies"[56] wird von den Attentätern explizit als Eckpfeiler ihrer Identität formuliert und – hier mag dann der Wahn eine Rolle spielen – nicht mehr nur geglaubt, sondern als ‚Selbsteinladung ins Paradies' vollzogen. Im Gegensatz zu anderen religiösen Texten siegt in ihrem Gedankengut beim Kampf der Gläubigen gegen die Ungläubigen nicht Gott, sondern der Gläubige selbst. Die politisch verheerenden Auswirkungen dieser Lebensweise haben ihre geistige und psychische Verarbeitung und die fällige Auseinandersetzung in den Hintergrund gedrängt.

"Gott sagt, dass man auf Erden ohne Wünsche sein sollte, aber Gott will dich am Ende, wenn du stirbst, belohnen. Wenn die Arbeit getan und alles gut verlaufen ist, werden alle sich die Hände reichen und sagen, dass dies eine Aktion im Namen Gottes war. Andere Brüder sollten nicht in Angst versetzt oder in Verwirrung gestürzt werden, sondern man sollte mit ihnen sprechen, sie beruhigen und ihnen Mut machen. Für niemanden gibt es etwas Besseres zu tun, als die Verse des Korans zu lesen, da Gott gesagt hat, dass man in seinem Namen kämpfe und dass man das, was man im jetzigen Leben hat, für ein anderes, besseres Leben im Himmel aufgeben solle. In einem anderen Vers sagt Gott: Betrachtet die Menschen, die im Namen Gottes gehandelt haben und dabei gestorben sind, nicht als tot ... (sie leben vielmehr im Himmel). Die Brüder, die sich gegenseitig Anerkennung zollen, sollten damit zufrieden sein und einander trösten, und ihr Herz sollte mit Glück erfüllt sein. Das Ende steht bevor, und das Himmelsversprechen ist zum Greifen nahe. Öffne dein Herz, heiße den Tod im Namen Gottes willkommen. Und das Letzte, was zu tun ist, ist stets die Erinnerung an Gott, und die letzten Worte sollten sein, dass es keinen Gott außer Allah gibt und dass Mohammed sein Prophet ist. Danach werde ich Gott im Himmel antreffen. Betrachtet man die Menge der Ungläubigen, so wird Gott - trotz der hohen Anzahl der Ungläubigen - dazu beitragen, dass die Gläubigen die Mehrheit besiegen. Gott sagte: Wenn die Gläubigen den Kampf gegen die Ungläubigen aufnehmen, werden sich die Gläubigen daran erinnern, dass Gott ihnen beisteht und dass sie siegen werden."[57]

2 Sind Selbstmordattentäter Märtyrer?

Die Terrorismusfrage ist durch den Anschlag vom 11. September 2001 auf das WTC in New York und das Pentagon in Washington in eine ganz neue Dimension eingetreten. Es handelte sich um Terrorakte scheinbar ohne bestimmte Zielsetzung, ohne Zusammenhang zu anderen Ereignissen, oft ohne Bekennerschreiben und – besonders erstaunlich – im Prinzip ohne Waffen. Während Terrorismus gewöhnlich als eine schlichte Gewaltanwendung mittels Bomben, Gewehren oder ähnlichen Waffen durchgeführt und auch verstanden wird, haben sich besonders im Nahen und Mittleren Osten, schon vorher in Kolumbien und im Fernen Osten durch die Selbstmordattentäter neue Formen herausgebildet. Im Allgemeinen ging man bis dahin im Westen davon aus, dass Terroristen Ziele haben, die sie auch selbst erleben wollen. Sie waren also auf ihr eigenes persönliches Leben ansprechbar. Das hat sich vollkommen gewandelt, seit Morde und Terrorakte scheinbar ohne Zielsetzung ausgeübt werden. *"Um guten Gewissens zu töten, muss der Mensch heutzutage kein Nationalist oder Kommunist sein, jetzt kann er sich, um der Aktualität des Beispiels willen, darauf auch als islamistischer Kämpfer vorbereiten, der von vornherein davon ausgeht, dass seine Probleme andere Ursachen haben, die nicht etwa bei ihm selbst oder in der ihn umgebenden Welt zu suchen sind."*[58]

Etwas verwirrend erscheint die Richtung der neuen Stufe der Gewalteskalation des sog. ‚Islamischen Staates' in Syrien und im Irak seit 2014. Hier hört man auch von ‚suicidbombers'. Aber es stehen vielmehr die von der irakischen Armee erbeuteten Waffen im Vordergrund einer Gewaltausübung ohnegleichen. Die Welt dachte, das Höchstmaß an Gewalt sei bereits vorher erreicht gewesen, wurde aber eines besseren belehrt. Hier handelt es sich bei ‚suicidbombers' „nur" um eine Waffe, die flexibel einsetzbar ist. Sie unterliegt der Manipulation („Strategie") des „Führungspersonals". Der Terrorismus wird abgelöst durch brutalste Gewaltherrschaft in einem definierten Staatsgebiet, die offenbar das Ziel ist. Anscheinend wollen die Anführer dann doch nicht im Paradies die Herrschaft erleben, sondern auf dieser Welt als Gewaltherrscher. Die Form der Herrschaft ist total absurd und scheut das Licht des Tages. In zurückeroberten Ansiedlungen ist entweder alles zerstört oder durch weit verzweigte Gänge untergraben.[59] Was für eine Vorstellung von der Herrschaft Allahs!

Damit wird aber der islamistische Ansatz der üblichen Vorstellung von Gewaltherrschaft zugänglicher und so einfacher zu bekämpfen. Es geht nur noch um Brutalität und Macht, nicht mehr um Religion. Wer Macht hat, will sie behalten und ist daher auf sein Leben ansprechbar, wenn er selbst in Gefahr gerät. Das zwingt ihn auf die Dauer zum

Kompromiss oder zum Untergang. Dass die gewalttätige Macht Männer in der ganzen Welt ansprechen und rekrutieren kann, ist nicht neu in der Geschichte. Im dreißigjährigen Krieg kämpften auch ausschließlich nicht an die jeweilige Religion gebundene Söldner. Die islamistische Romantik der Männergemeinschaft entwickelt sich zur reinen Folklore, der dann sogar auch Frauen anheim fallen. Allerdings kann man im Netz von Frauen auch erste richtige Kritik lesen.[60]

Zurück zu den Selbstmordattentätern. Für sie gibt es ein Modell im Alten Testament. Steven Pinker hatte die Idee, die Geschichte von Simson aus Richter 13-16 als das erste Selbstmordattentat der Geschichte zu verstehen.[61] Dabei kamen durch Simsons Rache er selbst und viele tausend Menschen um, allein dreitausend, die auf dem Gebäudedach saßen. (Richter 16, 27). Bei der Auseinandersetzung zwischen Simson und den Philistern ging es jedoch um Themen verschiedenster Art nach damaligen Maßstäben. Das Ende Simsons und der vielen Philister ist das Ergebnis eines gewalttätigen und mörderischen Daseins, bei dem auch Gott eine Rolle spielt. Er überlässt wegen der Sünden das Volk dem Feind (Richter 13, 1) und sorgt dann dafür, dass ein Gewalt(ät)iger geboren wird (Richter 13, 2ff.), der die Fremdherrschaft als Anführer durch eine Handlung beendet, die ihn selbst das Leben kostet. Der dazu notwendige Hass hatte sich durch die Geschichte aufgebaut, die in der Blendung des Simson durch die Philister endete. Zur Katastrophe mit dem Tod der vielen Menschen kam es bei einem Opferfest für den Gott Dagon, der Simson zu besiegen geholfen hatte. Während des Festes wurde Simson zur Volksbelustigung vorgeführt (Richter 16, 23-25). Eine solche Situation wird man mit aller Raffinesse nicht aus dem heutigen Verhältnis der Muslime mit der übrigen Welt herauslesen können, es sei denn, man übertrifft die Interpretationen der Islamisten.

Selbstmordattentäter zeichnen sich anscheinend dadurch aus, dass sie nicht auf ihr Leben ansprechbar sind, dass sie es einsetzen, um scheinbar einem religiösen Ziel, einer Idealvorstellung oder einer Leitidee zu dienen. Das bedeutet, dass sie in keinerlei Kommunikation mehr mit Werten und Menschen außerhalb ihrer Weltsicht und ihrer engsten eigenen Gruppe stehen. Der andere Mensch ist ihnen nicht mehr Gegner, nicht einmal mehr Feind, sondern ein Objekt, das schlechtestenfalls zu beseitigen ist. Es geht nicht um Ausgleich, Überwältigung oder Gefügigmachen von Gegnern und Feinden, sondern ausschließlich um die Vernichtung von Menschen, ihren Werken oder Idealen. Terroristen dieser Art bringen den Tod, insofern sie andere Leben nicht achten, nicht ihr Grundexistenzrecht anerkennen und das Leben an sich ihnen nichts wert ist.

Die Zusammenschau dieser Grundausrichtung mit religiösen Werten wird heute auf den Islam bezogen. Die Attentate der Assasinen nach dem Jahr 1000 in Jerusalem können nur theoretisch als Vergleich dienen. Hier ging es um die Vorherrschaft. Attentäter erdolchten vermeintliche Gegner und ließen sich nach der Tat selbst erdolchen oder hofften jedenfalls darauf, dass das so ablaufen werde. Hier könnte vom Einsatz des eigenen Lebens um des Glaubens willen gesprochen werden. Es handelte sich aber nicht um wahllose Tötung vieler unbeteiligter Menschen besonders des eigenen Glaubens, sondern um die Auseinandersetzung mit Personen, die konkret die Macht (Gewalt) ausübten. Alles drehte sich bei ihnen auch um den Gottesstaat, die ursprüngliche islamische Ordnung.[62] Selbstmordattentäter verstehen sich als Diener Allahs und geben damit kund, dass Allah nicht das Leben will, sondern die Herrschaft. Allah hat aber genau so wenig wie der Gott des christlichen Glaubens das Ziel, Menschen zu vernichten. Er will - in der Sprache des Glaubens -, dass Menschen (miteinander) leben. Attentäter gab und gibt es auch im Christentum und im Judentum. Diese machen jedoch vor ihrem eigenen Leben halt.

Im größeren Zusammenhang braucht die Idee, den Willen Gottes durchsetzen zu müssen, als Basis die monotheistische Sicht, welche im Islam neben dem Judentum am ausgeprägtesten vorliegt. Eine polytheistische Weltanschauung könnte lediglich die Verehrer der verschiedenen Götter gegeneinander in den Kampf bringen, dem keine Mono-Weltherrschaft folgte. Dazu noch mal Martin Odermatt: "Die komplexe Welt des Pluralismus stellt für das monotheistische Bewußtsein das Chaos dar, in dem es unterzugehen droht. Die Bewußtseinsstruktur hat sich in den letzten drei Jahrtausenden kaum verändert. Die großen Religionen Judentum, Christentum und Islam haben das ihre dazu beigetragen, dass sich die psychische und soziale Identität eindimensional verabsolutierte und perpetuierte;.... Die Fundamentalisten aller Schattierungen stellen einen grandiosen Abwehrmechanismus gegen die Bedrohung der nur homogen abgestützten Identität dar."[63] Alles „Nicht-Gleiche" bekommt den Rang fremder Götter oder der Ausgeburt des Teufels. Streng genommen kann sich die Kommunikation nur einlinig vollziehen. Ziel ist das Ende der Vielfalt des Lebens. Das Gegenüber ist kein Partner.

Wenn in solchem Zusammenhang der Begriff Märtyrer[64] benutzt wird, steht damit eine Werteordnung zur Debatte, die sich einerseits grundsätzlich von allen anderen religiösen Märtyrervorstellungen unterscheidet. Der Märtyrer ist jemand, der für seinen Glauben stirbt, weil und indem er sich nicht gegen die Angriffe des Unglaubens, der Ungläubigen oder der anderen Göttern vertrauenden Menschen wehrt, sondern dies seinem Gott überlässt. Dazu gehört auch persönliches

Einstehen: Der Märtyrer möchte als Person seinen Glauben bezeugen, also ein öffentliches Zeugnis sondergleichen ablegen.[65] Das kann niemand anders für ihn oder sie erledigen. Bin Laden hätte also nach dem allgemeinen Märtyrerbegriff persönlich die Verantwortung in der Öffentlichkeit übernehmen müssen, wenn er denn ein solcher sein wollte. Al-Bagdadi tut es nur verdeckt in „Botschaften", ruft ein Kalifat aus und denkt nicht daran, sich selbst für den Glauben zu opfern.[66] Ein Mensch, der seinen Glauben bezeugen möchte, hätte sich in der Öffentlichkeit seiner Verantwortung gestellt. Insofern ist die Märtyrerrolle für die 11. - September – Terroristen und ihre Hinterleute sowie alle anderen islamistischen Bestrebungen bereits als solche unglaubwürdig.

Der Gedanke, sich für seine Religion zu opfern, spielt aber, abgesehen von den Anführern, offenbar in der Szene der Jihadisten weltweit eine wichtige Rolle. Er wird durch Geschichten verbreitet, die klingen wie aus dem Mittelalter im christlichen Europa. Der Islamwissenschaftler Behnam Said beschreibt es: „So sollen beispielsweise die Leichen der Gefallenen auch nach einem Jahr noch frisch gerochen haben und ihr Blut flüssig gewesen sein. … Nach und nach entstand ein richtiger Todeskult in der jihadistischen Szene, und junge Männer kamen nach Afghanistan, um das Martyrium zu suchen und so in den Genuss der versprochenen Paradiesfreuden zu kommen. Hiervon allgemein bekannt… sind die 72 *Huris*… Weniger bekannt hingegen dürfte sein, dass der zu Tode gekommene der Tradition nach von all seinen Sünden freigesprochen wird. … Auch darf der Märtyrer für siebzig seiner Angehörigen bei Gott Fürsprache halten…"[67]. Der frische Geruch der Leichen wird ja auch bei christlichem Wundern beschrieben.[68] Wen aber sollte der Geruch im Himmel interessieren? Die Fürsprache für Angehörige klingt geradezu katholisch, wo die Heiligen bei Gott antichambrieren. Das Versprechen der Sündenbefreiung erscheint ziemlich merkwürdig. Kann man durch Tötung vieler Mitmenschen auf Sündenbefreiung abzielen? Das geht nur dann, wenn man damit Gott den Gefallen getan zu haben glaubt, die Zahl der Ungläubigen vermindert zu haben.

Einem religiösen Verständnis kommt man durch die biblischen Sprüche der Überwinder' in der Offenbarung von den „Siegern"[69] näher. Den Siegern wird der zweite Tod nichts anhaben.[70] Die Sieger werden Macht über die Völker haben und sie mit eisernem Stab weiden.[71] Sie werden bei Gott nicht nur in der ersten Reihe sitzen, sondern neben Jesus auf seinem Thron.[72] Der Lohn des Märtyrers besteht darin, dass er leuchtend dasteht und sein Name im Buch des Lebens verzeichnet ist.[73] Die Gedanken über den Lohn des Martyriums gleichen sich bis zu den Vorstellungen vom ‚Sieg'. Die Form des islamistischen Martyriumsbegriffs als erweiterter Selbstmord wird aber generell nicht geteilt. Selbst die so interpretierbare Anforderung: „Sei getreu bis in den Tod, dann will ich Dir die Krone des Lebens geben" hat keine Selbstmordmärtyrer zum schnelleren Erhalten der Krone hervorgebracht.[74] Der Gedanke des zweiten Todes könnte aber eine Art Weg zum Verständnis weisen. Dann wäre der erste Tod nur unwesentlich. Wenn sich der Selbstmordattentäter den ersten Tod gönnt, befreit er sich durch glaubensgemäßes Handeln aus dem zweiten.

Eine weitere Differenzierung gilt sodann der Abwehr jeden Gedankens von Rache als Martyrium. Paulus rät vom Märtyrergedanken im Sinne der ‚Rache Gottes' ab: "Rächet euch selber nicht, meine Liebsten, sondern gebet Raum dem Zorn Gottes; denn es steht geschrieben: "Die Rache ist mein; ich will vergelten, spricht der Herr."[75] Auch Martin Luther hat das in seinem Lied „Ein feste Burg ist unser Gott" aufgegriffen: „Nehmen sie den Leib, Gut, Ehr' Kind und Weib, laß fahren dahin, sie haben kein Gewinn, das Reich muss uns doch bleiben." Diese scheinbar passive Märtyrerrolle zeichnet die Märtyrer vor dem durchschnittlichen Menschen aus, der sich um sein Leben sorgt, der sein Leben nicht für seine Freunde, für Gott oder seine Ziele einsetzt, sondern aus Angst vor dem Tod an der Stelle Kompromisse schließt, an der sein Tun ihn selber grundsätzlich nicht nur in seinem Leben gefährden würde. Die Angst vor dem Tod ist nach Hegels Philosophie sozusagen das Zentrum von Macht und Herrschaft. Wer diese Angst nicht kennt, kann nicht beherrscht werden, er wird Herr, der andere Knecht.[76] Eine Art Beweis für diese These ist erneut die Bezeichnung Märtyrer für Menschen, die bei einer Demonstration mit anschließendem Feuergefecht in Kairo am 8.7.2013 zu Tode kamen. Aus westlicher Sicht handelt es sich dabei um eskalierende Gewalt im Machtkampf zwischen Militär und islamistischen Parteien. Aus islamistischer Sicht offenbar um ‚Heiligen Krieg'. Die Demonstranten ziehen todesmutig in die Schlacht und sind daher sehr schwer zu beruhigen oder gar zu bezwingen.

Im ‚westlichen' Denken hat sich eine ganz andere Richtung herauskristallisiert. Die Achtung des Lebens des anderen ist in den Menschenrechten fest gemeinsam vereinbart und hat Auswirkungen bis in die über das körperliche Dasein weit hinausgehenden Persönlichkeitsrechte. In dieser Denkweise kann es, konsequent zu Ende gedacht, keine Märtyrer geben.

Der Selbstmordattentäter gleicht unter diesen Aspekten in seiner Aggressionsbereitschaft gegen sich und andere eher dem psychisch kranken Menschen, der nicht in der Lage ist, zwischen sich und seiner Umgebung zu unterscheiden. Sein Sein unter den Menschen ist bloß abstrakt und nicht vermittelt, eine Eigenschaft und Existenzweise, die normalerweise Gott zugeschrieben wird.

Es stellen sich nach dieser Einschätzung die Fragen, was eigentlich einen Selbstmordattentäter erwartet, wenn er in das Reich Allahs kommt, und was seine Opfer. Bei ihnen handelt es sich in den allermeisten Fällen um nicht beteiligte Menschen, die auf diese Weise Opfer von mörderischer Aggression geworden sind. Soll man sich nicht vorstellen, dass gerade solchen Opfern sich die Gnade Gottes zuwendet? Sollte der Selbstmordattentäter also im Himmel bei seinen Opfern sitzen, die er zu Tode gebracht hat, und sich gemeinsam mit ihnen darüber freuen? Was geschieht mit einem, der sich auf diese Weise selbst eingeladen hat? Im christlichen Bereich entfallen im Reich Gottes alle weltlichen Fesseln, auch die von Leid und Schuld, von Tod und Verderben. Ob das in islamistischer Sicht auch so sein könnte, besonders dann, wenn Selbstmordattentäter, die auch Mörder sind, Bevorzugung genießen? Der Gedanke vom zweiten Tod ist auch hier verführerisch. Der erste Tod erspart auch den Opfern von Selbstmordattentätern den zweiten. So täte der Täter auch seinen Opfern etwas endgültig Gutes.

Vielleicht braucht man so weit gar nicht zu denken. Es könnte auch folgende Koranaussage reichen, die sich außerdem auf die Tora und das Evangelium beruft: *„Gott hat von den Gläubigen ihre eigene Person und ihr Vermögen dafür erkauft, dass ihnen das Paradies gehört, insofern sie auf dem Weg Gottes kämpfen und so töten oder getötet werden. Das ist ein ihm obliegendes Versprechen in Wahrheit in der Tora und im Evangelium und im Koran. Und wer hält seine Abmachung treuer ein als Gott? So seid froh über das Kaufgeschäft, das ihr abgeschlossen habt. Und das ist der großartige Erfolg.* "[77]

In rein irdischer Sicht: Der Selbstmordattentäter glaubt sich berechtigt, wenn nicht gar verpflichtet, Leid über zahllose Menschen zu bringen, die ihre Angehörigen bei solchen Attentaten verlieren. Wer derart immense Schädigungen und Verletzungen bei anderen Menschen für sein Ziel in Kauf zu nehmen bereit ist, dessen Ziel muss als ‚reines für sich seiendes Bewusstsein' unendlich weit über den irdischen Zielen dieser Menschheit schweben. Darunter fallen Empathie, Mitmenschlichkeit, Gefühl, allein die Anerkennung des anderen als Mitmenschen – vollkommen aus. Kennzeichen einer solchen Denkweise ist tiefstverwurzelter Hass, der die ganze Person bestimmt. Hass aber wird nach heutigem Verständnis in keiner einzigen Religion dieser Welt auch nur ansatzweise gepredigt – außer gegenüber dem Teufel. Wer die anderen Menschen als teuflische Ausgeburten versteht, muss sie hassen und der Vernichtung zuführen.

Manche der Kommentatoren erklären diese Ereignisse so: Es handle sich um einen Missbrauch der Religion für eigene politische Ziele oder für den eigenen Hass. Dies mag richtig sein, setzt jedoch einen bewussten Akt des Missbrauchenwollens voraus, der in den wenigsten Fällen tatsächlich so vor sich geht. Man müsste sich dann ja vorstellen, eine Organisation, eine Gruppe von Menschen oder auch ein einzelner, die in dieser Welt Macht ergreifen wollen, wäre bereit, sich zunächst zu sagen: andere Menschen interessieren uns nicht. Wir benutzen sie als Kanonenfutter und bringen uns selbst dabei auch um. Welche Religion oder welche Philosophie ist am besten geeignet, dies zu untermauern und als Gedankengebäude zur Glorifizierung dieser Handlungen zu dienen? So rational laufen Lebens- und Entscheidungsprozesse bei keinem Menschen ab, auch nicht bei Terroristen. Deshalb braucht die Erklärung andere Näherungsmodelle.

3 Über – Ich und Ritus

Die Selbstmordanschläge sind Taten von Menschen, bei denen nach vereinfachtem psychoanalytischen Modell ein unstrukturiertes, jedoch starkes und bedrohliches Über – Ich mit dem unstrukturierten Es direkt kollaboriert. Die Vermittlungsinstanz des Ich, die Triebwünsche mit Über-Ich-Anforderungen verhandelt und einen realistischen Kompromiss zwischen beidem schließt, fällt aus. Die Wünsche oder Empfindungen, Hassgefühle und andere Antriebe werden nicht mehr mit der Realität vermittelt, sondern direkt einem Über-Ich folgend in die Tat umgesetzt. Umgekehrt wird das Über-Ich durch das Es korrumpiert. Ziele wie Machtansprüche oder Vergeltung sind keineswegs so rational, wie es bisweilen erscheint, sondern durch innere Antriebe oder Frustrationen bestimmt. Die Wünsche des – unbewussten oder vorbewussten - Es werden nicht mehr in die Schranken gewiesen, wodurch abwägendes und andere Menschen achtendes Verhalten unmöglich gemacht wird.

Eine interpretatorische Brücke zwischen religiösem Wahn und Fundamentalismus hat auf psychoanalytischem Grund Paul W. Pruyser entwickelt. Das Individuum muss ein Gleichgewicht (Äquilibrium) zwischen seiner Innenwelt (autistic world), der Außenwelt (realistic world) und dem Dritten, der Welt der Illusionen (illusionistic world), herstellen. Wenn das nicht gelingt, kann die Folge Wahn oder Fundamentalismus sein. Sehr prägnant hat Susanne Heine diesen Gedankenführung zusammengefasst: „Die Beschränkung auf die Außenwelt führe zu einem fakten-, beweis- und machtorientierten Verhalten, das Kontrolle über die Realität auszuüben versucht und dadurch Emotionen und kreative Kräfte absterben lässt. Dann werde die Wissenschaft nur in den Dienst der Technik gestellt, die Kunst zu einem bloßen naturalistischen Abbild der Realität, das Symbol auf ein verweisendes Zeichen reduziert und die Religion fundamentalistisch. Mit ‚fundamentalistisch' kennzeichnet Pruyser einen Vorgang, der die illusionäre unsichtbare Welt mit der wahrnehmbaren realen Welt in eines setzt, sodass in der Folge religiöse Aussagen wörtlich statt metaphorisch genommen werden. Bleiben Kunst und Religion hingegen auf die Innenwelt beschränkt, kommen sie der Halluzination und der Verrücktheit nahe, abgesehen davon, dass andere nicht daran Anteil haben können. So hänge alles, sowohl die seelische Gesundheit als auch der Sinn von Religion, davon ab, die Illusionen, die Produkte der Imagination, von der Außenwelt unterschieden zu halten und doch mit dieser zu verbinden."[78] Dieser Ansatz könnte erklären, warum etwas, was ähnlich scheint, in Wirklichkeit einen eminenten Unterschied ausmacht. Fundamentalismus und Wahn als Krankheit unterscheiden sich in der Wirklichkeitskonstruktion dessen, der sie ausbildet. Die wahnhafte Idee mit Krankheitswert ist der Versuch, die (eigene) innere Welt zu ordnen. Der Fundamentalismus zielt auf die „Ordnung" der äußeren (politischen oder innergemeindlichen) Welt ab.

Die Theorie zur Näherung von Carl Gustav Jung wurde bereits genannt. Er hat ausgeführt, dass eine Religion, die nicht durch ein Dogma gebunden wird und unmittelbar tief sitzenden Antrieben und Empfindungen folgt, zerstörerisch wirken muss. Sie verliert ihre Leben schaffenden Funktionen durch die Unmittelbarkeit der menschlichen Ur – Themen und Symbole, die nur im kollektiven Unbewussten zugänglich sind. Das gleicht den Aussagen des Alten Testaments in der Mosesgeschichte, dass jemand Gott nur um den Preis des eigenen Lebens sehen kann. Moses musste sich umdrehen, als Gott vorbeiging. „Hütet euch, auf den Berg zu steigen oder seinen Fuß anzurühren; denn wer den Berg anrührt, der soll des Todes sterben" (Gen 19, 12). „Und Gott sprach weiter: Mein Angesicht kannst du nicht sehen; denn kein Mensch wird leben, der mich sieht" (Gen 33, 20).

Religion stellt die Grundgegebenheiten des psychischen Lebens in ihrer ambivalenten Form dar. Es geht um Heil und Unheil, Geborgenheit und Verdammnis, Leiden und Erlösung, Liebe und Hass, Zeit und Ewigkeit, Leben und Tod. Das Dogma bindet und kanalisiert die religiösen Ur -Themen in einer der menschlichen Seele zugänglichen Form und hat damit Leben schaffende Bedeutung für den Einzelnen und das Zusammenleben.[79] Wahn und Fundamentalismus sind abweichende Formen mit verschiedenen Zielrichtungen. Beide jedoch können zu vernichtenden Handlungen gegen andere Menschen führen.

„Man wird Attentäter für Geld oder aus Überzeugung, ein Suizidattentäter wird man aber nur aus Überzeugung. Die neuen Terroristen sind weder krank noch verzweifelt, sondern offensichtlich radikale Islamisten, auf eine dämonische Weise. Sie fühlen sich wie Märtyrer ihres Glaubens und werden von ihresgleichen hoch verehrt. Welche Überzeugung motiviert sie? Seit Jahrzehnten werden die USA von fanatisierten Massen auf den Straßen islamischer Staaten als ‚der große Satan' angeklagt und die westliche Welt als die verdorbene Welt der Ungläubigen verworfen, wegen der Säkularisierung des Religiösen, Materialismus, Pornographie, Auflösung der Familie, Drogenabhängigkeit und der Frauenbefreiung. ‚Der große Satan' ist niemand anderer als der apokalyptische ‚Feind Gottes'. Wer immer ihn schwächt und erniedrigt, ist auf Gottes Seite und verdient das Paradies."[80] Diese Einschätzung von Jürgen Moltmann aus christlicher - theologischer Sicht vervollständigt die vorher genannten und zeigt eine weitere Entgleisungsmöglichkeit der Religion auf, in der die Religion zum dämonischen Vehikel wird. Allerdings hat sich herausgestellt, dass nicht nur der Glauben, die Überzeugung, die Motivation unterstützt, sondern ebenso die Versprechungen des Paradieses und die finanziellen Mittel für die Hinterbliebenen sowie einige andere Vergünstigungen und dass bisweilen sogar mit Rauschgift nachgeholfen wird.

So ist es wohl möglich, die Religion zum Vehikel ungebremsten Hasses und ungebremster Selbstüberschätzung oder gar Selbstvernichtung zu machen, jedoch nicht auf rationalem Wege. Wer hier einen Akt tiefbewusster Besinnung voraussetzt, geht in die Irre. Einige andere Bedingungen müssen dafür erfüllt sein. Damit wäre nämlich sonst gesagt, der so denkende, empfindende und handelnde Mensch könnte auch einen anderen Weg gehen, wenn er eine andere Zielsetzung bekommt. Ähnlich wie viele süchtige Menschen nicht an der Selbstzerstörung gehindert werden können, obwohl sie sogar mit Vernunftgründen gegen sich selbst argumentieren, kann auch mit Vernunftgründen niemand von einem religiösen Wahngebilde abgebracht werden. Jedes Vernunftargument gilt in diesem Zusammenhang als eine Waffe des Widersachers. Wer sich als Ziel die wirtschaftlich mächtigsten Gebäude im Zentrum der Weltwirtschaft und als Mittel eine der großartigsten Erfindungen der technischen Zeit aussucht, um sich selbst und viele andere umzubringen, kann schlechterdings nicht viel anderes im Sinn haben, als sich selbst als gottähnlich oder Gott zu etablieren. Wenn dann noch die krude Mischung der Ziele aus dem Logbuch des Terrorismus von Bin Laden und seiner Organisation dazu genommen wird, zeigt sich ein verirrtes Machtstreben, das dem Islam und anderen Religionen im Grundbestand der Bedeutungen eigen ist. Unter anderen Zielen werden auch gottlose Vergnügungsstätten im Westen als Ziele genannt. Die gottlose Macht kann hohe Türme bauen, lässt darin die Fäden der Weltwirtschaft zusammenlaufen und errichtet aufgrund ihrer wirtschaftlichen Macht und religiösen Indifferenz sündige Vergnügungstempel. Besonders plastisch wurde das beim Anschlag in Paris am 13. November 2015 vorgeführt, bei dem das Bataclan als Vergnügungsstätte mit perversem Inhalt und gar noch jüdischen Betreibern als Ziel gewählt wurde. Dass die jüdischen Betreiber das Haus verkauft hatten, war den Tätern ganz offensichtlich entgangen. Die islamistische Denkweise kann in völliger Verblendung New York als „jüdische Stadt" bezeichnen. So sieht aus fundamentalistischem Blickwinkel der Ausfluss des Bösen aus.

4 Paradigmenwechsel bei Terrorismus und Weltherrschaft

Beim islamistischen Terrorismus handelt es sich also um einen Paradigmenwechsel ganz anderer Art. Es geht - jedenfalls zuerst – nicht um Terrorismus im Namen von Unterdrückung und Befreiung im kleinen und nationalen Umfeld, was zunächst auch das Kennzeichen des Terrorismus im Nahen Osten war. Diesen Terrorismus üben (auch) Menschen aus, die persönlich als einzelne die Vorzüge der offenen Gesellschaften genießen, studieren, herumreisen und genug Geld haben, sich ein gutes Leben (zu) bescheren (zu lassen). Sie streben an und üben aus, was die Religionen eigentlich Gott zuschreiben: Die Weltherrschaft: „Wenn wir das Sagen haben, irgendwann, Inschallah, in der ganzen Welt, dann gilt die Scharia.“[81] Besonders schön, einfach und nachvollziehbar hat das der Weihnachtsdschihadist am 30.12. 2009 ausgedrückt, so die Berichte dazu stimmen: „Ich stelle mir vor, wie der große Dschihad stattfindet, wie die Muslime – groß ist Allah – siegen und die Welt beherrschen werden und wieder einmal das größte Reich errichten!!!“ Bemerkenswert ist an dieser spätpubertär wirkenden Beschreibung des Ziels, dass eine Vorstellung von tatsächlicher eigener Größe durch die Sprengung eines Flugzeugs erreicht werden soll! Dieser Akt würde das Miterleben des Größenselbst unmöglich machen. Rache im Namen Gottes wollte auch der ‚Unterhosenbomber‘ Farouk Abdulmutallab nehmen, indem er ein Flugzeug sprengt. Verurteilt wurde er am 17. 2. 2012.

Ein Paradigma des Herrschaftswechsels vom Teufel zu Gott hat das sozial grundierte Paradigma der Unterdrükkung des Menschen durch andere Menschen abgelöst. Anklänge an die Unterdrückungsformulierung gibt es dennoch. Sie kommen als Freiheit von westlicher Vorherrschaft daher. Ein Rekrutierer des „Islamischen Staates“ erzählt das im Spiegelinterview: „Wer hat die Welt erobert und versucht, alle fremden Kulturen und Religionen zu unterwerfen? Die Geschichte des Kolonialismus ist lang und blutig. Und sie dauert bis heute an, in Form von Arroganz des Westens gegenüber allen anderen. 'Wir gegen den Rest der Welt‘, das ist die Antriebsformel des Westens. Wir Muslime leisten dagegen endlich erfolgreich Widerstand.“[82] Inwiefern Attentate wie beispielsweise die in Paris am 7.1. oder am 13.11. 2015 ‚Widerstand‘ sein können, wird einem Menschen aus unserer Kultur nur verständlich, wenn er Folgendes verstehen kann: ‚Wer Mohammed karikiert, beleidigt unsere Religion, also unsere Kultur, und übt Gewalt gegen uns aus. Dagegen wehren wir uns.‘ Viel konkreter und weitergehend beschrieb allerdings einer der Attentäter aus Paris seine ‚Legitimität‘:

„Sie haben Menschen gefoltert. Sie müssen aufhören, den ‚Islamischen Staat' anzugreifen, unsere Frauen zu enthüllen, unsere Brüder grundlos in Gefängnisse zu stecken", sagte Coulibaly den Geiseln, die er offenbar mitverantwortlich für das Handeln des französischen Staates machte: „Sie sind es, die die finanzieren. Sie zahlen Steuern und stimmen blind zu".[83] Aus Terroristensicht ist die Mörderbande des IS eine legitime Macht in dieser Welt. Diese „Legitimität" eines französischen Staatsbürgers klingt sehr säkular, macht aber ohne religiöse Begriffe Identifikationen mit der Gemeinschaft islamischer Brüder deutlich. Diese „islamische Gemeinschaft" scheint nach den Äußerungen des Terroristen in jeder Hinsicht verteidigenswert. Zudem ‚wehrt er sich nur' gegen Misshandlungen durch den ‚Westen'. Hier gewinnt die Idee einer islamistischen Weltgemeinschaft Gestalt, die die Konstruktionen der übrigen Welt in Frage stellt: „Zum Schluss gab er sich siegessicher: ‚Sie haben es nie geschafft, uns zu schlagen. Wo immer sie hingingen, ist es ihnen nie gelungen. Allah ist mit uns.'"[84] Die religiöse Beweihräucherung – etwa den Teufel ‚Westen' bekämpfen oder Allahs Herrschaft herstellen – liegt alleine in den Worten: ‚Allah ist mit uns'. Und schließlich zeigt sich in dieser Erklärung des Attentäters seine westliche Sozialisation: Bürger werden für die Handlungen ihrer Regierung verantwortlich gemacht. Sie sind schließlich der Souverän. Dass das allerdings terroristische Anschläge auf wehrlose Menschen begründen kann, lässt sich auch bei gut meinender Interpretation der Gottesnähe nicht nachvollziehen. Dennoch wird hier sehr klar, wie sich im säkularen Raum religiöse und daraus weltpolitische Rationalisierungen für das Morden bilden.

Aus unserer Sicht erscheint solches Handeln als reiner Hass, als Machtanmaßung im Namen der Religion Islam, als direkter Ausfluss des Bösen oder einfach als kriminell: Also illegitim. So sehen das im Übrigen auch die in Europa ansässigen Moslems. Das zeigen die Äußerungen der moslemischen Religionsgemeinschaften am 7.1.2015. Beispiel: „Der Vorsitzende des Zentralrats der Muslime in Deutschland (ZMD), Aiman Mazyek, hat den Terroranschlag in Paris verurteilt. ‚Dieser abscheuliche Terroranschlag ist aufs Schärfste zu verurteilen'. ‚Wir sind erschüttert und schockiert über das Massaker, das an Zeitungsredakteuren, Satirezeichnern und anderen Menschen verübt wurde und wir trauern mit den Hinterbliebenen.' Es sei zu befürchten, dass der Anschlag ‚neues Wasser auf die Mühlen von Extremisten' gießen werde, sagte Mazyek weiter. ‚Wir rufen alle dazu auf, dem perfiden Plan der Extremisten nicht auf den Leim zu gehen.' Deren Ziel sei es, die Gesellschaft zu spalten und Hass sowie Zwietracht zwischen den Religionen zu schüren."[85] Wahrscheinlich aber ist alles sehr banal und leider ganz schlicht zu erklären: „Sie (die Attentäter) haben nach Berichten französischer Zeitungen beruflich nie richtig Fuß gefasst, schlingerten durchs Leben, gerieten mit dem Gesetz in Konflikt und suchten schließlich Halt in einer Pseudo-Religiosität, die nur noch Gut oder Böse kannte".[86] Wer keinen Platz in der Gesellschaft erringen kann, legt sich Rationalisierungen für sein Handeln aus Wut und Hass zurecht. Der Hintergrund bleibt aber auch in diesem Fall der religiöse, der hier als Legitimität der islamistischen ‚Bruderschaft' im Auftrag Allahs auftritt. Die deutliche Ankündigung, Europa zu erobern, fehlte da noch, kam aber auch im Interview mit einem deutschen Islamisten als Drohung zum Vorschein. Und der Mann meinte das tatsächlich ernst. Außerdem erklärte er, dass sie auch 500 Millionen Menschen töten werden, wenn es nötig ist.[87]

Während in Religionen und im Glauben normalerweise der Teufel als durch Gott besiegt geglaubt wird, was der Glaubende jeweils symbolisch nachvollzieht – bei den Christen in der Bekämpfung der Sünde und allein im Glauben, bei den Moslems u.a. in der Wallfahrt nach Mekka, wo der Scheitan von jedem Gläubigen einzeln durch Steine besiegt wird -, geschieht das im fundamentalistischen Denken als eigene Aktion in der Realität. Der Teufel ist die Gegenmacht Gottes, die nach Meinung dieser keineswegs persönlich unterdrückten Menschen als USA (und zunehmend Europa) frech ihr Haupt erhebt und Weltherrschaft beansprucht. So wirklichkeitsfern ist dieses Denken im Jahr 2013 allerdings nicht mehr. Die USA erlauben sich, die gesamte Welt durch das Abhören der täglichen Kommunikation zu kontrollieren. Wenn das kein Weltherrschaftsstreben ist, was dann? Dieser teuflischen Macht muss in jeder nur denkbaren Form entgegengetreten werden. Wenn das größte Wahrzeichen dieser teuflischen Welt durch eine kleine Gruppe entschlossener ‚Kämpfer', in wenigen Minuten zerstört werden kann, müsste dieser Glauben einen riesigen Auftrieb bekommen. Ist er doch das Zeichen dafür, dass Allah gegen alle Formen der Gegenmacht siegreich sein wird. Nur unter dieser Prämisse können Tod, Zerstörung und Selbstzerstörung in eins gebracht werden – und sich massenhaft ausbreiten.

In manchen christlichen Glaubensrichtungen gibt es ein Bild vom gläubigen Menschen als Stuhl, auf dem Christus, der Retter, Platz genommen hat. So ist der Gläubige von Jesus besetzt. Er besitzt keinen eigenen Willen mehr, der ohnehin nur sündige Ziele setzen könnte, sondern folgt ausschließlich dem Wort Jesu Christi. Ähnlich verhalten sich andere fundamentalistische Strömungen. Sie nehmen keine vermittelnde Position zwischen Überlieferung und Gegenwart der Welt ein. Im Gegenteil behaupten sie einen Angriff des Wortes Gottes auf die Welt. Natürlich richtet sich dieser Angriff nicht auf die eigene Person, sondern auf die anderen, die Nichterlösten.[88]

In der vermittelnden Position beispielsweise des Luthertums ist der Generalangriff des Wortes Gottes auf die Menschen so gemeint, dass damit der Sünder in jedem angegriffen wird. Jeder Mensch, gleich wer er ist, woher er kommt und wohin er geht, welche Ausbildungen oder Verdienste er hinter sich hat, ist nach diesem Glauben gleichermaßen von der Sünde bedroht. Wer dies nur bei den anderen sieht, gehört zu den Ungläubigen. Jede Frau und jeder Mann muss sich mit dieser Macht auseinandersetzen, sie für sich persönlich formulieren und kann ihr dadurch wenigstens im Glauben ganz, im Leben jedoch nur sehr ansatzweise Herr werden. Dies kann er nur mit der Hilfe des Heiligen Geistes, den er im Glauben geschenkt bekommt.

Im Islam vergibt Gott dem Gläubigen, dem Ungläubigen aber nicht. Die Einhaltung der Riten / Pflichten des Glaubens befördert die Sündenvergebung.[89] Die Vergebung – das ist noch kein charakteristischer Unterschied zur Vergebungsvorstellung in der christlichen (evangelischen) Theologie – setzt Glauben voraus. Der Gläubige wird auch im Islam gerechtfertigt. Im Christentum gilt die Rechtfertigung dem Menschen, der sie im Glauben annimmt. Es handelt sich um verschiedene Definitionen der Voraussetzung des Status des Gläubigen. Im Christentum bleibt der Mensch trotz Vergebung ein Sünder. Die Sünde ist in gewissem Sinne unvermeidbar. Im Islam rechtfertigt Gott den Gläubigen und so sind die Sünden Fehlverhalten, das vermeidbar, aber zur Durchsetzung des Glaubens offenbar notwendig ist. Der Ungläubige, nicht der Sünder, wird bestraft. Die Differenzierung zur Rechtfertigungslehre fällt auch theologisch schwer, wird aber so deutlicher.

Der fundamentalistisch Glaubende hält sich für ein Werkzeug Gottes in der Welt im Sinne dessen, dass das, was er selbst tut, oder das, was sein geistlicher Lehrer – seiner Meinung nach - ihm zu tun aufgibt, das Handeln Gottes in der Welt ist. Er identifiziert sich mit Gott. Wenn er also die Feinde Gottes zerstört, handelt er als Gottes Werkzeug oder Gott selbst.

Bei nichtfundamentalistischen christlichen Vorstellungen ist nicht der Mensch als der Böse zu bekämpfen, sondern die Sünde, die sich des Menschen bemächtigt. Es geht darum, den Menschen und seine Werke der Macht der Sünde zu entreißen und nicht den Sünder als Werkzeug des Teufels zu identifizieren und zu töten. Die Liebe Gottes wird dem von der Macht der Sünde bedrohten Menschen immer wieder verkündet. Dazu gehört bisweilen auch Kritik an Werken, die Menschen unter der Macht der Sünde tun. Das tut dem konkreten Menschen weh, ist aber nur im geistlichen Sinne das Todesurteil für den alten sündenverfallenen Adam, das durch die Vergebung aufgehoben wird.

„Gott sagt, dass du Gottes Segen und seine Vergebung hast und dir nichts Böses geschehen wird, solange du dem allmächtigen Gott folgst, der alle erschaffen hat, denn die Taten und Worte der Ungläubigen werden ihnen nicht helfen und dir nicht schaden, Gott ist gewillt, denn du bist ein Gläubiger. Die Gläubigen fürchten niemanden, und diejenigen, die Angst haben, sind Söhne und Töchter des Teufels, die den Teufel selbst fürchten, und sie sind Sklaven des Teufels. Aber diejenigen, die Gott fürchten und ihm folgen und nach seinem Willen handeln, werden am Ende die Richtigen sein. Gott sagte, dass der Teufel seine Anhänger überwältigen wird.

Alle westlichen Zivilisationen, die ihre Macht genießen, sind in ihrem Inneren sehr schwach. So habe keine Angst und keine Furcht, wenn du ein Gläubiger bist, denn Gläubige fürchten nur Gott den Allmächtigen, der die Macht über alles inne hat. Gläubige glauben in dem Vertrauen, dass der Ungläubige am Ende besiegt wird. Entsinne dich, dass Gott die Ungläubigen niederschlagen und besiegen wird. Entsinne dich der Aussagen des Allmächtigen, und du musst es eintausendmal sagen - und niemand wird es bemerken, ob du es sagst oder nicht - zum Ruhme Gottes entsinne dich seiner Aussage, dass der Gläubige, der es von Herzen sagt, in den Himmel kommen wird. Auch wie der Prophet - Gott segne ihn - sagt, wenn man den Himmel und die Erde in eine Hand nimmt und Gott in die andere, wird die Hand, in der Gott ist, oben sein. Du kannst lächeln, während du die Worte Gottes rezitierst, und die Schönheit seiner Worte besteht darin, dass du sie nicht laut sagen oder rezitieren musst, du kannst sie in Gedanken sagen. Es reicht aus, dass du versuchst, den Islam zu erheben und unter seiner Fahne zu kämpfen, wie das der Prophet - Gott segne seine Seele - und dessen Anhänger getan haben.“[90]

Die fundamentalistischen Glaubensrichtungen aller Art definieren diesen Zusammenhang völlig anders als die große Mehrheit der Religionen. Wer dem Teufel anhängt und damit dessen Macht repräsentiert, muss stellvertretend für den Teufel, den man nicht zu fassen bekommt, vernichtet werden. Leben und Unversehrtheit von Menschen spielen in diesem Zusammenhang überhaupt keine Rolle. Nicht die Liebe Gottes, sondern die Macht Gottes wird hier demonstriert und vollzogen. Absolute Macht verträgt kein Gegengewicht und keine Gegnerschaft, sonst ist sie an sich bedroht. Das Todesurteil ist konkret, nicht geistlich – und es wird von den fundamentalistisch Gläubigen ohne Rücksicht auf irgendetwas ausgeführt. Aber die zitierte „Anweisung“ gibt bei genauer Interpretation keinerlei Auftrag an Gläubige, die Ungläubigen eigenhändig zu vernichten.

Die Taten der Gläubigen werden sich mit Gottes Segen durchsetzen – das glaubt jede Religion. Keiner ihrer Anhänger muss selbst mit teuflischen Mitteln Gott spielen – genau das aber tun Terroristen. Ihr grausiger Abgang beim Suizid oder ihre Kaltblütigkeit beim Morden beweist die Verblendung einer teuflischen Besessenheit. Der Teufel schlägt nach religiöser Denkweise die Menschen damit, dass er ihnen u.a. - wie in Lukas 4 - Trugbilder der Macht vor Augen führt. Bisweilen ist allerdings anzunehmen, dass diese Trugbilder vom Drogenkonsum stammen.

Der gedankliche Kurzschluss liegt darin, dass hier Gottes Aktionen gegen den Feind von Menschen geplant werden, die sich für das Werkzeug Gottes halten, in Wirklichkeit aber ihre ganz eigene Sache betreiben. Darüber hinaus verselbständigt sich diese Denkfigur insofern, dass alle Menschen, die sich dieser Gruppe, Terrororganisation etc. zugehörig fühlen, sich für die Guten und Gerechten halten, die jederzeit und überall mit oder ohne Waffen den Bösen Leid zufügen dürfen und müssen.

Die Denkfigur, dass die Besetzung durch Gottes Geist Tod und Verderben über den Feind bringt, kann man auch in christlichen und jüdischen Überlieferungen finden. Im Alten Testament werden Könige wie Saul oder David als Helden und Geistbegabte verehrt, weil sie viele Feinde umgebracht haben. Ein Siegeslied der Frauen preist den König David in folgender Weise: „Saul hat tausend geschlagen, David aber hat zehntausend geschlagen.“[91] Die Nähe zu Gott wurde durch die Anzahl der getöteten Feinde besonders gut nachgewiesen. Der Unterschied zu den Gedankenwelten der Terroristen besteht darin, dass in den Erzählungen des AT die gewaltige Hand Gottes immer in realen Kriegen zuschlug, in denen sich das Volk Israel gegen bedrohliche Feinde zu wehren meinte. Vielleicht ist diese Wahrnehmung unter den neuen Vorzeichen eine Fehlinterpretation der alttestamentlichen Geschichten, die letztlich doch vom ‚Heiligen Krieg‘ erzählen. Dag Tessore sieht in allen Erzählungen des AT die Figur des heiligen Krieges ebenso erfüllt wie in den theologischen Begründungen von Krieg durch die frühe Kirche bis heute.[92]

Die andere Anleihe zum Heiligen Krieg findet sich in den Mosebüchern: Die Bürger einer gottlosen oder fremdgläubigen Stadt sollen ‚mit der Schärfe des Schwerts‘ erschlagen werden und der Bann soll an ihnen vollstreckt werden. Das bedeutet, dass alles vernichtet wird mit dem sie je zu tun hatten - vom Vieh bis zum Haus -.[93] Es konnte auch die eigenen Leute betreffen, die sich des „Abfalls“ und der „Hurerei“ mit den Töchtern der ungläubigen Moabiter schuldig gemacht haben.[94] Weil Saul den Bann nicht vollstreckte, ließ Gott ihn fallen.[95] Wie das heute aussehen kann, wird aus Mali berichtet: „Marten Drabo ahnte nichts Böses. Gegen neun Uhr morgens am vorgegangenen Montag, die Sonne stand schon steil über der kleinen Ortschaft Diabali in Zentralmali, klopfte es an der einfachen roten Stahltür zu seiner Lehmhütte. ‚Salam Ahleikum‘, sagte eine sanfte Männerstimme draußen auf der Straße, ‚wir brauchen kurz deine Hilfe.‘ Drabo, der Friseur des kleinen Orts mit vielleicht 2000 Einwohnern, öffnete die Tür einen Spalt, sofort wurde er in den Hof seines Hauses gedrängt. Vor ihm standen sechs Männer mit langen schwarzen Bärten und Kalaschnikow-Gewehren. Schnell machten sie klar, dass Drabo keine Wahl hatte. ‚Dieses Haus gehört nun uns‘, herrschte ihn der Anführer an, ‚euer Ort ist jetzt unter der Kontrolle von Ansar al-Dine.‘“[96] So tritt nur Gott auf! Menschen sind dazu eigentlich nicht in der Lage. „Als die Islamisten das Lager eingenommen hatten, versammelten sie die Dorfältesten für eine Mitteilung: In einigen Tagen, spätestens zum Freitagsgebet, würden sie in Diabali die Scharia einführen. Jeder, der gegen sie aufbegehre, werde sofort erschossen.“ Dass es religiös motiviert ist, lässt sich aus einem anderen Abschnitt entnehmen: „Vor dem gelb gestrichenen Gotteshaus liegt ein Kreuz auf dem Boden, einst schmückte es das Dach. Als Drabo die Eisentür aufstößt, stockt der gläubige Christ. Eine Jesusfigur haben die Islamisten zerschlagen, alle Schränke sind aufgerissen, Bibeln und Gesangsbüchern liegen auf dem Betonboden herum. ‚Was sind das nur für Menschen‘, sagt Drabo leise, ‚hier in Diabali haben seit Jahrzehnten alle Religionen friedlich nebeneinander gelebt.‘“ Das einzige, was hier anders ist als beim Selbstmordattentäter ist die nackte, brutale Gewalt, die den Täter selbst nicht beschädigt. Hier ist der Märtyrergedanke der bloßen Gewaltausübung gewichen. Eigentlich ist das logischer, wenn man Gottes Herrschaft umsetzen will. So macht es ja auch der so genannte Islamische Staat.

Eine weitere Figur von ‚heiligem Krieg‘ könnte man in den Makkabäerbüchern vorformuliert finden. Da finden sich charakteristische Elemente, wie etwa das ‚Beten beim Kampf‘ und ‚die siegreiche kleine Schar gegen den übermächtigen Gegner‘ sowie den Sieg als Offenbarung Gottes. Man liest Folgendes bei 1. Makkabäer 1:

„Die Truppen Nikanors rückten mit Trompetengeschmetter und Kampfliedern vor. Die Leute des Judas dagegen griffen die Feinde unter Beten und Flehen an. Mit den Händen kämpften sie, im Herzen beteten sie zu Gott. Mindestens fünfunddreißigtausend Mann streckten sie zu Boden, hocherfreut, dass Gott sich so sichtbar offenbarte. Schon war der Kampf beendet und sie wollten voller Freude aufbrechen, da entdeckten sie Nikanor, der in seiner Rüstung erschlagen dalag. Es gab ein großes Geschrei und Getümmel und sie priesen den Herrn in der Sprache ihrer Väter.“

Die Makkabäerbücher erklären auch die für den Westen rätselhafte Ausrichtung vieler Attentate heutiger Islamisten gegen die eigene

Glaubensgemeinschaft. Die heidnischen Herrscher machten aus dieser Perspektive damals auch das Volk Israel müde und gleichgültig wie sie es heute mit den Menschen tun, die den Islam nicht ernst leben. Daher gilt die Gewalt den ‚müden' Glaubensbrüdern ebenso wie den ungläubigen Herrschern. Die Opfer sind also nicht nur feindliche Soldaten, sondern auch schlichte (kooperierende) Zivilisten. Allerdings standen die Juden jener Zeit auch in der Tat unter ‚Fremdherrschaft'. Solche Fremdherrschaft oder Feindeshandlungen kann das westliche Auge derzeit in amerikanischer oder westlicher Politik nicht erblicken. Wenn man jedoch die Foltermethoden des CIA betrachtet, liegt ein Kern der Wahrheit in diesem Gedankengang. Wer nimmt sich sonst heraus, trotz gegenteiliger Beteuerungen Menschen zu foltern[97] und wie in Guantanamo jahrzehntelang ohne Gerichtsverfahren einzusperren. Auch die amerikanische Politik kam nicht ohne Vorstellungen vom „bösen Feind" aus, als sie gegen den Willen des Sicherheitsrates in den Krieg gegen den Irak zog. Diese Vorstellungen erwiesen sich als maßlos übertrieben und brauchten daher auch noch die Unterstützung durch eine Idee vom „göttlichen Auftrag".[98]

Die westliche Denkweise hat die Mischung von Territorial- und Religionsprinzip überwunden und über Verträge und Vereinbarungen den jeweiligen Zugang in andere Länder ermöglicht, ohne dass dies als Bedrohung erlebt werden müsste. Von islamistischer Seite ist jedoch häufiger vom islamischen Boden die Rede, der dadurch entweiht wird, dass ein Ungläubiger seinen Fuß darauf setzt. Besonders für militärische Stationierungen gilt diese These. Zur innenpolitischen Bedeutung, die solche Aussagen besitzen, kommt die Vorstellung, dass vom Islam besetztes Land im Prinzip für andere Denkweisen und Religionen nicht zugänglich sein kann. Damit besteht eine Kriegslage möglicherweise durch das, was westlicher Denkweise als Stabilisierung des Friedens erscheint.

Islamisten wähnen sich im Kriegszustand zumindest mit der gesamten nicht-moslemischen Welt sowie mit der als ungläubig definierten islamischen Welt. *„Von Muslimen - unabhängig von ihrem kulturellen Hintergrund - wird erwartet, dass sie ihr Leben nach den wahren islamischen Vorschriften ausrichten. Diese sind jedoch nicht authentisch, sondern konstruiert. Im Rahmen eines Denkens, das von der Wahrnehmung einer Verschwörung geprägt wird, werden die westlichen von der Moderne ausgelösten Einflüsse auf die Welt des Islam als Ursache allen Übels gedeutet; nur durch sie sind die Muslime vom 'rechten Weg' abgewichen. Der Höhepunkt der westlichen ‚Verschwörung' soll nach dieser Denkweise die Auflösung des Osmanischen Reiches gewesen sein. So einfach ist die fundamentalistische Diagnose der Krise. Die Lösung, die die Fundamentalisten anbieten, ist ebenso* *einfach und läßt sich mit der Formel al-Hall al-Islami (die islamische Lösung)' zusammenfassen; sie besteht in der Errichtung eines politischen Systems der Gottesherrschaft (...) und der Anwendung des göttlichen Gesetzes, der Schari'a (...), als Alternative zur Moderne."[99]* Die als ungläubig definierte islamische Welt ist diejenige, welche sich den westlichen Einflüssen geöffnet hat. Was auch dem durchschnittlichen Christen nicht fremd ist, dass nämlich säkularisierende Entwicklungen als Abfall von Gott verstanden werden, das erlebt in islamistischer Sicht eben jene weltpolitische Verstärkung, deren Auswirkungen seit längerer Zeit zu sehen sind. Die christlichen Abwehrhaltungen und Verdammungsurteile über die pluralistische Entwicklung der Welt erlebten nach innen gerichtete Höhepunkte ähnlicher Art, beispielsweise in Deutschland in der Auseinandersetzung bestimmter Theologen mit der Weimarer Republik. Theologisch wurde in Deutschland eine Auseinandersetzung im innerchristlichen Dialog nach dem Ersten Weltkrieg geführt, die allerdings nicht Fundamentalismus zum Inhalt hatte, sondern sich aus anderen theologischen Zusammenhängen speiste. Friedrich Gogarten entwarf damals als Reaktion auf die liberale Theologie des ausgehenden 19. Jahrhunderts, der er selbst seine Wurzeln verdankt, in seiner „politischen Ethik" die Lehre vom Menschen, der „seiner selbst ganz und gar nicht mächtig" ist. Aufgrund dieser Theologie wurde die Weimarer Republik einer fundmentalen Kritik unterzogen, die Führerschaft Hitlers anfangs eindeutig begrüßt. Auch wenn Gogarten im „Dritten Reich" bald nicht mehr veröffentlichte und nach dem Zweiten Weltkrieg die Hitlerdiktatur anders einstufte, kann damit die Eindeutigkeit seiner Ansätze aus der politischen Romantik nicht rückgängig gemacht werden. Der Vergleich mit dem Islamismus bezieht sich nur auf die Form der Reaktion, nicht auf den Inhalt. Die Trennung von Kirche und Staat, die Folgen der Aufklärung waren auch in Deutschland schon so weit fortgeschritten, dass keine ursächliche Einflussnahme auf das politische Geschehen zum damaligen Zeitpunkt unterstellt werden kann und auch nicht angestrebt war.

Die Folgen der Denkweisen der politischen Romantik waren jedoch politisch verheerend und wesentlich weitreichender als heutige Terrorismusfolgen. Damals wurde mit theologischen Mitteln die Notwendigkeit der Herrschaft begründet, die dazu dient, das Böse mit den Mitteln des in der Herrschaft gebundenen Bösen einzudämmen. Diese theologische Reaktion bezog sich auf den Staat, nicht auf Terrorismus. Dennoch ergab sich daraus der Kampf gegen den liberalen Staat, der mit der Machtergreifung 1933 endete. Dieser Kampf wurde nicht mit rechtstaatlichen Mitteln geführt, wie allgemein bekannt ist. Er führte zum Staatsterrorismus. Kein faschistischer Politiker hat sich auf die Theologie Gogartens berufen. Es wird jedoch durchaus deutlich, wie sehr die Theologie mit ihrer Zeit verwoben ist.[100] In der ‚katholischen Welt' gab es zu Beginn des 20. Jahrhunderts die integralistische Strömung, die dem Säkularen keinen Eigenwert zubilligte. Von hier kommt auch der Begriff Integralismus. Papst Pius X. führte 1910 den Antimodernismuseid ein.

Wer Allahs Vorschriften durchsetzen will, für den sind ‚menschengemachte' Regeln nicht akzeptabel.[101] Da diese Regeln ihrerseits jedoch mit menschlicher Macht durchgesetzt werden, ergibt sich daraus ein andauernder ‚Kriegszustand'. *„Der Muslim betrachtet es als seinen Schöpfungsauftrag, eine gottgewollte Ordnung auf Erden zu verwirklichen. Daraus leitet er die Verpflichtung ab, bestehende Verhältnisse, die diesem Ziel im Wege stehen, zu bekämpfen. Nach dieser Auffassung bleibt kriegerische Gewalt solange ein notwendiges Übel, wie es in dieser Welt feindliche Kräfte gibt. Die enge Verbindung von Religion und Staat hat dazu geführt, dass der Gläubige politische Niederlagen und wirtschaftliche Misserfolge einem religiösen Fehlschlag gleichsetzt. Da die Pathosformel von einer „gerechten islamischen Gesellschaft" zur Chiffre aller Hoffnungen auf eine bessere Zukunft geworden ist, sind viele Muslime bereit, zur Erreichung dieses Ziels auch negative Begleiterscheinungen in Kauf zu nehmen - auch wenn man sie als gewaltsam und inhuman ablehnt."[102]* Westliche Denkweise muss sich daran gewöhnen, dass in diesem Kontext das Bemühen, durch Ausgleich und Kompromiss zum Ziel zu gelangen, als Gegnerschaft gegen Gott gelten kann. Horst Gorski hat das als Fazit aus einem Gesprächsversuch von Christen und Muslimen beschrieben. "Der Vorwurf und die Schuld der Ausländerfeindlichkeit von Teilen der Bevölkerung sitzt unsichtbar mit am Tisch und soll abgetragen werden. Muslimen aber, die nicht durch die europäische Aufklärung gegangen sind, fällt es schwer, Toleranz und Dialog als Stärke zu verstehen. Sie sehen hierin eine Unsicherheit des eigenen Standpunktes. 'Dialog' mit Christen heißt für viele Muslime, im Dialog zu beweisen, dass der Koran Recht hat. Dies aber wird von den christlichen Dialogpartnern in der Regel tabuisiert, weil es nicht der 'political and religious correctness' entspricht."[103] Dem entspricht die auch unter Christen immer noch verbreitete Meinung, eine kritische Bibelauslegung sei das Werk von Ungläubigen oder auf christlich: Ketzern.

Eine Gefährdung des Friedens kann dann entstehen, wenn die religiösen Grundlinien politisiert werden. Möglichkeiten dazu gab und gibt es in allen Religionen, weil sie jeweils Gesamtentwürfe der Weltdeutung schlechthin sind und Wahrheit für sich und ihren Entwurf beanspruchen. Zu den Entstehungsbedingungen gehören aber neben persönlichen gesellschaftliche Ursachen. In manchen historischen Situationen baut sich eine Art apokalyptischer Szenerie auf.

5 Modell Apokalypse

Das apokalyptische Denken kommt in allen Religionen nicht nur vor, es bildet einen wesentlichen Bestandteil. Im christlichen Bereich ist es die Apokalypse des Johannes, die in fundamentalistischen Gruppen in den Köpfen spukt. Jede Katastrophe politischer oder natürlicher Art lässt die Anhänger eines fundamentalistischen (wörtlichen) oder gar physischen Verständnisses von Apokalypse in die so genannte „Endzeitstimmung" verfallen. Sie fürchten den oder freuen sich auf den großen und letzten Kampf des Bösen mit Gott, der den Jüngsten Tag einleitet und diese böse und verdorbene sündige Welt zum Ende bringt. Nur selten in der Geschichte – so erscheint es dem heutigen Betrachter - griffen dann die durchschnittlichen Gläubigen unter den Christen aus diesen Motiven selber zur Waffe. Sie waren mehr Zuschauer, die sich durch Gebete auf der Seite Gottes hielten, um nicht dem ewigen Verderben anheim zu fallen. Bei den Kreuzzügen handelten die Eliten durch die damals große Zahl „unpassender" junger Männer, die in der Gesellschaft eigentlich keinen Platz hatten. Sie verstanden den Kreuzzug nicht als apokalyptische Schlacht. Das Grundmodell aber könnte auch bei den Kreuzzügen Pate gestanden haben. Die Kreuzzüge werden aber von Dag Tessore als heilige Kriege bezeichnet, die nicht als Ausnahme, sondern als ‚Normalfall' der Geschichte des Christentums angesehen werden müssen.[104]

Die ersten Christen hatten die Vorstellung, die Wiederkunft des Herrn (Parusie) stehe in ihrer Generation bevor. Deshalb wurden zunächst keine Lebensordnungen aus dem Glauben entwickelt. Der Glauben diente eher dem Rückzug aus der Welt und der Vorbereitung des Endes. Die Vorstellung vom Ende dieser Welt und dem endgültigen Sieg Gottes über die Sünde und das Böse schuf ungeheure Kräfte, sich dem Bösen jetzt nicht mit gleichen Mitteln entgegenzustellen, sondern das Böse mit dem Guten zu überwinden.[105] Hier hat der Gedanke seinen Platz, dass man dem, der einen auf die rechte Wange schlägt, die andere auch anbietet, dass man mit dem zwei Meilen geht, der um eine gebeten hat.[106]

Die Verzögerung der Parusie bewog die Christen dazu, Ordnungen für die Gemeinde und das Leben in dieser Welt zu entwickeln. Aus diesem Grund muss die christliche Ethik bis heute die Grundaussagen der Bibel auf die jeweilige Zeit oder Situation neu anwenden. Der Fundamentalismus möchte sich diese Mühe sparen und biblische Aussagen direkt umsetzen. In den Auseinandersetzungen von Thomas Müntzer und Martin Luther um den Bauernkrieg kann dieses Problem stellvertretend mit historischem Abstand betrachtet werden. Thomas Müntzer glaubte, im Namen Gottes den bewaffneten Kampf gegen die

„Herren der Welt" führen zu müssen. Das tat er in der Schlacht von Mühlhausen 1525. Müntzer zog selbst in diese Schlacht (anders als die Anführer der Terroristen), wurde gefangen genommen und hingerichtet. Er hatte in seiner Fürstenpredigt sogar den Satz formuliert: „Ein gottloser Mensch hat kein Recht zu leben, wo er die Frommen behindert ... wie uns essen und trinken ein Lebensmittel ist, so ist es auch das Schwert, um die Gottlosen zu vertilgen."[107] Er wurde von der Reformation als „Schwärmer" verurteilt. In der Zeit des Sozialismus wurde hingegen sein Wirken als erste revolutionäre Phase in Deutschland verstanden.

Sein Gegenpart Martin Luther zielte auf einen Verhandlungskompromiss, nicht etwa auf ‚Ergeben': Martin Luther, Ermahnung zum Frieden. Als aber die Bauern seiner Meinung nach vom berechtigten Weg abwichen, ihre Forderungen im Verhandeln zu verfolgen, schrieb er: „Gleich als wenn man einen tollen Hund totschlagen muß; schlägst du nicht, so schlägt er dich, und ein ganzes Land mit dir."[108]. Müntzer interpretierte also die Welt seiner Zeit als apokalyptische Endphase und begründete so den Bauernkrieg. Im Römerbrief 13,1 dagegen ist die Regel ausgegeben, dass auch die staatliche Gewalt von Gott kommt. Die Auslegung sieht das als zeitgebundene Aussage in der Situation der ersten Gemeinde in Rom und nicht als systematische Staatsbegründung, so z.B. Ernst Käsemann in seinem Römerkommentar[109]. Jesus selbst hat unterschieden zwischen dem, „was Gottes ist" und dem, „was des Kaisers" ist.[110] Die Auslegung sieht darin eine Relativierung des Problems der Kaisersteuer. Nur das Geld gehört dem Kaiser, der Mensch dagegen gehört Gott.[111] Wenn umgekehrt der Mensch göttliche Macht anstrebt, dann dient er dem Teufel. So jedenfalls wird die Versuchung zur Macht in der Versuchungsgeschichte Jesu be- und damit verurteilt: „Und der Teufel führte Jesus mit sich hinauf auf einen sehr hohen Berg und zeigte ihm alle Reiche dieser Welt... ‚Das alles will ich dir geben, wenn du niederfällst und mich anbetest.' ... ‚Du sollst anbeten Gott, deinen Herrn, und ihm allein dienen.'"[112] Die Macht über die Reiche ist teuflisch, die Reiche selbst offenbar auch. Gott zu dienen heißt hier nicht Herrschaft von Menschen über Menschen.

In den sechziger Jahren des 20. Jahrhunderts gab es im christlichen Bereich eine „Theologie der Revolution"[113], deren extremste Vertreter sich vorstellen konnten, dem Gebot der Nächstenliebe mit der Waffe im revolutionären Kampf Geltung zu verschaffen. Das blieb eine Episode. Die Kirche sah sich im „Befreiungskampf" teilweise auf der Seite der Armen, setzte jedoch auf Formen des gewaltlosen Widerstands und Wandels.[114] Es ist heute nahezu unmöglich, mit christlichen Apokalypsegedanken eine Situation so aufzuladen, dass Gläubi-

ge im Namen Gottes töten. In der Zeit der Kreuzzüge gab es diese
Verknüpfung jedoch, war allerdings durch Herrscher und ihre kirchlichen Widerparts geprägt und ausgelöst. Die grausame Inquisition war
ein Machtinstrument, kein Instrument im apokalyptischen Kampf.[115]
Das „Privileg", im Namen Gottes zu töten, hat sich lange Zeit auch
der christlich verstandene Staat vorbehalten und tut es in manchen
Fällen noch. Es kam und kommt im Krieg und bei der Gerichtsbarkeit
zum Tragen. Dabei handelt es sich nicht um apokalyptische Szenarien,
sondern um die Verbindung von Kirche und weltlicher Macht. Zur
Erläuterung ein Ausschnitt aus der neutestamentlichen Apokalypse.

*19,11 Und ich sah den Himmel aufgetan; und siehe, ein weißes Pferd.
Und der darauf saß, hieß Treu und Wahrhaftig, und er richtet und
streitet mit Gerechtigkeit. 12 Seine Augen sind wie eine Feuerflamme,
und auf seinem Haupt viele Kronen; und er hatte einen Namen geschrieben, den niemand wußte denn er selbst. 13 Und war angetan
mit einem Kleide, das mit Blut besprengt war; und sein Name heißt
"das Wort Gottes". 14 Und ihm folgte nach das Heer im Himmel auf
weißen Pferden, angetan mit weißer und reiner Leinwand. 15 Und
aus seinem Munde ging ein scharfes Schwert, dass er damit die Heiden schlüge; und er wird sie regieren mit eisernem Stabe; und er tritt
die Kelter des Weins des grimmigen Zorns Gottes, des Allmächtigen.
16 Und er hat einen Namen geschrieben auf seinem Kleid und auf
seiner Hüfte also: Ein König aller Könige und ein HERR aller Herren.
17 Und ich sah einen Engel in der Sonne stehen; und er schrie mit
großer Stimme und sprach zu allen Vögeln, die unter dem Himmel
fliegen: Kommt und versammelt euch zu dem Abendmahl des großen
Gottes, 18 dass ihr esset das Fleisch der Könige und der Hauptleute
und das Fleisch der Starken und der Pferde und derer, die daraufsitzen, und das Fleisch aller Freien und Knechte, der Kleinen und der
Großen! 19 Und ich sah das Tier und die Könige auf Erden und ihre
Heere versammelt, Streit zu halten mit dem, der auf dem Pferde saß,
und mit seinem Heer. 20 Und das Tier ward gegriffen und mit ihm
der falsche Prophet, der die Zeichen tat vor ihm, durch welche er
verführte, die das Malzeichen des Tiers nahmen und die das Bild des
Tiers anbeteten; lebendig wurden diese beiden in den feurigen Pfuhl
geworfen, der mit Schwefel brannte. 21 Und die andern wurden erwürgt mit dem Schwert des, der auf dem Pferde saß, das aus seinem
Munde ging; und alle Vögel wurden satt von ihrem Fleisch.*

*(20)1 Und ich sah einen Engel vom Himmel fahren, der hatte den
Schlüssel zum Abgrund und eine große Kette in seiner Hand. 2 Und er
griff den Drachen, die alte Schlange, welche ist der Teufel und Satan,
und band ihn tausend Jahre 3 und warf ihn in den Abgrund und
verschloß ihn und versiegelte obendarauf, dass er nicht mehr verfüh-*

ren sollte die Heiden, bis dass vollendet würden tausend Jahre; und darnach muss er los werden eine kleine Zeit. 4 Und ich sah Stühle, und sie setzten sich darauf, und ihnen ward gegeben das Gericht; und die Seelen derer, die enthauptet sind um des Zeugnisses Jesu und um des Wortes Gottes willen, und die nicht angebetet hatten das Tier noch sein Bild und nicht genommen hatten sein Malzeichen an ihre Stirn und auf ihre Hand, diese lebten und regierten mit Christo tausend Jahre. 5 Die andern Toten aber wurden nicht wieder lebendig, bis dass tausend Jahre vollendet wurden. Dies ist die erste Auferstehung. 6 Selig ist der und heilig, der teilhat an der ersten Auferstehung. Über solche hat der andere Tod keine Macht; sondern sie werden Priester Gottes und Christi sein und mit ihm regieren tausend Jahre. 7 Und wenn tausend Jahre vollendet sind, wird der Satanas los werden aus seinem Gefängnis und wird ausgehen, zu verführen die Heiden an den vier Enden der Erde, den Gog und Magog, sie zu versammeln zum Streit, welcher Zahl ist wie der Sand am Meer. ... Und es fiel Feuer von Gott aus dem Himmel und verzehrte sie.[116]

Wollte man diese grausigen Visionen aus der Offenbarung als Handlungsanleitung nehmen, müsste man alle Vorstellungen selbst in die Tat umsetzen und die entsprechenden Rollen unter den Irdischen verteilen. Mit ein wenig Phantasie kann das durchaus gelingen.[117] Das wäre ein fundamentalistischer Zugang. Im christlichen Bereich begnügt sich der Fundamentalismus derzeit damit, in jeder Kata-strophe die Ankündigung der kommenden Realisierung zu erblicken. Es wäre in der fundamentalistischen Apokalyptik ein Leichtes, die Terroranschläge vom 11. September 2001 oder andere Terrorakte reziprok zu den Islamisten als Auftakt zu endzeitlichen Kämpfen zu interpretieren. Die christlichen Fundamentalisten tun sich mit der Rollenverteilung schwer, weshalb sie kaum reagieren. Viele betrachten westliche Errungenschaften und Verhaltensweisen als wider Gottes Gebot gerichtet und müssten daher den Islamisten eine Rolle im Auftrag Gottes zugestehen.

Im Islam hat die apokalyptische Denkweise aufgrund der Ursprungsgeschichte eine ganz andere Funktion. Der apokalyptische Kampf wurde am Anfang politisch aufgefasst. Mohammed musste aus Mekka fliehen und setzte sich nach der Flucht in Medina mit Waffengewalt und mit Hilfe der organisierten Kriminalität[118] durch. So konnte er auch Mekka erobern. Fürwahr – ein kriegerischer Beginn. In kaum einhundert Jahren beherrschten die Muslime in der Folge die Welt von Spanien bis an die Grenzen Chinas. Das ist der Ursprungsmythos, auf den der Fundamentalismus zurückgreift. Betrachtet man den Islamismus als politische Bewegung, kommt man mit Brigitta Loehr zu folgender Einschätzung: „Im Islam jedoch waren Staat und Religion fast immer eine Einheit. Der Islam war von Anfang an ein Staats- und Gesellschaftsgebilde, getragen von einem religiösen Impetus. Dass dies im Laufe der Geschichte und vor allem unter westlichem Einfluss aufgebrochen wurde, wird von vielen Muslimen eher als Ausnahme denn als Regel empfunden. Im Zuge der Reislamisierung sind offenbar breite Teile der islamischen Welt wieder zum ursprünglichen Verständnis als politisch - religiöses Gebilde zurückgekehrt."[119]

Geht es aber um die fundamentalistischen Attentäter und ihre Hintergründe, lautet die Einordnung anders: „Die meisten Fundamentalisten glauben, dass die moderne Welt eine Wiederholung jener Verhältnisse zur Zeit des Propheten darstellt, als die Muslime ein kleiner Haufen von Gläubigen waren, die sich einer Welt von Ungläubigen zu widersetzen hatten. Deshalb erscheinen den Fundamentalisten andere Muslime, die nicht zu ihrer Gruppe gehören, als verderbt. Tatsächlich werden sie üblicherweise zu Ungläubigen und zu Kollaborateuren des Westens oder Israels erklärt. Folglich müssen sie genauso hart bekämpft werden wie alle anderen auch. Das ist der Grund, weshalb so viele muslimische Terrorgruppen gegen ihre eigenen Regierungen vorgehen - sogar gegen solche, die dem Westen alles andere als wohl gesonnen sind."[120]

Die Interpretation der Weltlage als Forum des letzten Kampfes zwischen dem großen Widersacher und Allah nimmt den Konflikt um Israel als Ausgangspunkt. Die kleine ‚Elite von Gläubigen' in der El - Qaida glaubt an den Auftrag, diesen Kampf zugunsten des Glaubens zum Ende zu bringen. Der Islamische Staat nennt das sogar als sein Ziel.[121] Der Islamische Staat hat dabei einen Apokalypsetraum, der der christlichen Apokalypse nicht nur ähnelt, sondern sogar in der Person des wiederkehrenden Jesus mit ihr verknüpft ist: In dem Ort Dabiq soll es zur Endschlacht zwischen Moslems und Heiden kommen, damit Jesus wiederkommt und die Seinen rettet. Diese Prophezeiung wird auf Mohammed zurückgeführt und von den Anführern des Islamischen Staates offenbar als Motivationsgeschichte in Syrien genutzt.[122] Der IS selbst ist dann die Gruppe, die den Endkampf herbeiführt, indem sie die Welt zum Kampf zwingt. Den Siegern winkt nicht nur Konstantinopel, sondern auch der Erlass des Jüngsten Gerichts. Die Gefallenen gehen direkt ins Paradies. Forscher vermuten, dass diese Geschichte von den Anführern nicht, von den „wahnsinnigen Europäern" aber geglaubt wird.[123] Am 16. Oktober 2016 wurde die Vertreibung des IS aus Dabiq gemeldet – ganz ohne Apokalypse.[124]

Die Apokalypse kommt auch hier nicht von selbst, sondern sie wird hergestellt, weil schon die schlichte Tatsache, dass es (noch) andere als islamische Völker und Mächte gibt, widergöttliche Endzeit sein muss. Wie diese Stimmung oder dieser Glauben in die Tat umgesetzt wird, warum nur wenige radikale Gruppen Anschläge unternehmen und warum auch in Form von Selbstmordanschlägen, lässt sich nicht einlinig erklären. Pohly und Durán weisen darauf hin, dass Selbstmordattentate von Kolumbianern und Tamilen in größerer Zahl als von Islamisten verübt wurden.[125] Die Sicarios in Medellin verübten Selbstmordattentate im Auftrag des Rauschgiftkartells mit der Motivation, ihre Familie zu versorgen. Ähnliche Motive spielen teils trotz religiöser Begründung auch bei den Attentätern in Palästina eine Rolle.[126] Zentral ist für alle das Motiv der Selbstaufopferung für ein religiöses oder politisches Ziel oder andere Menschen. Man muss aber damit rechnen, dass unter den Ausführenden auch „schlichte" Selbstmörder sind, die den ideologischen Hintergrund gar nicht kennen oder nicht teilen.

Selbstmordaktionen allerdings ohne fremde Opfer sind auch aus der Zeit der kommunistischen Diktaturen bekannt. Selbstverbrennungen sollten als Fanale der ungerechten Verhältnisse wirken. Weder Selbstmordattentätern noch den Opfern von Selbstverbrennung kann ein Märtyrerstatus im Sinne dieses Wortes zugeschrieben werden. Dies geht ebenso wenig bei christlichen Sekten, wie etwa der Volkstempelsekte, deren Mitglieder in den achtziger Jahren des 20. Jahrhunderts in Guyana im kollektiven Wahn durch Giftgetränke „in den Himmel" gingen. Dabei haben wohl auch Morde an Unschlüssigen und Kindern stattgefunden, was jedoch im Nachhinein nur schwer zu beweisen war.[127]

Der Westen nimmt in fundamentalismusgeneigten Regionen diese Denkweise in eher säkularisierter Form auf. Die amerikanische Regierung wurde Anfang 2003 wochenlang mit dem Satz zitiert: „Time is running out." Der Präsident der USA, George W. Bush, berief sich in seiner Rede am 29. Januar 2003 auf die (von wem zugeteilte?) Aufgabe, die Welt vor dem Bösen zu schützen. „Time is runnig out", das kann durchaus als apokalyptische Auffassung verstanden werden. Jesus hat auf die Frage nach dem Ende der Zeit so geantwortet: „Denn wie der Blitz aufblitzt und leuchtet von einem Ende des Himmels bis zum anderen. So wird der Menschensohn an seinem Tage sein."[128] Bei Matthäus heißt es: „Darum wachet; denn ihr wisst nicht, an welchem Tage euer Herr kommt."[129] Schon alleine der Satz von der zu Ende gehenden Zeit besitzt eine apokalyptische Qualität. So lange Menschen am Werk sind, kann die Zeit nicht als „zu Ende" definiert werden, jedenfalls nicht von Politikern, die sich als ‚christlich' verstehen. Anderenfalls nehmen sie die apokalyptische Anmaßung auf.

In der christlichen Theologie spielte die Apokalypse zuletzt eine eher geringe Rolle. Man könnte mit Berger sogar von einer theologischen Aversion gegen die apokalyptischen Stellen in der Bibel sprechen.[130]

Nichtsdestotrotz handelt es sich um ein wichtiges Thema sowohl des Alten als auch des Neuen Testaments. Es geht um den entscheidenden Machtwechsel und damit um das, was auch die Islamisten in Dabiq herbeizwingen wollten. Dieser Machtwechsel entsteht in einer sichtbaren End – Krise und wird oft politisch verstanden: „Er stößt die Gewaltigen vom Thron"[131], ist sozusagen die Gegenmacht[132]. Die End-Krise wird auch bisweilen konkret verstanden und als Ende der Schöpfung gedeutet. Die eigentliche Frage aber ist die nach der Interpretation der End-Krisen-Aussagen. Dazu Berger: „Biblische Aussagen über die Nähe des Endes sind expressiv, elastisch und polymorph. Damit ist für die Nähe des Endes gerade nicht an eine lineare Zeit gedacht. ... Diese Aussagen entstehen in Situationen von Druck und Bedrängnis, sie antworten auf die ungestüme Frage nach dem ‚Wie lange noch?' und trösten angesichts schreienden Unrechts. ... Nirgends legt sich ein biblischer Autor hinsichtlich des genauen Zeitpunktes des Endes fest ...."[133] ‚Diese Generation' ist also nicht zeitlich zu verstehen! Schließlich wird die Nähe des Endes in verschiedensten Kategorien und Konstruktionen vielgestaltig (polymorph) dargestellt.

Als Ergebnis seiner Interpretation resümiert Berger: „Politisches Handeln darf und soll nicht das ‚Heil' schaffen wollen oder müssen. ... Da apokalyptische Juden und Christen jeweils auf einen ‚fremden Text' (die Bibel) hören, besitzen sie in diesem Text ein kritisches Potential gegenüber sich selbst und jeder verwalteten Macht."[134] Dieses Ergebnis hat auch der theologische Ansatz der Rechtfertigungslehre. Die Apokalypse bringt demnach nichts wesentlich Anderes in die Theologie, sondern nur eine andere Form der Darstellung als z.B. die Gleichnisse oder Reden Jesu.

Deutlich wird jedoch ein möglicher, aber kurzschlüssiger Gebrauch apokalyptischer Traditionen im Islamismus. Der Selbstmordattentäter – wenn man ihm denn soviel religiöse Tradition oder gar Glauben überhaupt zugestehen will - beantwortet die Frage aller Gläubigen „Wie lange noch?" mit einer unumkehrbaren Handlung. Etwas flapsig könnte man sagen: „apokalypse now!" Und sie benutzen das apokalyptische Motiv der „ersten Auferstehung" oder des „zweiten Todes". Durch ihr ‚Sterben im Kampf' nach der Art des „ersten Todes" werden sie vor dem „zweiten Tod" geschützt. Der zweite Tod ist der entscheidende, nicht der erste. Der Erste hat durch Gottes Zusage eigentlich gar keine Wirklichkeit. Die Märtyrer werden aufstehen und mit Jesus 1000 Jahre (erste Auferstehung) regieren, bis der letzte Kampf dem Tod und seinem Reich das Ende bereitet (zweiter Tod). Der Überlieferer dieser Idee ist Augustin. Er schreibt in seiner Johannesinterpretation zu Offenbarung 20 über erste und zweite Wiedergeburt sowie erste und zweite Auferstehung. Die erste Auferstehung betrifft nur die Seele – im präsentischen Sinne des ‚schon jetzt‘, die zweite den Leib – am Ende.[135]

Die theologische Herausforderung liegt darin, sich die apokalyptischen Traditionen erneut kritisch anzueignen. Ohne die heutigen Begleiterscheinungen des Islamismus hätte es diese Herausforderung nicht gegeben. Zur Erarbeitung eines eigenen Standpunktes sollte man sich mit Berger wieder an eine Besonderheit der christlichen Endzeiterwartung in Lk 12,27 erinnern. „Vielmehr wird die Ordnung derart umgedreht, dass Gott vor lauter Begeisterung selbst Sklavendienste leistet. Er vergißt seine Hoheit. Denn er läßt sich von ekstatischer Freude bewegen.“[136]

6 Gott ist groß und gewalt(tä)tig

Die Rolle der Aggression und der Gewalt in Bereichen fundamentalistischen Denkens ist auch in anderer Hinsicht rätselhaft. Während in der westlichen Politik und Denkweise Gewalt zunehmend geächtet wurde, während selbst die staatliche Gewalt sich vor diesem Hintergrund in ihrer jeweiligen Verhältnismäßigkeit rechtfertigen muss - ohne deshalb frei von Exzessen zu sein -, gilt Aggression und Gewalt im fundamentalistischen Denken als direkter Ausfluss des göttlichen Geistes oder Auftrags. Sie ist Stellvertretung Gottes auf dieser Erde. Damit besitzt sie mehr Legitimation als jede staatliche Gewalt, die ja nur von Menschen übertragene Gewalt sein kann.[137] Diese müsste sich vor jeder göttlichen Gewalt beugen. Für diesen Gedankengang hat sich im westlich-christlichen Bereich eine abgestufte Verfahrensweise herausgebildet. Man beugt sich der Gewalt Gottes dadurch, dass man ihr im persönlichen Leben und in der öffentlichen Diskussion Raum gibt. So kann es vorkommen, dass ethische Rechtfertigungen entstehen, die dennoch als Sünde definierte Gewalthandlungen als das geringere Übel für das Leben darstellen. Dabei geht es um eine persönliche Entscheidung auf dem Hintergrund des Glaubens. Christen können bei gleicher Situation zu verschiedener Einschätzung ethischer Art kommen.

"Der Himmel lächelt, mein junger Sohn, denn du marschierst zum Himmel. Überall, wo du hingehst, bei allem, was du tust, entsinne dich und bete zu Gott, denn Gott ist immer bei seinen Anhängern, die an ihn glauben, und Gott wird es leicht machen und dich segnen und deine Arbeit mit Erfolg krönen, und du wirst am Ende der Sieger sein."[138]

Im fundamentalistischen Denken ist dies nicht möglich. Die Gewalt und Macht Gottes wird in der eigenen Wahrnehmung direkt umgesetzt, weil die Ungläubigen, was nichts mit der Unterscheidung der Religionen zu tun hat, sonst nicht darauf hören. Sie können nicht hören, weil der Teufel ihren Geist besetzt hält. Dass hier natürlich menschliche Entscheidungen gefällt werden, ist dem fanatischen Gläubigen nicht nachvollziehbar. Nicht das Leben, die Gleichheit oder das Miteinanderauskommen der Menschen steht hier im Zentrum, sondern angeblich alleine die Macht und Durchsetzung Gottes. Der Sieger aus der Macht Gottes ist jedoch nicht Gott, wie es allgemein in den Religionen geglaubt wird, sondern der Gläubige selbst. So dient er bei genauem Hinsehen auf den zitierten Abschnitt der Gläubige gar nicht Gott, sondern sich selbst. Hier findet sich die Formulierung, die einen Schlüssel zum Verhalten islamistischer Gläubiger enthält. Der Erfolg und Sieg des Glaubens ist der Sieg des Menschen, der für Gott

„arbeitet". Wenn der „Erfolg" ausbleibt, wie es in Afghanistan (nur) vorübergehend geschehen schien, verlieren solche Gedankengänge ihre Anziehungskraft auf Menschen, die in den Glaubenswahn nicht einsteigen, sondern sich andere Nutzen erhoffen.

Von Amok laufenden Attentätern ist bekannt, dass sie schwerste seelische Verletzungen, welche durch äußere Umstände, aber auch durch ihre Beeindruckbarkeit entstehen, lange mit sich herumtragen, bis ein zunächst noch vorhandener Damm bricht. Auch Amokläufe haben ihre Planungsgeschichte, wie an den zahlreichen Waffen, die solche Täter besitzen, deutlich wird. Ihre Planungsgeschichte wird nur weniger offensichtlich und weniger gradlinig, weil niemand weiß, wessen Waffensammlung schließlich losgeht. Auch Amokläufe enden meist im Selbstmord. Bei Amokläufen kann jeweils ein Hintergrund von Verletztheit rekonstruiert werden, der möglicherweise bei den Attentätern von New York, Washington, London, Madrid oder Paris in einer Konstruktion der Beleidigung der arabischen Nation besteht.

Erst rund vier Wochen nach dem Anschlag lieferte Osama Bin Laden per Video durch einen arabischen Sender ausgestrahlt dies als quasi-politische Begründung nach, die darauf hinausläuft, die Ungläubigen in Gestalt von USA und jüdischem Staat vom heiligen islamischen Boden zu vertreiben. Die beiden Aufrufe von Bin Laden und seinem Sprecher versuchten, die perversen Attentate als Auftakt zum Heiligen Entscheidungskrieg zwischen dem Islam und dem Rest der Welt zu stilisieren. Keine islamische Regierung folgte ihnen darin. Bei einigen Gruppen islamischer Völker verfing und verfängt die Botschaft dennoch. Erstaunlicher Weise befinden sich darunter nicht nur unterprivilegierte Teile der Bevölkerungen, sondern auch Studierende und Akademiker. Normaler Weise muss ein narzisstisches Verletztsein die terroristische Person direkt betreffen. Theoretische Verletztheit, wie sie bei den Attentätern vom 11. September 2001 nur zu erschließen wäre, reicht eigentlich für die Auslösung einer solchen Amoktat nicht aus. Geht es jedoch bei den Attentaten in der Tat um die Weltherrschaft bzw. den Anspruch darauf, kann wie geschehen religiöse Aufladung die fehlende persönliche Verletztheit ersetzen. Persönliche Kränkung kann sich unter die Vorbedingungen mischen. Ein wenig konnte der Weihnachtsdschihadist von 2009 die Mischung der narzisstischen Kränkung erklären. Die Berichte zeigen, dass er sich als Sohn wohlhabender Eltern nicht in seiner gesellschaftlichen Position hätte verletzt fühlen müssen. Hier wird vielmehr eine Identifikation mit der Religion berichtet, die in ihrer wahren Größe und Ehre verkannt wird und gerettet werden muss – auch gegen die eigenen Glaubensbrüder. Einsamkeit und Depressionen lesen die Berichte aus seinen Interneteinträgen. Das entspricht so gar nicht dem Bild von sich selbst als jemand, dem eigentlich die Welt offen steht. Es könnte sogar die eigentliche individuelle Kränkung darstellen. Da wäre eine Kompensation durch eine ‚wahre' Erkenntnis und eine ‚wirkliche' Aufgabe schon hilfreich. Die Herrschaft des ‚wahren' moslemischen Glaubens dient als Größenselbst, zu dessen Umsetzung der Beitrag als Dschihadist einiges bewirken kann.

Und übrigens: Die Machtformel „Gott ist groß" stammt aus dem Alten Testament. Sie ist in Psalm 48,2; 70,5; 99,2; 96,4; 135,5; 145,3; 147,5 und 1. Chronik 16,25 zu finden.

Perversion als Live-Inszenierung

Die Terroranschläge vom 11. 9. 2001 wurden von Kommunikationswissenschaftlern als neue Art der Darstellung interpretiert. Das Wissen der Täter, dass sie vor zahlreichen Kameras ihre beispiellose Verwüstung anrichten würden, mag ihre Planung und die Ausführung bestimmt haben. Sie konnten sicher sein, dass ihr Anschlag „live" von entsetzten Zuschauern miterlebt werden würde. Ähnlich war es in Paris am 13. 11. 2015, wo allerdings die „live-Qualität" nur gebrochen erreicht wurde. Dieses „live-Bewusstsein" verleiht dem Anschlag eine Auswirkung weit über die eigentliche Tat hinaus. Im Fernsehzeitalter gelten Ereignisse, die nicht in diesem Medium erscheinen, nahezu als nicht stattgefunden. Erst das, was durch die Medien geht, hat wirklich stattgefunden. Nur besondere Spitzenereignisse werden live gesendet – ein enormer Schub für das Größenselbst. Zudem haben die Attentäter etwas nachvollzogen, was viele Male in der Phantasie und im Film vorausgespielt war. Man könnte also behaupten, die Attentäter von New York hätten nichts weiter getan, als moderne Mittel der Fortbewegung und der Medien zu mischen, um ihre Ansprüche auf Weltgeltung zu zelebrieren. Dagegen waren die Pariser Anschläge 2015 durch den IS eher primitiv, aber ebenso von der Einschaltquote berauscht. Ein solches Kalkulieren mit dem sichtbaren Großereignis könnte den Attentätern zugetraut werden und wird es auch überall.

Solchermaßen wurde aus der Quantität der Morde eine ganz neue und unerhörte Qualität des Mordens. Diese Qualität zwingt der Menschheit ihre Verletzbarkeit durch wenige entschlossene Männer brutal auf und löst so eine extreme ontologische Verunsicherung aus. Motto: Gott ist groß und ich auch – und du bist klein!

Welche Antwort aber haben scheinbar kühl kalkulierende Selbstmordattentäter erwartet bzw. welche wollten sie provozieren? Ist ein Militärschlag nach ihrer Erwartung wirklich der Auftakt und die Rechtfertigung zu einem wie immer gearteten heiligen Krieg? Lässt sich durch einen Sieg im Kampf gegen westliche Truppen vielleicht gar die eigene Mitgliedschaft verstärken, weil ein sichtbarer Erfolg des Kampfes verkündet werden kann? Fundamentalistische und andere Glaubensansätze tragen in jeder Religion den Gedanken in sich, dass der Feind eines Tages überwunden sein wird, so heftig er sich auch „wehren" mag. Dabei geht es nicht um die Überwindung durch die jetzt lebenden Personen, sondern um den Sieg am Ende. Selbst Niederlagen können so als kleine oder größere Rückschritte auf dem Wege zum Sieg Gottes über die Mächte des Bösen umdefiniert werden.

Die angemessene Antwort auf solche Handlungen kann eigentlich nicht in einem Militärschlag bestehen, wie man das bisher verstanden hat. Die Realität der amerikanischen Angriffe und die Aktivitäten der anderen Staaten haben das auch nahezu bewiesen. Die Wirkung der Luftangriffe auf den IS ist noch abzuwarten. Die angemessene Antwort könnte eher darin bestehen, sich erstens vor weiteren Attentaten nach Möglichkeit zu schützen. Zweitens wird es nötig sein, dass Menschen, die fundamentalistische Ansätze verbreiten und durchzusetzen versuchen, in ihrer Aktionsweise und ihrem Aktionsradius behindert werden. Argumentativ sind sie nicht zu erreichen. Oftmals gleiten ihnen die Folgen ihrer Predigten aus den Händen, weil ihre Jünger mit bestimmten psychischen Konstellationen sie ernster nehmen, als das ihrer predigenden Intention entspricht. Die einzige Möglichkeit einer religiös begründeten Konversion von terror- oder amokgeneigten Fundamentalisten besteht in der Hoffnung, dass die aufgeladene Stimmung in der einzelnen Psyche der häufig vorhandenen schizoiden oder depressiven Grundstruktur weicht, weil sich der erwartete Erfolg der Durchsetzung göttlicher Herrschaft nicht einstellt. Gotteskrieger auf der Flucht – das zeigte ihre rein irdische Qualität und soll daher – nach eigener Lehre - möglichst vermieden werden. Sind Selbstmordattentate dazu nicht die beste „Waffe"? Sie verhindern jede Flucht oder anderes Versagen vor dem Auftrag.

Da die Religionen im Westen ihren Wettbewerb auf theologischer Ebene eingestellt haben und dem Pluralismus-Modell folgen, was Bestandssicherung bewirken soll, wäre es falsch, den religiösen Aussagen zu viel Wirkung zuzutrauen. Die Führer arbeiten mit Methoden der Rekrutierung und Geldbeschaffung, die niemand als islamisch bezeichnen wird. Dazu gehört nach gesicherten Gerüchten auch der Rauschgifthandel. Im Prinzip aber treiben sie bei der Geldbeschaffung den westlichen Ansatz auf die Spitze. Auch das könnte man unter Bekämpfung des Widergöttlichen subsumieren. Als Theologe erinnert man sich an den Satz Jesu: „Denn die Kinder dieser Welt sind klüger als die Kinder des Lichts gegen ihr eigenes Geschlecht.... Macht euch Freunde mit dem ungerechten Mammon, auf dass, wenn er zu Ende geht, man euch aufnehme in die ewigen Hütten." (Lk. 16, 8b, 9) Das passt durchaus in die fundamentalistische Lehre, den Feind mit seinen eigenen Waffen zu schlagen, das Flugzeug als Bombe zu benutzen, an der Börse erfolgreicher zu sein, die Medien in seinen Einflussbereich zu bekommen und den Dekadenten über den Rauschgifthandel das Geld aus der Tasche zu ziehen. Zusätzlich ist auch schon die gesamte Vorbereitungsphase solchen „Kampfes" das Schlagen des Feindes mit den eigenen Waffen. Häufiger wurde betont, die Attentäter des 11. September seien in Deutschland durch Unauffälligkeit „aufgefallen". Sie haben sich westlicher Lebensweise angepasst, Flugzeuge benutzt, Geld in Menge gehabt und haben am Ende sogar, wenn die Berichte aus den USA stimmen, die Nacht vor den Anschlägen mit Prostituierten verbracht. Das alles vertrug sich offenbar mit dem islamistischen religiösen Leben oder beweist, dass es um dieses religiöse Leben gar nicht entscheidend ging. Das „Logbuch des Terrorismus" gewährt den Agenten bestimmte westliche Verhaltensweisen, damit sie in ihrer Umwelt nicht auffallen. Das gehört zur „Kriegslist". Die ganze Situation wird dadurch unterstrichen, dass viele Menschen aus den islamischen Ländern, darunter fundamentalistisch eingestellte Moslems den Westen tief verdammen, jedoch gerne im Westen leben, hier studieren oder Geschäfte machen. Es scheint normalerweise ohne Hintergedanken möglich zu sein, seinen moslemischen Glauben mit westlicher Lebensweise in eins zu bringen, wie viele Millionen eingebürgerter oder im jeweiligen Staat geborene Moslems beweisen. Dass die fundamentalistische Denkweise darin eine unzulässige Vermischung sieht und nur zur Tarnung im Westen mitmacht, tut dem keinen Abbruch.

Eine richtige Antwort auf Extremismus ist neben direkter Bekämpfung die Durchschaubarkeit und das Handeln im Maßstab der eigenen Wertvorstellungen. Zudem muss sichergestellt sein, dass die Menschen, die sich zum Extremismus bekennen durch massive Kontrolle an der Ausführung ihrer Planungen gehindert werden. Von Straftätern und Kriminellen ist allgemein bekannt, dass nur das Entdeckungsrisiko sie von Straftaten und Verbrechen abhält. Die Strafe selbst interessiert im Endeffekt nicht mehr, besonders natürlich nicht bei Selbstmordattentätern. So kann also nur das Entdeckungsrisiko im breitesten Sinne dazu führen, dass Attentäter von ihren Vorhaben abgebracht werden. Besonders wichtig ist ebenso, ihnen die Plausibilität in ihrem eigenen Umfeld zu nehmen. Insofern helfen theologische und interreligiöse Gespräche zwischen allen Religionen besonders in Europa und den USA. Je stärker das Bewusstsein der Isolierung im eignen Lager wächst, desto weniger können Fundamentalisten behaupten, sie sprächen für ihre Religion im Namen Gottes und für alle. Zunächst kann aber als Reaktion auf Isolierung das Erwählungsbewusstsein besonders stark hervortreten. Die eigenen Glaubensgenossen fallen dann besonderer Ungnade zu, weil sie des Verrats an der eigenen Sache geziehen werden. Das beweist beispielsweise das Attentat auf Anwar el Sadat durch die Moslembruderschaft und weitere vernichtende Handlungen. Peter Schütt hat das im Rheinischen Merkur beschrieben: *„Im Westen wurde rasch vergessen, dass der Dschihadismus in der muslimischen Welt mit einem geradezu blasphemischen Terrorakt begonnen hatte. 1980 stürmten mehr als dreihundert schwer bewaffnete Terroristen das höchste Heiligtum des Islam, die Moschee in Mekka, und ermordeten mehrere hundert saudische Soldaten, aber auch zahllose unbeteiligte Gläubige.“*[139]

Wenn sich der Islam in Europa und in den USA der offenen Gesellschaft annähert und einer vielfältigen religiösen Umwelt zustimmen kann, verträgt sich das natürlich nicht mehr mit Gedanken von heiliger islamischer Erde, die kein Ungläubiger betreten darf. Die Erde ist dann eine Welt der Menschen, die verschiedenen Religionen angehören und dennoch durch das gemeinsame Menschsein verbunden sind. Ein absoluter Herrschaftsanspruch hat hier keinen Platz mehr.

Auch im christlichen Bereich betonen fundamentalistische Gruppierungen den christlichen Weltgeltungsanspruch. Die hierin nicht folgenden Theologen und Gläubigen sind in deren Augen Ungläubige oder Kollaborateure mit der ungläubigen Welt und dem Bösen. Auch Jesus sagte: „Wer nicht mit mir ist, der ist gegen mich; und wer nicht mit mir sammelt, der zerstreut.“[140]

7 Religion oder Wahn?

In den Wochen nach dem Anschlag in New York kamen Einzelheiten über das Leben einzelner Terrorpiloten in die Öffentlichkeit. Darunter war auch das Testament des Mohamed Atta und ein als „Logbuch des Terrorismus" bezeichnetes Papier. Solche Anweisungen für ein gläubiges Leben ließen sich in jeder Religion ähnlich schreiben, wenn auch ohne Bezug zu einer geplanten Terrortat. Auf die Weise, wie es im Logbuch beschrieben wird, begegnen Gläubige aller Religionen den Anfechtungen des Teufels. Jesus sagte im Garten Gethsemane zu seinen Jüngern, als sie trotz ihres Willens, mit ihm zu wachen und zu beten, eingeschlafen waren: "Wachet und betet, dass ihr nicht in Versuchung fallet."[141] In den Briefen heißt es: "Betet ohne Unterlaß!"[142] Was allerdings in keiner Religion, auch nicht im Islam vorgesehen ist, das ist das Töten, das unvermittelt in der religiösen Anweisung der Hijacker auftaucht. „Wenn einer jemanden tötet (...), soll es so sein, als ob er alle Menschen getötet hätte. Und wenn einer jemanden am Leben erhält, soll es so sein, als ob er alle Menschen am Leben erhalten hätte".[143] Diese ‚Vorschrift' ist im Koran in ein Zitat des Moses gekleidet. Es wird gerne benutzt, um zu erklären, der Koran verbiete das Töten. Moses Vorschriften an die Kinder Israels enthalten im Zitat aber die Einschränkung: „ohne das er einen Mord begangen oder auf der Erde Unheil gestiftet hat". Das ist eine charakteristische Veränderung der dem Moses in den Mund gelegten Vorschrift, die sich im Endeffekt gegen die islamistischen Interpretationen richtet. Danach wäre es gerechtfertigt, Mörder zu töten, aber keine anderen Menschen. Dann aber folgt der nächste Satz aus der Sure fünf: „Der Lohn derjenigen, die Krieg führen gegen Allah und seinen Gesandten und sich bemühen, auf der Erde Unheil zu stiften, ist indessen (der), dass sie allesamt getötet oder gekreuzigt werden, oder dass ihnen Hände und Füße wechselseitig abgehackt werden, oder dass sie aus dem Land verbannt werden. Das ist für sie eine Schande im Diesseits, und im Jenseits gibt es für sie gewaltige Strafen,..."[144] Das kann man als Freibrief zum Töten der Feinde Allahs lesen. Damit wäre der Respekt gegenüber dem anderen lediglich davon abhängig, ob er ein Feind Allahs ist.

Fraglich ist auch, ob die folgenden Sätze aus dem Koran als Wahn verstanden werden können oder ob sie nicht Anweisungscharakter tragen:

„Und kämpft auf Allahs Wegen gegen diejenigen, die gegen euch kämpfen, doch übertretet nicht! Allah liebt nicht die Übertreter. Und tötet sie, wo immer ihr auf sie trefft und vertreibt sie, von wo sie euch vertrieben haben, denn Verfolgung ist schlimmer als Töten! Kämpft jedoch nicht gegen sie bei der geschützten Gebetsstätte, bis sie dort (zuerst) gegen euch kämpfen. Wenn sie aber dort gegen euch kämpfen, dann tötet sie. Solcherart ist der Lohn der Ungläubigen. Wenn sie jedoch aufhören, so ist Allah Allvergebend und Barmherzig. Und kämpft gegen sie, bis es keine Verfolgung mehr gibt und die Religion (allein) Allahs ist. Wenn sie jedoch aufhören, dann darf es kein feindseliges Vorgehen geben außer gegen die Ungerechten."[145]

Gerade die Anweisung zum Töten zeigt die Verstrickungsmöglichkeit des religiösen Gedankenguts. Die Reaktionen in der Presse drückten dem Papier der Hijacker den Stempel religiöser Wahn auf. Solche Reaktion zeugt von verbreiteter Unkenntnis und mangelndem Empfinden für die Religionen und ihre Gedankenwelten. Ein Wahn wird daraus nur im Zusammenhang mit dem Terror und in einem Absatz, in dem von Waffen und vom Töten die Rede ist.

„Bete für dich und deine muslimischen Brüder um den Sieg am Ende, und fürchte dich nicht, denn du wirst bald Gott treffen. Jeder sollte bereit sein, seinen Teil zu übernehmen, und deine Tat wird durch Gottes Willen befürwortet. Wenn du deine Tat beginnst, schlage hart wie ein Held zu, denn Gott mag Menschen nicht, die ihre begonnene Arbeit nicht beenden. Du kommst nicht zur Erde zurück und pflanzt die Angst in die Herzen der Ungläubigen, wie Gott sagte, schlag sehr hart in das Genick (d.h. töte), in dem Wissen, dass der Himmel auf dich wartet, dich erwartet und du dort ein besseres Leben führen wirst, und Engel rufen deinen Namen und tragen für dich ihre schönsten Kleider.

Und wie Mustafa, einer der Anhänger des Propheten, sagte, töte und denke nicht an den Besitz derjenigen, die du töten wirst. Denn dies wird dich vom eigentlichen Zweck deiner Tat ablenken, denn dies ist gefährlich für dich."[146]

Da Bin Laden sich als geschickter Manipulator erwies, lässt sich hier in nuce nachvollziehen, wie religiöse Empfindungen und Anleitungen dem Missbrauch offen sind, wenn sie nicht der öffentlichen Kontrollmöglichkeit unterliegen, sondern als privatisierte Auslegung aggressiv aufgeladen werden. Der Schritt zum islamistisch - fundamentalistischen Verständnis geschieht, wenn der so gestählte religiöse Mensch in den Bann der bösen Manipulation gerät und sie durch eigene persönliche Grundeinstellungen erweitert. Auch das Zusammensein in der Gruppe wird von allen Religionen, besonders auch vom Christentum, für unabdingbar gehalten. Immer wieder heißt es hier, der einzelne Glaubende brauche die Gemeinde und könne nicht alleine mit seinem Gott sein. Gemeinschaft im Glauben bedeutet Stärkung und soziale Kontrolle gleichzeitig. Die Gemeinde dient als Korrektiv, um sich nicht zu sehr in sich selbst zu verwickeln und den Unterschied zwischen den Geboten Gottes und den Wünschen der eigenen Seele nicht zu verwischen. Sie dient auch der Kontrolle im Sinne des ‚rechten Glaubens'.

Das Erschreckende an den religiösen Vorbereitungen der Terroristen liegt darin, dass sie zwischen Mord und Selbstmord nicht unterscheiden. Ganz gleich, was der Gläubige in seiner mörderischen Absicht getan hat, er bekommt das Versprechen, im Paradies Gottes aufzuwachen. Normalerweise muss auch der Moslem ein rechtschaffenes Leben führen, in welchem er andere nicht gefährdet, sondern sogar positiv in der Gemeinschaft wirkt, um das Paradies erreichen zu können. Es ist eine abstruse Vorstellung, der Tod im Heiligen Krieg bringe den sofortigen Eintritt ins Paradies mit sich. Die Toten des 11. September, die in dem unglaublichen Terroranschlag zu Tode kamen, hatten nur allgemein mit den Ausflüssen des Satans und seiner Macht zu tun. Sie haben ihr Geld an diesem Ort der Verwüstung verdient. Darunter waren auch Moslems. Die Verblendung und mangelnde Unterscheidungsfähigkeit zwischen Gläubigen und Ungläubigen wird allein durch die Opfer der Anschläge deutlich und wirft ein negatives Licht auf die religiöse Begründungslinie. Lust aufs Paradies und Umarmung des Todes sind zum isolierten Bild verkommen, dessen krankhafte Qualität offen bleiben muss. Eine Anbindung an die Realität und den Glauben wird nur noch behauptet.

Einer der Interviewpartner sagte in den Tagen nach dem Terroranschlag einem Reporter: Der Unterschied zwischen ihm und der westlichen Denkweise sei folgender: Wenn ihm einer auf die rechte Wange schlägt, werde er nicht etwa auch die andere Wange anbieten, sondern dem Schlagenden seinerseits mitten ins Gesicht schlagen. Das zeigt eine kulturell – männliche Verhaltensweise, die nichts mit Fundamentalismus und nichts mit Islam zu tun hat. Wer mit weniger gut ausgebildeten und hier in Deutschland aufgewachsenen moslemischen Straftätern zu tun hat, begegnet extremen Männlichkeitsvorstellungen, die es so extrem nicht mehr unter deutschen Gefangenen gibt. Schon ein Blick eines anderen Mannes kann eine Beleidigung darstellen, gegen die der „Angeschaute" sich mit Faustschlägen wehren muss, um seine wie immer definierte Ehre zu behalten. Dabei geht es dann häufiger jedoch um ganz andere Hintergründe, wie etwa Rauschgifthandel oder Anschuldigungen, was mit Ehre im positiven Sinne nichts mehr zu tun hat.

Die monströsen Terroranschläge vom 9. 11. in den USA können in diesem Gedankengang ebenso wie viele (Selbstmord)attentate im

Nahen Osten und in Europa als Ausfluss einer Entwicklung gesehen werden, in der eine Entwicklung von legitimer zu illegitimer Gewalt mit "erzwungener Transzendenz" umgekehrt wird. Die Angehörigen der islamistischen Bewegung erklären alle Gewalt, auch die staatliche ihrer eigenen Staaten, für illegitim und ziehen daraus den Schluss, selbst als Opfer illegitimer Gewalt legitime Gewalt auszuüben zu dürfen oder zu müssen. Verschärfend kommt die Schwäche der palästinensischen und anderer Staatlichkeiten hinzu, was die Gewalttätigkeit vereinzelt. Fehlende Anerkennung irgendeiner Gewalt als nicht mehr angreifbarer „letzter Instanz" macht jede Verhandlung über Legitimität unmöglich. Die Berufung auf den Koran erzwingt eine Transzendenzidee, die als religiöser Hintergrund nicht generell akzeptiert wird und daher nicht ‚ausreicht', d.h. Gewalt nur entfesselt, aber nicht bindet. Dieser Terrorismus im Namen einer Religion begründet keine die Gewalt bindende Gemeinschaft, weil er Transzendenz nur erzwingt, ihr aber keinen legitimierenden Charakter gibt. Die Gewalt der endlosen Rache wird dadurch wieder in Kraft gesetzt und droht, jegliche Bindung der Gewalt aufzuheben. Vielmehr erhält Gewalt hier nur und ausschließlich den Charakter des Bösen, weil das widerstrebende Heilige als manipulierender Hintergrund einpolig in die Immanenz gezwungen wird und jeglicher „Transzendenz" entbehren muss. Das ist eher Wahn als Religion.

8 Gekränkte Ehre

Bin Laden hat, wie bereits bemerkt, das Argument der gekränkten Ehre nachgeliefert oder die Anschläge benutzt, um weitere Manipulationen in dieser Richtung vorzunehmen. Sein Argument, die US-Anwesenheit auf islamischen Boden, der Golfkrieg und seine Folgen sowie die Palästinenserfrage bildeten eine fortgesetzte Beleidigung der moslemischen Welt, auf die mit heiligem Krieg aller Moslems reagiert werden müsse, verfängt wahrscheinlich in manchen arabischen Seelen. Dann könnte man weiter argumentieren, die Tatsache der Existenz anderer Religionen sei eine fortgesetzte Beleidigung Gottes, auf die mit Vernichtung zu reagieren Gott dem Gläubigen aufgetragen habe. Eine Umsetzung in die Jetztzeit sieht folgendermaßen aus: "Für die Muslime ist Amerika der Sündenbock. Sie leiden unter dem allmählichen Niedergang, der ihre Welt seit Jahrhunderten heimsucht, das ist ihre Obsession. Die verlorene Größe, die abgebrochene Aufklärung, die Schmach des Kolonialismus wirken nach wie eine permanente Demütigung des Orients durch das Abendland. Die Amerikaner waren im Nahen Osten nie Kolonialmacht, aber sie werden wie der Inbegriff der Verwestlichung gesehen, also wie ein Götze."[147] Darin folgt einem Terroristenanstifter fast niemand mehr. Der Hamburger Vorsitzende des Rates der islamischen Gemeinschaften M. Yoldas bezeichnete die Träger solcher Gedankengänge und Terroristen als „hirnlose Menschen..., die Religionen instrumentalisieren"[148]. In einer Video - Botschaft jedoch drohte einer der Vertrauten Bin Ladens den USA mit einer kulturkritisch aufgemachten Manipulation, die diesen Eindruck bestätigt. Er sagte sinngemäß, es gäbe Tausende von moslemischen jungen Männern, die den Tod mindestens so sehr lieben wie die Amerikaner das Leben.

Als sei es für diesen Anlass geschrieben, hat der Psychotherapeut Wolfgang Schmidbauer über die Destruktivität von Idealen gesagt: „Der Todestrieb als Verhalten des in seinen Idealen enttäuschten, mit andauernder, erstarrter und von seinen Verstandeskräften gesteuerter narzißtischer Wut antwortenden Menschen ist ein Thema, das Dichter und Theologen schon lange vor den Psychoanalytikern beschrieben haben. In der christlichen Theologie wird der Teufel zum Ausdruck dieser Wut, ... Der Teufel ist nur böse, immer böse, zu ewiger Verdammnis verurteilt - in diesen Extremaussagen wird der Anspruch des idealen Selbst deutlich, das den fließenden wandelbaren Lebensvorgängen sein „immer" und „nie", „vollkommen" und „ewig" entgegenhält. ... Zugleich erweist die Geschichte der christlichen Religionen, dass der Kampf gegen den Teufel die wichtigste Äußerungsform der dem Teufelsglauben zugrunde liegenden seelischen Kräfte ist. Uner-

bittliche, rachsüchtige, sadistische Verfolgung von Andersgläubigen
oder sozial abweichenden ‚Hexen' wurden durch den Teufelsglauben
begründet. Tatsächlich waren die Verfolger, die Richter und Henker
der Inquisition, die Ideologen und Praktiker der Hexenverfolgung von
den Mechanismen beherrscht, die ihre Teufels - Mythologie ausdrückt: von der unersättlichen Rache am Wandelbaren, Abweichenden, Unvollkommenen, Lebendigen, an der Erotik, der Naturreligion,
am Selbstgefühl von Frauen, das tiefer verwurzelt und beständiger
sein kann als das der auf Expansion, Machtausübung und starre Kontrolle festgelegten Männer. Im Rachefeldzug gegen den Feind Gottes
und des Glaubens äußerte sich die Feindschaft gegen das Leben. Dieses scheinbare Paradox kennzeichnet häufig die Folgen der Verwirkli-
chung eines narzisstisch festgelegten, nicht im Dialog mit der Wirklichkeit gereiften Ideals."[149] Es bedarf keiner Mühe, diese Deutung
dem christlichen Kontext zu entnehmen und sie auf den islamistischen
Terror anzuwenden.

Das persönliche Testament des Mohamed Atta mag auf den ersten
Blick merkwürdig und abstrus erscheinen. Welcher junge Mann be-
schäftigt sich in derartiger Weise mit seinem Tod? Es enthält jedoch
Elemente und Wünsche, die man strenggläubigen Menschen zuge-
steht, wenn sie nicht gerade mit Terror in Verbindung stehen.

*Ich, Mohammed, der Sohn von Mohammed al-Amir Awad al-Sajjid,
wünsche mir, dass Folgendes nach meinem Tod stattfindet: Ich glaube, dass Mohammed Gottes Gesandter ist, und habe nicht den ge-
ringsten Zweifel, dass die Zeit kommen wird, da Gott alle Menschen
aus ihren Gräbern wiederauferstehen lässt. Ich wünsche, dass meine
Familie und jeder, der dies hier liest, den allmächtigen Gott fürchtet
und sich nicht durch das Leben ablenken lässt; dass sie Gott fürchten
und ihm und seinem Propheten nacheifern, wenn sie denn wahre
Gläubige sind. Zu meinem Angedenken sollten sie sich verhalten nach
dem Vorbild (des Propheten) Abraham, der seinem Sohn auftrug, als
guter Muslim zu sterben. Wenn ich sterbe, sollten diejenigen, die meinen Besitz erben, Folgendes beachten:
1. Diejenigen, die meinen Leichnam aufbahren, sollten gute Muslime
sein, denn das wird mich Gott und seiner Vergebung empfehlen.
2. Diejenigen, die meinen Leichnam aufbahren, sollten mir die Augen
schließen und beten, dass ich zum Himmel aufsteige, sie sollten mir
neue Kleider geben und mich nicht in jenen lassen, in denen ich starb.
3. Niemand soll meinetwegen weinen, schreien oder gar seine Kleider
zerreißen und sein Gesicht schlagen - das sind törichte Gesten.
4. Niemand, der in der Vergangenheit nicht mit mir auskam, soll mich
nach meinem Tod besuchen, küssen oder von mir Abschied nehmen.
5. Weder schwangere Frauen noch unreine Personen sollen von mir*

Abschied nehmen - das lehne ich ab.

6. Frauen sollten nicht für meinen Tod Abbitte leisten. Ich bin nicht verantwortlich für Tieropfer vor meinem aufgebahrten Leichnam : das widerspricht den Lehren des Islam.

7. Diejenigen, die Totenwache halten, sollten Gottes gedenken und beten, dass ich bei den Engeln bin.

8. Jene, die meinen Leichnam waschen, sollen gute Muslime sein. Es sollten auch nicht zu viele Leute sein, es sei denn, das wäre unbedingt notwendig.

9. Derjenige, der meinen Körper rund um meine Genitalien wäscht, sollte Handschuhe tragen, damit ich dort nicht berührt werde.

10. Die Totenkleider sollen aus drei Stücken weißen Tuches sein, aber nicht aus Seide oder anderweitig teurem Material.

11. Frauen sollen weder bei der Beerdigung zugegen sein noch irgendwann später sich an meinem Grab einfinden.

12. Die Beerdigung soll leise vonstatten gehen, denn Gott hat gesagt, dass er bei drei Anlässen Ruhe schätzt: bei der Lektüre des Koran, bei Begräbnissen und wenn man sich beim Gebet zu Boden wirft. Die Beerdigung soll schnell erfolgen, im Beisein von vielen Menschen, die für mich beten.

13. Bei der Grablegung sollte ich zusammen mit guten Muslimen bestattet werden, das Gesicht gen Mekka.

14. Ich will auf meiner rechten Seite liegen. Dreimal soll Erde auf meinen Körper geworfen werden, mit dem Spruch: "Du kommst aus Staub, bist Staub, und zum Staub kehrst du zurück. Und aus dem Staub wird ein neuer Mensch entstehen." Danach sollte jeder Gottes Namen rufen und bezeugen, dass ich als Muslim starb, im Glauben an Gottes Religion. Alle, die an meiner Beerdigung teilnehmen, sollen für mich um Vergebung bitten.

15. Eine Stunde sollten die Menschen an meinem Grab zubringen, auf dass ich ihre Gesellschaft genießen kann; ein Tieropfer soll erfolgen, das Fleisch an die Bedürftigen verteilt werden.

16. Es gibt die Sitte, alle 40 Tage oder einmal jährlich der Toten zu gedenken. Das möchte ich nicht, denn es entspricht nicht den islamischen Gebräuchen.

17. Bei der Beerdigung sollte niemand Sprüche auf Papier niederschreiben, die man dann als Talisman in der Tasche herumträgt. Das ist ein Aberglaube. Besser sollte die Zeit genutzt werden, um zu Gott zu beten.

18. Das Vermögen, das ich zurücklasse, soll nach den Regeln der islamischen Religion aufgeteilt werden - so wie der allmächtige Gott es uns aufgetragen hat: ein Drittel für die Armen und Bedürftigen. Meine Bücher sollen in den Besitz einer Moschee übergehen. Jene, die mein Testament vollstrecken, sollten Führer der Sunniten sein. Wer

*immer es ist, er sollte aus der Gegend stammen, in der ich groß wur-
de, oder ein Mensch, dem ich beim Gebet folgte. Sollte die Zeremonie
nicht dem islamischen Glauben entsprechen, werden die Betroffenen
dafür zur Verantwortung gezogen. Diejenigen, die ich zurücklasse,
sollen gottesfürchtig sein und sich nicht von den Dingen, die das Leben bietet, etwas vorgaukeln lassen - stattdessen sollten sie zu Gott
beten und gute Gläubige sein. Wer den Anweisungen dieses Testaments nicht entspricht oder den Geboten der Religion zuwiderhandelt,
wird dafür letztendlich zur Verantwortung gezogen.[150]*

Hier wird sogar noch über die Anordnungen für den Todesfall Manipulation betrieben. Atta gibt sich den Anschein des strengst gläubigen
Menschen, den man sich vorstellen kann. Er hinterlässt sogar Drohun-
gen, falls bei der Ausführung Fehler gemacht werden. Wenn bei Ab-
fassung dieses Testaments das Vorhaben des Todesfluges festgestan-
den haben sollte, wäre es von seltsamer Realitätsferne. Wie kann sich
jemand vorstellen, dass sein toter Körper mit derartigen Vorschriften
begraben werden kann, wenn er sich klarmachen müsste, dass von ihm
nichts als undefinierbare Staubmasse übrig sein wird? So kann dieses
Dokument der Manipulation der „Nachwelt" dienen, um trotz der
ungeheuerlichen Tat den Anschein der peniblen Frömmigkeit zu erzeugen. Das kann jedoch angesichts der abgrundtiefen Unmenschlich-
keit des Vorgehens nicht einmal bei den eigenen fanatisierten Mitbrü-
dern auf die Dauer gelingen. Insofern kann es sich eigentlich nur um
ein Dokument des vollkommenen Realitätsverlustes handeln. Offenbar muss hinter dem Testament die Vorstellung stecken, dass ein Körper bei der Auferstehung rein sein muss, dass er weder durch Frauen-
hände noch durch ungläubige Hände beschmutzt sein darf. Wie klein-
lich wirkt das vor dem Hintergrund der unglaublichen Sünde und
Beschmutzung, die der Betroffene durch sein Selbstmordattentat an
sich selbst vollzogen hat. Der Gläubige kann Gott alles zutrauen.
Selbst die völlige Neuschöpfung in anderer Gestalt wäre dem Glauben
kein Problem. Die peniblen und kleinlichen Vorschriften sprechen
aber eher die Sprache der Angst als die des Glaubens, wie wir uns ihn
vorstellen. Zudem ergibt sich eine weitere Ungereimtheit: Warum
braucht ein Mann, der sich als Märtyrer mit dem direkten Zugang ins
Paradies wähnt, eine Auferstehung? Er müsste durch sein Attentat
bereits dort sein, wo andere sich vergeblich hinwünschen.

Ansonsten sind von Atta geäußerte Wünsche meiner Erfahrung nach
bekannt. Moslemische Gefangene beispielsweise weigern sich in der
Regel, nackt zu duschen. Sie behaupten, die körperliche Durchsu-
chung mit völliger Entkleidung sei in ihrer Religion verboten. Häufig
wird das lediglich benutzt, um wenigstens noch ein paar Verstecke für
Rauschgifttransport zu behalten, und hat mit Religiosität weniger zu

tun. Abstrus jedoch erscheint das alles nur, wenn man nicht bedenkt, dass vor wenigen Jahrzehnten in Deutschland das Nacktsein besonders unter frommen Menschen noch ein großes Tabu gewesen ist.

Das Testament scheint also nicht etwa einen tiefgläubigen Gotteskrieger zu zeigen, sondern einen eher verunsicherten, kleingläubigen und ängstlichen Menschen, dessen Welt im Leben auseinander zu brechen droht. Die starren Regelvorstellungen legen Gedanken an einen verunsicherten und ich - schwachen Menschen mit möglicherweise depressivem oder narzisstischem Grundton nahe. Dieses Persönlichkeitsbild könnte die Einordnung in die wahnsinnige Idee des gerechtfertigten Massenmordes einschließlich Selbstmord erklären. In der Psychiatrie gibt es dazu – wie gezeigt - die Annahme, dass bestimmte psychische Konstellationen eine Kompensation durch Größenideen zur Selbststabilisierung bilden. Das fraktionierte oder insuffiziente Ich oder Selbst überhöht Suizidideen zur heroischen Tat, in der Welt- und Lebensängste ausgeglichen werden. Rigorose Regeln sichern die Kompensation gegen „Angriffe" der Realität des Alltags und der helfenden milden Aspekte der Religion. Die Beschreibung dieses Vorgangs kann aber nur näherungsweise erfolgen und müsste im persönlichen Kontakt konkretisiert werden. Es könnte sich bei dem Testament auch um eine allgemeine testamentarische Verfügung handeln, die gar nicht persönlich formuliert ist. Dann würde das aber ebenso auf Kompensation hindeuten.

Die Psychiatrie geht von einer multifaktoriellen Genese aller Persönlichkeitsbilder, also auch des beschriebenen aus. Kulturelle, gesellschaftliche, soziale und persönliche Einflüsse formen das äußere Erscheinungsbild. Umbruchsituationen verschiedenster Art lassen Individuen in derartige Kompensationszwänge geraten. Die Kompensation verläuft nicht auf bewusstem Wege, macht jedoch für Manipulationen empfänglich. Religiöse Vorstellungen bieten unter Anderem hervorragende Kompensationsmöglichkeiten, weil sie mit den Grundgegensätzen des Lebens wie Liebe und Hass, Annahme und Abstoßung, Achtung und Missachtung umgehen. Werden die religiösen Lösungen unangemessen und manipulativ eingesetzt, kommt es zu Kurzschlüssen wie sie hier in einer monströsen Tat gipfelten. Die begrenzenden und zuwendenden, ja heilenden Aspekte der Religion blendet diese Persönlichkeit aus, weil diese auf ich-schwache Menschen destruktiv wirken. Ein offenes Gespräch über religiöse Vorstellungen ist aus dieser Konstellation nur sehr begrenzt möglich. Gesucht werden vielmehr gleich denkende und ähnlich strukturierte Glaubensbrüder oder -schwestern. Die Gruppe stützt und kontrolliert sich dann gegenseitig in diesen starren Regeln und verfeinert sie weiter. Alles Offene erleben so gestimmte Gläubige als Bedrohung oder als zu beseitigenden

Unglauben.

Eine Studie des britischen Inlandsgeheimdienstes MI5, deren Ergebnisse zum Guardian ‚durchgesickert' sind, fand nicht ohne Grund heraus, dass es keine besonderen Merkmale gibt, an denen man zukünftige Selbstmord- oder andere Attentäter aus dem islamistischen Umfeld erkennen könnte. Sie entsprechen dem Durchschnitt der in diesem Fall britischen Bevölkerung. Der islamistische Terror wächst in den Bevölkerungen als psychische Ausformung von Weltkonstruktionen heran.[151] In den Anschlägen in Ansbach und Würzburg im August 2016 waren die Attentäter vorher auch nicht ‚auffällig'. Die in Ansbach ermittelte Kommunikation des Täters mit einem Gesprächspartner in Saudi-Arabien war für alle eine Überraschung.[152] Ebenso lebte der am 11.10. 2016 in Leipzig von Landsleuten gefasste Jaber Albakr als anerkannter Asylbewerber, ohne dass er jemand besonders aufgefallen wäre. Im Nachhinein ergaben sich Erkenntnisse, die nur bei lückenloser Überwachung hätten auffallen können. Am 13.10. tötete er sich im Gefängnis selbst.[153]

Aus psychiatrischer Sicht fand Norbert Leygraf unter islamistischen Straftätern bei neunzehn Eingewanderten dis-soziale Merkmale und gescheiterte Lebenspläne. Bei zehn in Deutschland aufgewachsenen Tätern gab es immerhin drei Psychosen und zwei mit dissozialen Merkmalen, aber auch fünf ohne erkennbare psychische oder sonstige Muster mit Krankheitswert zur Genese islamistischer Entwicklungen.[154] Die psychiatrischen Modelle gehen ohnehin nicht davon aus, dass Menschen, die psychisch krank werden, sich aus der Bevölkerung herausheben. Das Herausheben passiert erst durch die ‚plötzliche Aktion' oder Erkrankung. Die Kompensation könnte in diesen Fällen sogar das eigene Abweichen vom vorgeschriebenen moslemischen Regelkomplex betreffen.

Die Attentäter stehen damit in einer Reihe von Denkweisen, die Tessore als jüdisch-christlich und islamisch zugleich so zusammengefasst hat: *„Dem Schrei der Menschheit gegen Gott: ‚Du machst uns keine Angst! Glaubst du vielleicht, uns zu erschrecken?' hat Gott schon seit altersher geantwortet, indem er seine Macht zeigte. Und wenn die Menschen zu ihrer Verherrlichung Türme fest und hoch wie zu Babel bauen, so werden sie unter den starken Händen Gottes zerbrechen und sich wie Wachs im Feuer seiner Majestät auflösen, es werden sich ringsum gewaltige Flammen erheben, um gegen die stolze Menschheit Zeugnis abzulegen, dann, wie der Koran sagt, ‚werden sie von dem erfasst, worüber sie sich lustig gemacht haben' (Sure 45,33). Das Feuer zwischen den Ruinen, Blut, Tote, die Schreie der Niederlage werden eine höchste Gotteserscheinung sein, das Zeichen von Gottes Sieg. Dann wird der Mensch gezwungen sein, sich zu ergeben und* *einzugestehen, dass Gott stärker ist als er.*"[155]

Religiöse Terroristen fühlen sich berechtigt, der Beleidigung Gottes mit großem Ernst unübersehbar entgegenzutreten. Die gekränkte Ehre entlädt sich in sinnlosen Blutbädern unter dem Aspekt: Sie werden sehen, was sie davon haben, Gott zu beleidigen oder eher, ‚uns nicht ernst zu nehmen'.

Diese Zusammenstellung lässt sich nicht unter die psychiatrischen Diagnosen einordnen. Man müsste sie aber als wahnhaften Fundamentalismus bezeichnen. Die Glaubenskonstellation spielt die Rolle einer wahnhaften Legitimationsstrategie und Immunisierung gegen alle anderen Weltkonstruktionen, um die gefühlte mangelnde Anerkennung des eigenen Größenbedürfnisses zu kompensieren.

9 Das Suizidverbot und der Wahn

Islamische Menschen fallen in Diskussionen über Suizid immer dadurch auf, dass sie besonders rigide von einem strengen göttlichen Verbot des Suizids ausgehen (Koran 4, 29). In Tunesien begann die Revolte, die das Regime Ben Ali beendete, mit der Selbstverbrennung Mohammed Buazizis. Seine Familie legt größten Wert darauf, dass es sich nicht um einen Suizid gehandelt hat, sondern um einen Unfall.[156] Darin sind sich die Religionen ohnehin einig, dass Gott das Leben gibt und es auch wieder nimmt. Wer sich umbringt, lebt zumindest in der Gottesferne und hat das göttliche Gericht zu gewärtigen. „Wer sich umbringt, wird dadurch bestraft, dass er bis in alle Ewigkeit den Moment seines Selbstmordes immer wieder erleben muss. Wenn die Attentäter wüssten, was sie erwartet, würden sie es nicht tun.“[157] Je nach Religion kann er dann Gnade erwarten oder nicht. Also ist die vorherrschende Denkweise über Attentate mit Suizid, dass jemand sich umbringt und seinen Suizid erweitert, eine schlichte religiöse Ablehnung. Wer jedoch sich selbst umbringt, um Allah zu dienen, braucht dafür eine komplizierte Begründung. Wer bis zum eigenen Tod für Allah kämpft, bringt sich nicht selbst um, sondern fällt im Kampf gegen die Ungläubigen. So ist m.E. Koran, 4, 74 zu verstehen, 3, 195 ebenso. Im Koran gibt es offenbar keinen Beleg für Suizidaktionen. Insofern ist die Bezeichnung Selbstmordattentat aus der westlich – individualistischen Sicht gedacht, wo der Einzelne einen unverlierbaren Stellenwert besitzt. Selbst ein schlichter Verbrecher wird sich hüten, ein Verbrechen zu begehen, bei dem er selbst zu Schaden kommt. Die meisten Verbrechen dienen dazu, sich selbst zu belohnen, Ungerechtigkeit und Zurückweisung zu korrigieren oder sich zu bereichern. Nur der Amokläufer mit anschließendem Suizid bestraft in seinem grenzenlosen Hass andere dafür, dass er sich selbst umbringen muss. Unter diesem Aspekt könnten so genannte Selbstmordattentäter als Amokläufer verstanden werden. Das besondere Kennzeichen daran ist der kollektive Amoklauf, der religiös aufgeladen wird. Auch andere Amokläufer schöpfen aus zusammengetragen Arsenalen von Waffen und wirken bei ihren Taten kalt. Wie sonst würden sie es aushalten, gezielt und ungezielt auf viele an ihrem Hass unbeteiligte Menschen zu schießen oder eben kaltblütig in den Tod zu fliegen? Drogen tun dann noch das ihre.[158] Wie das ohne religiöse Untermalung aussieht, zeigte uns der deutsche Pilot Andreas Lubitz am 24. 3. 2015 beim gezielten Absturz in den französischen Alpen. Hier fehlte die Idee, irgendjemand mit dieser Handlung zu dienen. Der Vorgang hinterlässt nichts als Ratlosigkeit. Aber jetzt kennt jeder diesen Piloten.

Hier füge ich einen Gedanken ein, der mich schon länger bewegt. Es geht um das Wort unschuldig im Zusammenhang mit Attentats- oder Kriegsopfern. Die Bezeichnung unschuldige Opfer impliziert, dass es auch schuldige Opfer geben könnte. Könnte also jemand schuldig daran sein, dass ein anderer ihn tötet? Von dieser Denkweise sind wir in vielen Kulturen weit entfernt. Ganz gleich, was jemand verbrochen hat, er ist nicht des Todes schuldig. Nicht einmal die größten Kriegsverbrecher oder Völkermörder werden beim Internationalen Gerichtshof zum Tode verurteilt. Die Unterscheidung von unschuldigen und schuldigen Opfern kann es nicht geben. Es gibt nur Opfer und Täter, manchmal in derselben Person.

Die Attentate mit Suizid beruhen fast alle auf wahnähnlichen Realitätsdeutungen bzw. auf wahnähnlicher Verarbeitung dessen, was wir Wirklichkeit nennen. Die Konstruktion ist die Vorstellung, es handle sich bei jedem Mitglied eines anderen Volkes oder einer anderen Gruppe um einen Feind, der zu bekämpfen ist als Ausfluss teuflischer Macht, oder jemand der die eigene Situation verursacht hat. Die Wahnvorstellung geht soweit, dass man sich mit den Zivilisten des anderen Volkes im Krieg befinde. Nur in diesem wahnhaften Ansatz kann ein Verständnis des Selbstmordes als heilige Handlung begründet werden, weil die Feinde Allahs, die Vollstrecker des Bösen, anders nicht bekämpft werden können. Der andere Mensch muss also zunächst als Feind umdefiniert werden, um gegen ihn in den heiligen Krieg ziehen zu können. Das Wahnhafte an der religiösen Verarbeitung steigert sich dadurch, dass auch der Moslem zur Wahrheit und Wahrhaftigkeit verpflichtet ist. Wahnhafte bis zum irrealen gesteigerte Vermischung der eigenen Hassgefühle mit dem Dasein anderer Menschen weisen auf gefährliche psychische Ausnahmezustände hin. Oft sind sie Folgen einer durch Vorurteile und andere Wahrnehmungshindernisse schwer geschädigten Realitätswahrnehmung.

Genau dem entspricht die religiöse Verarbeitung: Der Selbstmörder ist kein Selbstmörder, wenn er im Kampf gegen die Ungläubigen fällt. Dass nur dieser Selbstmörder allein und sonst niemand eine solche Situation heraufbeschwört, ist der Wahrnehmung nicht mehr zugänglich. Hier tritt neben der Projektion ein weiterer psychischer Abwehrmechanismus ein, der eine schreckliche Selbsterkenntnis abwehren muss, die da droht: ‚Ich bin ein hasserfüllter Schwerverbrecher, der sein Leben wegwirft und andere zusätzlich zerstört – für nichts!' Eine weitere Selbsterkenntnis wäre, dass die eigene Seele in dieser Welt nicht leben kann und aus lauter Wut auf diese ‚Kränkung', auf die eigene Krankheit zum Tode, die Depression, andere Leben zerstört. Die Kompensation der Wahrnehmung eigener Nichtigkeit und eigener Zugehörigkeit zum Bösen liegt in der Überhöhung, ein Märtyrer zu sein. Wie heftig und paradox dieser Wahn wirkt, erläutert der französische Philosoph Bernard-Henri Lévy in eine Interview: "... ihr Todeskult entspringt nicht der Verzweiflung. Ihr Fanatismus ist eine Form der Hoffnung. Sie erleben sich als moderne Kinder des Paradieses. Sie sind voller Hoffnung, ihre Seele und ihr Geist sind erleuchtet. Ich habe Selbstmordattentäter auf Sri Lanka kennen lernen und studieren können. Das sind keine düsteren Charaktere. Sie glauben, dass sie den Ausweg kennen. Sie sind überzeugt, dass sie dem Jüngsten Gericht zuvorkommen."[159] Sie maßen sich die Rolle Gottes oder des Richters im Jüngsten Gericht an.[160] „Wut, Rachsucht und Empörung über subjektiv empfundene Ungerechtigkeit sind die motivierenden Auslöser für den Entschluss, für die ‚gute' Sache zu sterben."[161] Ganz anders sieht das die israelische Forscherin Anat Berko: „Those who deal with the murderous industry of suicide bombing attaks have no moral sense or moral dilemmas, they kill civilians in civilian environments, and they have no compunction about sending their own people to certain death."

Aus erfahrenem eigenem schwerem Schicksal wird nicht mehr Realitätssinn geboren. Die Seele wird im Gegenteil durch Selbstvorwürfe, Hoffnungslosigkeit, Depression so verletzt, dass sie ohne Kompensation die Lebensfähigkeit verliert. Aus den Aufrufen zum Heiligen Krieg geht deutlich hervor, dass die Wortführer sich den Feind zurechtdefinieren. Hätten sie eine realistische Selbsterkenntnis, müssten sie sich als böse Verbrecher verstehen. Die meisten der Menschen, die bei den Attentaten ums Leben gekommen sind, waren wahrscheinlich keine Feinde der Moslems. Die meisten von ihnen gehörten dieser Religion sogar an.

Die wahnhafte Verarbeitung der Realität wird auch daran deutlich, dass „dem Westen" oder den „Christen" allgemein die Unterdrückung der arabischen oder islamischen Welt zugeschrieben wird. Warum jedoch so viele junge Männer bereit sind, in den Tod zu gehen, lässt sich so noch nicht erklären. Eine wahnhafte Wahrnehmung ist meist persönlich eingefärbt.[162] Kollektiver Wahn hat bisher wohl zu Kriegen, aber noch nie zu solchen Handlungen geführt.

Häufiger unterliegt dem Prophetenwahn ein Anführer als ein Ausführender. Der Ausführende braucht als arme Seele den psychischen „Kick", einem anderen Menschen oder einer Sache ganz und gar zu gehorchen. Die Anführer mögen dem Wahn, Propheten zu sein, unterliegen. Sie wirken jedoch mit ihren Aufrufen auf westliche Augen und Ohren nicht besonders fromm und gottergeben. Sie gebärden sich vielmehr als Einpeitscher und Manipulateure der anderen, die diese Anleitung als seelisches Korsett brauchen. Der Kennzeichnung Muslim als „gottergeben" entsprechen eher diejenigen, welche die Taten

ausführen. Allerdings scheinen Gott und ihre Führer in dieser Ergebenheit austauschbar. Die Anführer selbst begehen keine Selbstmordattentate. Wollten sie auch bei Gott sein und nicht vorher die Vorzüge
dieser Rolle genießen, wäre es für sie eine Ehre, als erste „im Kampf"
zu sterben.

Lloyd deMouse hat einen Versuch unternommen, den Terrorismus auf
die Sozialisationsbedingungen in islami(sti)schen Gesellschaften zu-
rückzuführen. „Die Wurzeln des Terrorismus liegen nicht in diesem
oder jenem Fehler der amerikanischen Außenpolitik, sondern in dem
extremen Missbrauch in den Familien der Terroristen. Kinder, die zu
islamischen Terroristen aufwachsen, sind ein Produkt eines frauen-
feindlichen fundamentalistischen Systems, das oft die Familie in zwei
getrennte Bereiche aufteilt: Den Männerbereich und den Frauenbe-
reich, in dem die Kinder aufwachsen und den der Vater kaum besucht."[163] Er stützt seine Thesen auf den sexuellen Missbrauch im
Kindesalter und auf die Gewalt und Demütigung gegenüber Frauen
und Kindern. Die Beschneidung der Mädchen, die Frauen durchführen, sieht er als Ausagieren des an ihnen selbst begangenen Miss-
brauchs.[164] Auch auf einen Bericht der Pakistanischen Konferenz über
Kindesmissbrauch, körperliche Bestrafungen in den islamistischen
Schulen, die Angst vor den Eltern – ähnlich wie im westlichen Mittelalter – stützt er seine These.[165]

Bei Lloyd deMause folgt dann ein psychodynamischer Ansatz. „Von
Kindheit an wurde islamistischen Terroristen gelehrt, dass sie den Teil
in sich – und, per Projektion, in anderen – abtöten müssen, der eigen-
nützig ist und nach persönlichen Freuden und Freiheiten verlangt. Es
ist dort, in diesem von Terror erfüllten Zuhause – nicht erst später in
den terroristischen Trainingscamps -, wo sie lernen, Märtyrer zu werden und ‚für Allah zu sterben'."[166] Der suizidale Teil des Terrors dient
danach nicht dem wirklichen eigenen Tod, sondern einer inneren Repräsentanz nicht akzeptierbarer Wünsche. Der unreine Teil könnte als
Repräsentanz ‚des Bösen' verstanden werden und so dessen Rolle
besser erklären. Er hat keine anderen Absichten als den ‚Ungehorsam'
zu bestrafen, womit (wieder) eine Parallele zum christlichen Fundamentalismus gezogen wäre.

Schließlich folgt noch ein Hinweis auf die Entstehung dessen, woher
die rätselhaft große Verbreitung der empörten Wut in islamischen
Gesellschaften kommt (‚wütende Demonstranten verbrannten Flaggen und Puppen und skandierten „Tod den Feinden des Islam"…').
Diese sexuell getönte wütende Grundstimmung entsteht nach DeMause ebenfalls aus dem Missbrauch in der Kindheit. „Wie Serienmörder
- die ebenfalls als Kinder sexuell und physisch missbraucht wurden –
sind Terroristen mit einem Zorn aufgewachsen, den sie auf andere

übertragen müssen.“[167] Sie agieren mit dem ständigen Gebrauch von Begriffen für sexuelle Übergriffe ihren eigenen Missbrauch an anderen aus. Explosionen auszulösen sind für sie orgastische Erlebnisse. Sie haben dabei das Gefühl, ein richtiger Mann zu sein.

Der Ansatz Zimbardos stellt andere Beschreibungen zur Verfügung. „Dieses Programm nutzt offenkundig eine Vielfalt sozialpsychologischer und motivierender Prinzipien, um aus kollektivem Hass und genereller Empörung eine gezielte, mit Bedacht kalkulierte Ideologie der Indoktrination und Ausbildung zu destillieren, mit deren Hilfe junge Menschen zu lebenden Märtyrern gemacht werden. Es ist weder hirnlos noch sinnlos, sondern lediglich eine andere Gedankenwelt – mit Empfindlichkeiten, die sich sehr von dem unterscheiden, was wir bei jungen Erwachsenen in den meisten Ländern zu sehen gewohnt sind.“[168] Diese Ansicht wird auch durch einen "unverdächtigen" Zeugen gestützt, der nach der Absage an den Islamismus erklärt, wie seine islamistische Weltsicht benutzt wurde: „Auch sei der Protest in der islamischen Welt kein so spontaner Ausdruck echter Empörung gewesen, wie es den Anschein erweckte. ,Das war in vielen Fällen politisch organisiert', sagt Akkari, (der den ,Karikaturenstreit' 2006 mit ausgelöst hat.) ,Es war ein Weg für die Religiösen, ihren Führungsanspruch zu untermauern.'“[169] Zimbardo sieht durchaus leitende geistige Strukturen im Islamismus und belegt das durch Berufung auf Untersuchungen und Studien mit Al-Kaida-Mitgliedern in den USA und in England. So glaubten die Selbstmordattentäter fest daran, etwas Gutes und Großes zu tun, und müssen doch als eine Form des Bösen eingestuft werden.[170]

Der Hinweis auf die gewalttätigen Regeln in den wütenden Herkunftsgesellschaften und Familien mit ihren sexualisierten Verhärtungen mag in bestimmter Hinsicht einer Realität entsprechen. „Da ist so viel Herablassung, da ist so wenig Anerkennung, Liebe, Zuneigung und Förderung der Kinder, irgendwo muss die Wut doch bleiben,“ merkt dazu die Muslima Seyran Ates an.[171] Sichtbar wird jedenfalls eine Tabuisierung aller Fragestellungen, die mit Religion und Sexualität zu tun haben. Das scheint aber zumindest teilweise auch ein Milieuproblem der Gesellschaften zu sein und besonders die großen marginalisierten oder fundamentalistische Gruppen zu betreffen. Insofern ist die pauschale Behauptung, dass Terrorismus aus Missachtung und Missbrauch entsteht, vielleicht nicht falsch. Als einzige Erklärung würde sie aber zu kurz greifen. Es müsste für den Fall, dass diese Gesellschaftsbeschreibung zutrifft, wesentlich mehr Terroristen geben. Zudem spricht auch gegen diese Genese, dass immer mehr Konvertiten aus nichtarabischen Staaten zum Terror stoßen. Diese sind vermutlich unter ganz anderen Bedingungen aufgewachsen. Für Konvertierte oder im Westen Aufgewachsene trägt Philipp Zimbardo ganz andere Familienverhältnisse zusammen: „Eine Mehrheit von 90 Prozent stammte aus fürsorglichen, intakten Familien. Zwei Drittel hatten eine höhere Schule besucht, zwei Drittel waren verheiratet und die meisten hatten Kinder und einen wissenschaftlichen oder technischen Beruf."[172] Eine Studie der Weltbank beschriebt 2016 IS – Rekruten als im Verhältnis zu ihrer Herkunftsgesellschaft besser ausgebildet als der Durchschnitt. Nur in Deutschland und Osteuropa ist das anders. Die Suizid-Attentäter sind sogar unter den Bestausgebildeten.[173]

Wahnhafter Fundamentalismus entsteht in allen Gesellschaften, hat jedoch heute das vorherrschende Gesicht des Islamismus. Dass abwertende und gewalttätige Kindererziehung und Geschlechterkonstruktionen für viele Übel auf dieser Welt verantwortlich zeichnen, kann natürlich nicht bestritten werden. Allerdings müsste zur Validierung einer Terrorismusgenese dieser Art an vielen Einzelfällen geforscht werden, was naturgemäß bei Selbstmordattentätern schwierig bleibt. Deutlich würde jedenfalls, dass nicht die Religion, sondern das kulturelle Gemisch einschließlich einer bestimmten Interpretation von Religion der Nährboden ist. Am ehesten führt die Analyse an diesem Punkt zu einer Konstellation, in der schwerste narzisstische Störungen anzunehmen sind.

10 Konvertiten

Erhellend ist das vermehrte Auftauchen von individuellen „Fallgeschichten" aus der so genannten westlichen Welt. Warum schließen sich viele junge Männer aus den demokratischen Ländern dem „Islamischen Staat" an, der Dschihad allein durch unübertroffene Brutalität und massiven Einsatz von jungen Männern und geraubten Waffen mit dem Ziel islamisches Kalifat definiert. Wo ist hier eine Romantik zu finden, die sogar pubertierende Mädchen an-zieht?[174] Konversionen zum Islamismus in Deutschland beschreibt auf der anderen Seite Wolf Schmidt ganz lapidar: „Vom Rechten Salafisten…, solch brüchige Biografien begegnen einem in dieser Szene immer wieder."[175] Vielleicht ist sich beides näher als gedacht.

Folgender Gedanke scheint mir einiges davon zu erklären: In den so genannten westlichen Ländern finden Jugendliche kaum eine Möglichkeit zu opponieren. Alles verläuft stromlinienförmig und auf wirtschaftliche Nutzbarkeit hinaus. Schon im Kindergarten beginnt ein unsinniger Wettbewerb um Startplätze in der Gesellschaft. Jeder muss immer betonen, dass er sein bestes gibt. Ansonsten droht der Ausschluss aus den gesellschaftlichen Karrieren, die allein den Anschluss an die Konsumwelt garantieren. Mindestens zehn bis zwanzig Prozent der Gesellschaft werden auf diese Weise marginalisiert, nicht nur Zuwanderer. Die achthundert Islamisten aus Deutschland, die in den Krieg ziehen, sind angesichts dieser Lage eine Kleinstgruppe. Alles wird hier zudem von Korrektheiten getragen:

- Gewalt ist das Schlimmste, was ein Mensch begehen kann. Gewalt üben unterprivilegierte und gesellschaftlich marginalisierte junge Männer aus, weil das das einzige ist, mit dem sie sich gesellschaftlich in Erinnerung bringen können. Sich (vermeintlichen) Respekt zu verschaffen, gelingt vielen von ihnen nicht anders. Schon das macht sie zu untragbaren Mitgliedern der Gesellschaft. Dass auch die Strukturen der Gesellschaft in Recht, Wirtschaft und Politik, ja sogar in Religion, Gewalt als Struktur enthalten, mit der Privilegien und Machtverhältnisse unsichtbar geregelt werden, das zu denken ist heute nicht korrekt.
- Das Verhältnis Mann und Frau darf nicht anders gesehen werden als im Sinne der Gleichberechtigung und der Gewaltlosigkeit. Das gefällt nicht jedem in dieser Hinsicht unterprivilegierten jungen Mann. Manchmal taucht auch der Eindruck auf, es gefalle auch herrschenden Männern (Frauenquote) nicht. Warum das nicht allen Frauen zusagt, erscheint mir rätselhaft.
- Wer von der Gesellschaft ernährt wird, hat sich einem strengen Reglement zu unterwerfen und verliert seine Möglichkeiten. Gesell-

schaftliche Chancen stehen dieser Gruppe nicht zur Verfügung. Die Chancengleichheit wird aber behauptet und die Gesellschaft brüstet sich damit. Chancengleichheit wird auch allgemein behauptet, ist aber aufgrund gesellschaftlicher Strukturen nicht gegeben. Chancengleichheit bedeutet überdies nicht, dass es allen gleich gut geht. Denn Chancen sind keine Ergebnisse. Jeder Lottospieler hat die gleiche Chance, nur extrem wenige gewinnen. Unterprivilegierte (junge) Männer können noch nicht einmal mitspielen.

• Vernünftiger Umgang mit der Welt ist gewissermaßen vorgeschrieben. Auch das wird natürlich im Alltag von niemand befolgt. Die Menschen glauben an absurdeste Dinge, an große Verschwörungen, sie folgen ominösen Religionen aller Art. Korrekt aber ist lediglich die offizielle vorgeschriebene Vernunft. Auch Religion muss vernünftig sein.

• Nur Toleranz ist korrekt. Wer andere Weltsichten oder Glaubensvorstellungen vertritt als die säkularisierte und freiheitliche, ist nicht etwa zu bekämpfen, sondern zu akzeptieren. Diese Haltung könnte auch als Schwäche ausgelegt werden: ‚Es gibt nichts, wofür sich die Individuen entschieden einsetzen.‘ Dass die Toleranz als Ergebnis des Glaubens an die Würde des Menschen gesehen werden kann und entschiedenen Einsatz erfordert, wird nicht immer sichtbar. Toleranz endet entgegen den allgemeinen Bekundungen allerdings zu recht an der Auseinandersetzung mit dem rechtsradikalen Spektrum. Sie ist also nicht für alle Lebenslagen von absoluter Geltung. Das verwirrt manche. Wie es um Toleranz wirklich bestellt ist, sieht man in den so genannten sozialen Netzwerken: doppelte Moral oder?

• Die anderen müssen in ihrer Würde geachtet werden, auch wenn sie sich als unwürdig im persönlichen Urteil erwiesen haben oder den eigenen Wertvorstellungen nicht entsprechen. Daher kommt das Gefühl, man dürfe nicht sagen, was man denkt. Gesellschaftliche Wertungen werden durch „korrektes Sprechen“ verdeckt, sind aber wirksam. Wie kann man anders erklären, dass Menschen mit nicht-deutsch klingenden Namen bei Bewerbungen übergangen werden? Die Auswirkung der Korrektheit sieht man im Internet. Dort arten Beschimpfungen aus, weil man sich unerkannt glauben kann. Diese Art der Korrektheit ist geradezu eine doppelte Moral.

Zu all dem ist der Islamismus der exakte Gegenentwurf. Männer müssen nichts lernen, um „mitzuspielen“. Sie brauchen lediglich die Ankündigung des Besitzes einer Waffe und eines großen Autos sowie die Worte: „Gott ist groß und Mohammed ist sein Prophet.“ Übersetzt heißt das: ‚Gott ist groß und ich bin es auch – siehst du doch an meiner Bombe!‘ Sie können sich ihrer vermeintlichen Gegner, die ihnen ihren Anteil an Macht und Privilegien verwehren, jederzeit mit Gewalt entledigen. Sie können auch irgendwelche Stellvertreterfiguren dieser

Gegner aussuchen. Frauen können sie dominieren und Gewalt gegen sie ausüben wie es ihnen gefällt. Eine Kämpferin erzählt: „Als besonders schlimm empfand Khadischa die unter den IS-Terroristen allgegenwärtige Gewalt gegen Frauen. So sei es üblich, dass jedem Kämpfer eine Ehefrau zugeteilt wird. ‚Oft mussten diese Ehefrauen nach gewalttätigen Übergriffen ins Krankenhaus gebracht werden', erzählt Khadischa. Diese Übergriffe seien fast immer sexueller Natur."[176] Die Aussicht auf - besonders junge – Frauen scheint sogar ein Attraktionsmoment für ‚Kämpfer' zu sein.[177] Sie können so intolerant sein wie sie wollen, notfalls bis zur Vernichtung. Sie brauchen nur zu glauben, dass sie die Herren der Welt sind. Allah hat es ihnen schließlich gesagt. „La jeune recrue croit pouvoir survivre psychologiquement à cette épreuve, car elle incarne la toute-puissance d'un nouveau personnage mystique: celui à qui tout est permis. Celui qui a droit de vie et de mort sur chacun. Un démiurge sanguinaire, instrument de la volonté de Dieu."[178]

So werden Machtverhältnisse konkret geregelt. Machtstrukturen sind in solchen Zusammenrottungen überdeutlich und gehören zum Selbstverständnis. Dass das alles natürlich nichts anderes ist, als eine Rechtfertigung für bösartige und verbrecherische Gewaltausübung gegen eingebildete Feindschaften und sich am Ende gegen die ganze Menschheit richtet, diese Botschaft erreicht diese Menschen nicht mehr. Eine derart sinnlose Feindschaftsempfindung wie die gegenüber der Friedensnobelpreisträgerin Malala von 2014 müsste selbst den verrücktesten Islamisten seinen Irrtum erkennen lassen.[179] Dass es sein Leben kosten wird, ist hier nicht mehr wichtig, bleibt doch das Paradies, von dem die anderen ausgeschlossen werden. Damit wäre auch erklärt, warum diese Terroristen schwer aufzuhalten sind. Wem sein Leben gleichgültig ist, weil er sowieso ins Paradies kommt, macht neben Suizidattentaten das, was ein kurdischer Bericht aus Kobane beschreibt: „Die rennen, schießen, rennen, schießen... Das ist denen völlig egal, ob sie selber dabei draufgehen."[180]

Allerdings könnte das Ganze auch einen schlicht verbrecherischen Grund haben: Man verdient damit nach Aussagen von gefangenen IS - Kämpfern Geld und wird unter Drogen gesetzt.[181] Beides wird vielen jungen Männern in den westlichen Gesellschaften verwehrt. Vielleicht ist der Glaube die Einstiegdroge, die dann durch „echten Stoff" ersetzt wird, um das gewünschte Ergebnis zu erzielen.

Auch andere Unterstreichungen des Männlichkeitsgehabes werden vom IS organisiert. „Von Isis hörte er, dass er radikaler und reicher war: ‚Angeblich bekamen die Kämpfer zur Hochzeit Zehntausende Dollar. Viele sollen einen BMW X5 fahren.'"[182] Warum soll man nicht seinen Männlichkeitsstatus auf diese Weise eindrucksvoll gegen die Wege der „westlichen Welt" erwerben und diese damit richtig „schockieren". Die Betonung, dass Gott dem Gläubigen verzeiht, gewinnt auf dieser Grundlage einen ganz neuen Sinn. Da das alles nicht mit den Geboten Gottes übereinstimmt, beweist dieser Glaube geradezu, dass auch dem Islamisten die ‚sündige Entstehung' dieses Status durchaus bewusst ist. Die Macht der Anführer erlaubt den Mitgliedern (‚Gläubigen') diese schrecklichen Sünden. Denn er macht ihnen klar, dass sie die Welt Gottes durch ihre Taten von den vielen anderen Sündern befreien.

Mehr Schock können ein junger Mann und gar noch eine junge Frau in dieser korrekten westlichen Welt nicht auslösen als durch Anschluss an eine Gruppe mit derartigen Rechtfertigungen und religiöser Untermalung. Dass das Ganze eine heftige Umkehr nach rückwärts bedeutet, erhöht den Schock in einer Welt, die auf ihre Säkularität besonders stolz ist. Mit diesem einfachen Modell wäre der Zulauf von Kämpfern zum IS erklärbar. Sogar die Satire hat sich dieses Modells angenommen und ein „freiwilliges terroristisches Jahr" als ganz besonderen Event propagiert.[183]

Wenn man den Blick auf sich selbst zurückwendet, sieht man aber auch eine Menge an ‚westlichem' Vergessen. Die scheinbar weichgespülten aufgeklärten Gesellschaften, die heute in der Welt den Ton angeben, vergessen, wie sie entstanden sind. Sie vergessen wie heftig in ihnen selbst um Privilegien und Chancen gestritten wird, welche Überwachungsstrukturen in ihnen wirken, wie heftig sie kleinste Abweichungen im Denken und Handeln (informell) sanktionieren und welche kruden Mechanismen die Machtverteilung regeln. Die „islamistischen Kämpfer" wehren sich in dieser Verfassung gegen die Zivilisierung der Welt, die auch einen bestimmten Weg im Umgang mit der Verteilung von Lebenschancen darstellt, der ihnen ihrer Meinung nach Chancen verweigert und es an Respekt fehlen lässt. Ihnen Respekt entgegenzubringen ist aber unerhört schwierig bei all dem, was sie anstellen.

Besonders schwierig bleibt eine Interpretation für die El Kaida Anhänger, die Zimbardo untersucht hat. Wenn diese aus „geordneten" oder gar liebevollen Verhältnissen kommen, wo liegt dann ihr Impuls zur Kompensation durch Gewaltausübung? Da müsste man Gründe eher in individuellen Beleidigungsgefühlen oder einem sonstigen Gefühl mangelnder Anerkennung suchen.

11 Religiöse Manipulation zum Machtgewinn

Damit wird in aller Deutlichkeit klar, dass es sich um einen Missbrauch von jungen Männern handelt, der hier im Namen der Religion geschieht. Die Anführer schalten sich so zwischen Allah und die gläubigen jungen Männer, dass diese Allah selbst gar nicht mehr wahrnehmen können. Im Allgemeinen kennt man jedoch den Islam als eine Religion ohne Lehramt und allgewaltige geistliche Führer. Also maßen sich die Terroristenanführer eine religiöse Rolle an, die ihnen nicht zusteht, aber durchaus vom Ensemble der Religion angeboten wird. Die Mitgliedschaft rankt sich im Islam um das Gebet und nicht um eine Organisation. Der religiöse Führer fungiert als Vorbeter, nicht als Befehlshaber über den Einsatz zum Selbstmord.

Bei den Terroristen scheint es dagegen ziemlich eindeutig zu sein, dass es um Macht und nicht um Glauben geht. Wenn politische Führer oder Gruppen mit islamistischem Selbstverständnis herrschen und Macht an sich ziehen, herrschen sie meist brutal und unumschränkt, ohne auf das Leben ihrer Glaubensbrüder und –schwestern Rücksicht zu nehmen. Das wird an den Regimen im Iran (mit Einschränkung) und am ehemaligen der Taliban in Afghanistan sowie an den Berichten über den „islamischen Staat" ohne Abstriche nachweisbar. Die Anführer lassen es sogar zu, dass ein hungerndes Volk noch weiter in die Not getrieben wird, weil sie sich nicht ihrer Verantwortung stellen. Die Brutalität, mit der islamistische Regime die Todesstrafe aussprechen und vollstrecken[184], lässt sich aus dem Koran vermutlich nicht herleiten. Islamistische Führer suchen den Feind offenbar auch im Inneren bei denen, die sich nicht an die Gesetze halten und ihrem unbedingten Führungsanspruch nicht nachgeben. In der theologischen Lehre der Islamisten gibt es den Versuch, den Djihad als sechste Säule des Islam einzuführen, neben dem Glaubensbekenntnis, dem Gebet, der Armensteuer, dem Fasten und der Pilgerfahrt nach Mekka.[185] Pohly und Durán legen dar, dass eine theologische Linie von Omer Abder Rahman, der in einer Schrift den Djihad als sechste Säule eingeführt hat, aus Ägypten bis zu Bin Laden führt. Und sie berichten noch mehr: „Ali BenHaj, der zweite Mann in Algeriens Djihad-Partei FIS (Front Islamique du Salut), will die Djihad-Pflicht gar als dritten Glaubenspfeiler einschieben, gleich nach dem Glaubensbekenntnis und dem Gebet. Damit wäre die traditionelle Religion des Islam von Grund auf umgedeutet."[186]

Auch aus dem Christentum ist das bekannt. Bestimmte fundamentalistische Gruppen wähnen sich im Besitz einer höheren Wahrheit und wähnen sich so als gläubige Elite. Alles, was solche Menschen tun oder lassen, ist richtig, weil sie ja erwählt sind. Wer dem nicht folgt, kann nur mit dem Bösen im Bunde sein und hat daher kein Menschen- oder Lebensrecht, es sei denn, er bekehre sich. Der Anspruch, die Wahrheit zu besitzen, kommt aufgrund eigener Einsicht und Bekehrung, nicht durch Beauftragung von Menschen zustande. Mitmenschen werden zu Missionsobjekten. Sobald dieses Missionsobjekt als nicht bekehrbar erscheint und daher als vom Bösen oder dunklen Mächten besetzt gelten kann, ist der Schritt bis zu seiner Eliminierung nur noch klein. Gewöhnlich wird aufgrund dieser Konstellation nur noch selten geschossen (kürzlich noch Ausnahme: Nordirland). Die Fundamentalisten versuchen aber hartnäckig, sich durchzusetzen und Gegner mit allen Mitteln kaltzustellen. Wer im Besitz der Wahrheit und das Kind Gottes ist, kann - ja muss - alle Mittel benutzen, bis hin zur Lüge, weil das ja dem guten Zweck dient, die Ungläubigen aus dem Feld zu schlagen.

Besonders gut eignet sich dafür als Beispiel das von der Polizei beendete Attentat eines Asylbewerbers aus Somalia auf einen dänischen Zeichner (berichtet am 1.1. 2010), dessen Tod Islamisten nach der Veröffentlichung und Verfälschung der sog. Mohammed – Karikaturen unter dem islamistischen Empörungsritual verlangten. Man kann, um den Willen Gottes zu tun, in einem europäischen Land Asyl beantragen, um dann einen Einheimischen umzubringen. Wo gibt es mehr Lüge im Namen Gottes unter Benutzung einer der (im Westen) am härtesten erworbenen Menschenrechtsideen? Der Terrorist dürfte also eher ein Verfolger denn ein Verfolgter sein. Wie aber erkennt das Europa mit seiner diesbezüglichen Bürokratie? Vielleicht wollte der Asylbewerber auch nur die Belohnung einheimsen. Er dachte wohl eher nicht daran, sich selbst auch umzubringen. Gefeiert wurde er noch am gleichen Tag in Somalia mit Lobeshymnen im Internet: Er habe den Teufel angegriffen.[187] In Europa durfte aber noch nicht einmal das Gesicht dieses „Helden" in den Medien gezeigt werden. Die spätere Absage des Drahtziehers der Karikaturenkrawalle, Ahmed Akkari, an den Islamismus hat Folgen: Fatwa gegen ihn und ein Leben im Untergrund.[188]

Die Terrorismusforscherin Louise Richardson hat das Resümee gezogen, dass die Terroristen Superstars sein wollen. Besonders großartig wirke die Vorstellung, einer der großen Helden Gottes zu sein. Das ist mehr als menschliche Superstars je werden können.[189] Die religiöse Begründung ist auch in Frankreich wahrgenommen worden und wird dort als kennzeichnend für alle drei Monotheismen angesehen. „Le sentiment de persécution doublé d'une volonté de ‚sauver un monde deprave' se retrouve chez les activistes des trois religions monothéistes, quel que soit le contenu de leurs textes respectifs sur la violence."[190]

Ali und sein Schwert

Die religiösen Äußerungen, die die Manipulateure ihren Botschaften unterlegen, verwirren die Medien zusätzlich, weil zumindest im öffentlichen Europa jeglicher Sinn für Religion verloren scheint. Die altertümliche Sprache und der teilweise abgehobene religiöse Inhalt des „Terrorlogbuches" etwa wird als Wahngebilde mit Wahnsinnigensprache verkannt. Ganze Teile dieses Dokuments haben schlicht religiösen Inhalt. Natürlich hofft der Gläubige, eines Tages bei Gott oder im Paradies zu sein. Das tun nicht nur der Moslem, sondern auch der Jude und der Christ je auf ihre Weise. Natürlich glaubt ein großer Teil der Christen an die Auferstehung von den Toten. Selbstverständlich wird in jedem christlichen Gottesdienst gefleht, dass der Herr kommen möge, was bedeutet, dass diese Erde mit all ihren Gefahren und Problemen sowie dem Tod endlich hinter uns liegt. Nichts anderes sagen auf ihre Weise die beiden Dokumente des Terrorpiloten Atta. Wahnsinnig erscheint das nur auf der Folie des Geschehens vom 11. September 2001.

Im ersten Absatz des „Logbuchs" wird ein Beispiel für die Handlungsweise der Terrorpiloten benutzt, das uns nachgerade lächerlich erscheint. Dies mag jedoch für den moslemischen Mann das Beispiel zum Umgang mit dem Gottlosen überhaupt sein. Wenn Ali, der Nachfahre des Propheten Mohammed, zum Schwert griff, weil ihn ein Ungläubiger anspuckte, dann kann vermutlich der Vergleich zu heute gar nicht treffender und gleichzeitig irrsinniger sein. Ali wurde persönlich beleidigt und griff deshalb nach Abwägung zum Schwert.

"Die Arbeit und die Arbeit der Gruppe (das heißt: die Arbeit um des Propheten willen) sollten Priorität haben, weil dies Sunna ist. Wir sind zu dieser Arbeit verpflichtet. Tu dies nicht für dich selbst, sondern für Gott den Allmächtigen. Ein Beispiel ist Ali Ibn Abi Talib (der Schwiegersohn des Propheten Mohammed) - Gott segne seine Seele. Er hatte Streit mit einem Ungläubigen, der Ali - Gott segne seine Seele - anspuckte. Zunächst wollte Ali sein Schwert nicht gegen den Ungläubigen führen; später tat er es. Nach dem Streit fragten einige seiner Anhänger ihn: Warum hast du nicht gleich das Schwert gegen den Ungläubigen geführt? Ali - Gott segne seine Seele - antwortete: Als er mich zuerst anspuckte, scheute ich mich, sofort darauf zu reagieren, weil ich fürchtete, damit Rache für mich selbst zu nehmen; ich wollte dies aber eher für Gott tun."[191]

Der Terrorist definiert sich als durch ungläubige westliche Menschen beleidigt, was ja besonders in den durch die Flugzeugattentate bekannt gewordenen Männern ganz und gar nicht der realen Wahrnehmung entsprechen kann, und holt deshalb zu einem großen Schlag aus. Die

Terroristen lesen offenbar den Text von Ali völlig anders als wir. Ali fragt sich, ob er nicht am Ende nur sich selbst rächen will. Erst nach der Selbstprüfung greift er zum Schwert. Daraus wird zumindest deutlich, dass man sich auf dieser Erde nicht um seiner selbst willen rächen soll. Allein der Wille Gottes bestimmt das Handeln. Wie schrecklich müssten sich die Attentäter fühlen, würden sie erkennen müssen, dass sie ausschließlich den Willen machtgieriger und hasserfüllter Individuen durchführen, wenn sie sich umbringen und keineswegs den Willen Allahs. Sie wären dann auch in ihrer eigenen religiösen Sicht als Massenmörder und Selbstmörder auf ewig verloren.

Der Hinweis auf Ali und seinen Schwertgebrauch nach einer Beleidigung zeigt jedoch sehr deutlich, auf welche Tradition die Attentäter sich stützen und dass sie in der Tat „Westliches" als gegen Allahs Willen gewandt deuten. Da ist es dann egal, dass sie die Ali-Anhänger als Ungläubige betrachten. Ihr Hauptthema ist die so genannte Beleidigung des heiligen islamischen Bodens. Sie rächen eine sich zurechtdefinierte Beleidigung durch andere Völker und wirken darin als Gefangene verbrecherischer Gehirne. Es gehört ein erheblicher Grad an wahnhafter Verstiegenheit dazu, zu behaupten, jeder Mensch, der ein islamisches Land betritt, aber kein Moslem ist, sei eine Beleidigung Allahs. Das würde ja bedeuten, dass keinerlei Austausch unter den Ländern der Erde stattfinden kann. Im Extremfall gilt christliches oder atheistisches Gedankengut als strafbar.[192] Der Islam selbst hat seinerseits keine Probleme damit, dass Moslems in ungläubigen Ländern leben, sich zu Gemeinden zusammenfinden und ihre Moscheen bauen. Das ist nur deshalb möglich, weil die westlichen Staaten Religion und Staat entkoppelt haben, mithin das Umfassende die Gesellschaft und nicht die Religion ist. Niemand fühlt sich beleidigt, sondern allenfalls verunsichert, wenn jemand anders eine andere Religion hat, mit Ausnahme von Nordirland, wo allerdings die politische Verflechtung überdeutlich wurde. Allah möchte wahrscheinlich von den Menschen, die ihm ergeben sind, eine ganze Menge mehr, als dass sie sich undefinierbar rächen. Eine wahnhaft verstandene Religion verbindet sich so gegen die von den Terroristen herangezogene „Leitgeschichte" mit verbrecherischen Vorstellungen von der eigenen Durchsetzung zu einem nahezu unentwirrbaren Konglomerat. Nur seelisch sehr bedürftige Menschen werden von solchen Konglomeraten angezogen und dienen den Anführern als willige Opfer für eine Allianz aus Religion und Verbrechen.

Diskussion und Aneignung der Geschichte Alis unter moslemischen Gesichtspunkten würde sicher ganz andere Ergebnisse bringen.[193] Die Geschichte muss auf dem historischen Hintergrund gelesen werden. Damals gab es den Kampf mit dem Schwert, was immerhin gewisse

Chancen für alle Beteiligten bot. Angriffe auf Unbeteiligte ohne jede Chance zur Flucht oder zum rechtzeitigen Stopp der Aktion konnten auch damals so nicht gerechtfertigt werden. Ein Ende der terroristischen Gesinnung und weiterer Anschläge kann so lange nicht erwartet werden, als die Gruppen und Anführer sich eingestehen müssten, dass sie sich verfehlt haben und damit ihre vorausgegangenen „Märtyrer" verraten würden. Dass Bin Laden sich dessen bewusst war, zeigte seine nachgereichte Anbindung der Attentate an die Situationen zwischen Israelis und Palästinensern und nach dem Golfkrieg. Nur ausbleibender persönlicher Gewinn wird die Anführer auf neue Gedanken bringen. Bestimmte Anhänger werden dann auch sehr schnell neue Anführer suchen.

Ein großes Problem sind lockere Terrorstrukturen. Die werden von Hans G. Kippenberg beschrieben. Das trifft aber nicht auf den IS zu, der sich staatliche Strukturen im Kalifat zu schaffen beabsichtigt. Er legt das Gewaltmonopol so aus, dass er allein Gewalt ausüben darf, die Ungläubigen zu schlachten. Wenn diese Gewalt ausüben, so ist das „Unheil stiften" (Koran 5,33).[194] Viele Gewalttäter nehmen sich das Recht heraus, eigene Ziele zu suchen, um irgendwelche Wut auszulassen. Sie besitzen nur lockere oder gar keine Verbindungen zur El – Qaida oder zum IS und schließen sich aus Gesinnung und Neigung für Infiltration oder Anwerbung zusammen. Dabei spielen Aggressions- und Gewaltstimmungen eine erhebliche und manipulative Rolle. Man muss auch damit rechnen, dass sich viele Gewalttäter aus nahe liegenden Gründen mit den diffusen Anliegen von IS oder El – Qaida identifizieren und so eine Begründungsebene für ohnehin schweifende Gewaltausbrüche finden. Es gibt bei schlecht integrierten Männern und männlichen Zuwanderern in allen Ländern ein Potential, das mit Mitteln der Strafandrohung kaum zu bremsen sein wird. Nach den Erfahrungen im Umgang mit Personen aus diesem Bereich kann nur engmaschige Kontrolle zur Eindämmung dienen. Zudem findet unter ihnen die Vorstellung der Benachteiligung und Unterprivilegierung und des daraus folgenden „Rechts auf Gewalt" intensiv genährten Boden vor. Einzelne unkontrollierbare Splittergruppen radikalisieren sich weiter und werden nicht einmal mehr durch gemeinsame niederträchtige Absichten in ihren Abgründen berechenbar. Wenn Logistik und führende Köpfe fehlen, geht die Aggression ausschließlich in absurde und kriminelle Handlungen über. Die ausgestreute Saat ist nur schwer wieder einzuholen. John Galtung gab zu Bedenken: „Vielleicht ist das Modell eines Teufels, der in einer Höhle in Afghanistan sitzt und als Drahtzieher des Terrorismus agiert, völlig falsch. Es ist gut möglich, dass es eine Menge autonomer terroristischer Gruppen gibt, die völlig unabhängig von Bin Laden zuschlagen können."[195] Das gilt im übrigen auch noch nach seinem Tod. Es ist sogar denkbar, dass Untaten jeder Art IS oder Al Kaida untergeschoben werden, also eigentlich gar keinen inneren Zusammenhang haben. Die Organisationen nehmen das gerne auf, damit sie furchterregend und allmächtig erscheinen.

12 Dürfen Moslems den Islam kritisch betrachten?

In Deutschland verändern sich die ‚Fronten' in Sachen Islam. Das gehört auch zur Diskussion um den Islamismus. Wer kritische Anmerkungen macht, gerät sofort unter den Verdacht des Islambashing oder der Islamophobie. Das gleicht fast schon einem in Deutschland geltenden Verbot, sich dem Islam unbefangen zu nähern und damit einer Art Stärkung des Islamismus. Zumindest aber gilt es als „rechte" Attitüde. Das trifft selbst und vor allem AutorInnen aus dem Islam. Zwei Bücher haben das überdeutlich gemacht.

Die kritische Auseinandersetzung, eigentlich das Element der Geistesarbeit in Deutschland und der westlichen Welt, scheint einigen nicht mehr plausibel zu sein. Das Mohamed - Buch von Hamed Abdel-Samad[196] zu betrachten, bedeutet, sich in vorurteilsgeladenes Terrain zu begeben. Da schreibt jemand ein Buch über Mohamed und seine Wirkung auf die Menschheit, darunter die Muslime. Und schon behauptet Daniel Bax, es handle sich um eine „Religionskritik nach Pegida-Art".[197] Die Medien strotzen vor Berichten über islamistische Untaten sowie stetige Unruhe in arabischen Ländern. Die „westliche Welt" führt erklärte und unerklärte Kriege zur Eindämmung des islamistischen Terrors und hat mächtig Angst. Und Moslems kommen in großer Zahl auf der Flucht vor diesen Untaten im so genannten christlichen Abendland – also bei uns – an. Sie haben keine Angst vor dem „christlichen Abendland". Im Gegenteil suchen sie hier Schutz.

Hier will fast niemand mehr mit der Religion etwas zu tun haben, es sei denn, sie zeigt ihr zugewandtes harmloses Gesicht bei traditionellen Veranstaltungen wie Hochzeit und (mit Einschränkung) Beerdigung. Für viele in Deutschland ist Religion fremd geworden, das Christentum ebenso wie der Islam, von den anderen ganz zu schweigen. Menschen, die weder vom islamischen noch vom christlichen Glauben viel wissen, bringen bei Befragungen ihre Ängste vor dem Islam zum Ausdruck. Einige demonstrieren sogar gegen Islamisierung, so als stehe ein übermächtiger Feind ins Haus und bringe das Abendland zum Untergang. Sie meinen mit Islam in Wirklichkeit Islamismus.

In dieser Gemengelage fällt ein nüchterner Blick auf ein Buch über Mohamed schwer. Über Mohamed machte sich das christliche Abendland im Mittelalter ein polemisches Bild zurecht. Wenn aber heute die Gefahr besteht, dass wir Mohamed durch die Brille der islamistischen Untaten überall auf der Welt sehen, könnte ein Buch helfen, das ein Mann schrieb, der den Islam nicht nur kennt, sondern ihn von klein auf gelebt hat. Er konnte schon als Kind den Koran auswendig.

Hamed Abdel-Samad zieht viele Quellen heran von den alten Mohamedbiographien bis zu westlichen Interpretationen. Damit erzählt er einfach das Leben des Mohamed von den Vorfahren und Zugehörigkeiten bis zu seinem unvorbereiteten Tod, bei dem alles offen blieb, was an Nachfolgefragen in einem Staat offen bleiben kann. Sogar die Beerdigung Mohameds wurde durch die sofort einsetzenden Nachfolgedebatten bzw. -streitigkeiten zwei Tage verschoben. Man sprach von Mord und schob es verschiedenen Menschen unter. Die „Nicht-Vorbereitung" der Nachfolge könnte daher rühren, dass Mohamed wie Jesus auf den Jüngsten Tag wartete.

Mohamed wurde von seinen Mitmenschen in der poetischen Mekkaphase nicht für voll genommen. Nur seine Frau Khadidscha hielt zu ihm und stärkte ihn. Offenbar ist aber von einer Verfolgung nicht zu sprechen. Nach ihrem Tod entschloss er sich zum Bündnis mit den Räuberbanden, die die Karawanenstraße nach Syrien gefährlich machten. Mit diesen kam er nach Medina und startete dort sein Projekt des islamischen Staates. Das war ein kleiner Anfang. Die zehn Jahre nach der Flucht aus Mekka – die Stadt war bis dahin friedlich und religiös äußerst kompromissfähig – nutzte Mohamed, um 80 Kriege zu führen, zwölf weitere Frauen zu heiraten – aus ganz verschiedenen Gründen – darunter die sechsjährige Aischa, die später viel zu den Hadithen beitrug. Nebenbei hatten alle, auch Mohamed, Sexsklavinnen aus den Feldzügen. Der Frauenbefreier war er nicht. Eher schaffte er Freiheiten und gesellschaftliche Positionen ab, die arabische und andere Frauen hatten. Die Paradiesphantasie ist ausschließlich der männlichen sexuellen Ekstase geschuldet. Auf Erden schlug Mohamed seine Frauen nicht, erlaubte es aber im Koran.[198]

Alles aus dieser Zeit ist im Koran gespiegelt, der ihm in Visionen eingegeben wurde. Die Visionen versucht Abdel-Samad als Ergebnisse einer Temporallappenepilepsie zu erklären. Auch Paulus wird so etwas Ähnliches auf dem Weg nach Damaskus zugeschrieben, wo er Jesus in weißem Licht sah. Mohamed sah schon als Kind, als seine Mutter ihn zu den Beduinen gegeben hatte, eine Vision. Zwei ‚weiße' Männer kamen und öffneten seinen Brustkorb, um sein Herz zu ‚bearbeiten'. Die Visionen bei Mekka erschreckten ihn ebenso wie in der Kindheit. Nur seine Frau Khadidscha konnte ihn beruhigen und machte aus ihm den Visionär, den Propheten. Die Epilepsie, die der Autor heranzieht, würde auch die ‚Schreibwut', hier die ‚Diktierwut', erklären.

Dass Mohamed (anders als Jesus) in der Medinaphase nicht mehr poetisch und mit Worten eine neue Religion aus seinen Visionen verkündete, sondern ein sehr strenges Regime errichtete, erscheint Muslimen als die Urform des Islam. Zur Herrschaft auf Erden gehört das

Schwert und Mohamed hat eine Herrschaft errichtet, die mit Gegnern nicht zimperlich umging. Er konnte das durch sein Bündnis mit der „organisierten Kriminalität" der Räuberbanden ‚Al Saa'alik'.[199] Mekka eroberte er zuerst und danach Arabien. Sein Ziel war Konstantinopel. Die Kämpfer, die ihm zuliefen, motivierte er mit der Aussicht auf die blonden Frauen von Konstantinopel und für den Fall des Todes mit den Frauen im Paradies. Und hier zeigt sich, dass Abdel-Samad solide historisch-kritisch arbeitet. Arabisch zur Zeit Mohameds war keine Schriftsprache. Bei der Verschriftlichung des Koran wohl in der Zeit der Umayyaden, Gewaltherrscher im islamischen Reich von 660 bis 750, könnten die huris statt Paradiesjungfrauen auch ‚weiße Trauben' sein, wenn nach Luxenburg ein aramäischer Hintergrund gesehen würde.[200]

Überall sieht Abdel-Samad Parallelen zu islamistischen Umtrieben. Das geht vom überfallartigen Vorbereiten bei Eroberungen bis zur Verschleierung der Frauen. Frauen als Kriegsbeute, mit denen Mann machen kann, was er will, Tod den Apostaten – alles gab es schon bei Mohamed. Ebenso die Tageseinteilung durch fünf Gebete am Tag und die Einteilung der Welt in erlaubt und verboten.

Mohamed hat seine Weisungen von anderen übernommen. Das Schweinefleischverbot von den Juden, die Wallfahrt von den heidnischen Arabern. Und er erweist sich als schwieriger Mensch. Sobald er Macht hatte, kam sein Narzissmus und Größenwahn genau so zum Vorschein wie zwanghaftes Verhalten, Paranoia und Kritikunfähigkeit, sowie das Beleidigt-Sein. Das alles hat er eineinhalb Milliarden Muslimen hinterlassen und sie darauf festgelegt.

Das sind natürlich steile Thesen nach 1400 Jahren, besonders, wenn sie auch noch im persönlichen psychischen Schicksal von Mohamed gründen sollen. So ganz unwahrscheinlich hört es sich aber nicht an. Es würde uns erklären, warum so oft wütende arabische Moslems gezeigt werden, die in Massen „Tod dem ..." skandieren, Flaggen und Strohpuppen verbrennen, ja sogar Leute zum Töten von unliebsamen Mitmenschen aufrufen.

Dem kann der Islam nur entkommen, wenn er sich mit Mohamed auseinandersetzt und den Islam nicht immer noch als politische Weltordnung der Gläubigen begreift, die die Ungläubigen vernichten müssen. Dieses Fazit zieht nicht ein Gegner der Moslems, sondern ein Gebildeter aus ihren Reihen.

Der eingangs erwähnte Autor Daniel Bax verurteilt ihn dafür. Er „macht sich den überkommenen Blick zu eigen. Sein Buch fügt sich in die lange Reihe der Negativdarstellung des muslimischen Propheten. Durchaus unterhaltsam erzählt Abdel-Samad die Lebensgeschichte des Propheten nach und würzt sie mit Sex and Crime und mehr als nur einem Schuss Küchenpsychologie, er dichtet Mohammed einen Vaterkomplex, eine Midlife-Crisis und schwere psychische Schäden an." ... „Selbst ein Hitler-Vergleich fehlt nicht: In seinem Buch ‚Mohamed' beschreibt der Deutsch-Ägypter Hamed Abdel-Samad den Propheten als mordenden Tyrannen, macht den Islam pauschal nieder - und liefert Argumente für den rechten Rand."[201] Man darf um Gottes willen in Deutschland keine gewagten Thesen aufstellen. Es könnte jemand beleidigt werden oder bei der falschen Seite Beifall einheimsen. Gewagt erscheinen die Thesen auch nur denen, die sich in den Quellen offensichtlich nicht auskennen. Gewagt ist es nur, weil ein Autor das in Frage stellt, was die Macht der Kritisierten ausmacht. Religion bedeutet Macht über Menschen und ein Deutungsmonopol einer (theologischen) Gelehrtenhierarchie. Inzwischen ist den Religionen bei uns das Deutungsmonopol durch das so genannte politisch korrekte Denken entwendet worden.

Daher kritisiert die korrekt-politische bundesdeutsche Sicht eine gelehrte Islamkritik. Ich bin auch nicht begeistert, dass Hamed Abdel-Samad die Ergebnisse seiner Islamforschung ausgerechnet bei der AfD – Jugend zum Besten gab, die ihn garantiert missverstand.

Das Buch leuchtet die Figur Mohamed vielschichtig und vielseitig aus. Auch die wissenschaftliche Argumentationsebene hält der Autor ein, wie man bei Abdel-Hakim Ourghi bestätigt bekommt.[202] Dagegen kann man nicht einfach die Totschlagsargumentation „Islamfeindschaft" herausholen. Wenn die bundesdeutsche Korrektheit sich mit dem islamistischen Furor gegen diese Schrift zusammenschließt, gibt es neue interessante Fronten. Soll der Islam sich keine Gedanken darüber machen, wie er in dieser Welt wahrgenommen wird und warum? Nur zu erklären, Terror habe nichts mit der Religion zu tun, ist – wie gesehen – zu einfach. Auch wir Christen müssen heute noch erklären, wie es zu Kreuzzügen und Machtproblemen im Mittelalter kommen konnte und – wenn wir evangelisch sind - warum wir eine Reformation brauchten. Wir müssen darlegen, warum wir ein Buch als Heilige Schrift verehren, in dem Gott gewalttätiger ist als jeder islamistische suicidbomber und schlicht und einfach aus Wut die ganze Menschheit umbringt. Auf die ganze Wut haben meines Erachtens die Islamisten kein Copyright. Sie ist aus der Bibel übernommen.

Nach der Lektüre des Buches von Hamed Abdel-Samad neige ich verstärkt zu der Ansicht, dass die moslemischen Geschwister mehr mit dem Christentum zu tun haben, als sie selber und auch wir wahrhaben wollen. Aber beim Thema Tabu und Beleidigung scheinen wir uns auseinander entwickelt zu haben. Man kann es auch wie Christian Meier ausdrücken: „Hamed Abdel-Samad und andere, so lautet daher ein Vorwurf, sähen die Welt letztlich genauso simpel wie die Fundamentalisten, die sie eigentlich kritisieren. Ist das zu bejahen? Ich fürchte, meine Antwort lautet: Man muss hier unterscheiden. Es stimmt, die Wahrnehmung des Islams ist verengt auf eine extrem negative, normorientierte, unflexible und ahistorische Perspektive. Zugleich sind die angeführten Beispiele ja in der Regel nicht erfunden. Es gibt Ehrenmörder, Selbstmordattentäter, Judenhasser unter den Muslimen. Und es bringt nichts, zu erklären, dass sie mit dem Islam nichts zu tun haben beziehungsweise hätten. ... Es gibt genügend Gegenbeispiele zu Extremismus und Fundamentalismus. Die Sache ist nur eben die, dass diese Gegenbeispiele oft nicht weiter erwähnenswert erscheinen, denn sie sind in den allermeisten Fällen: ganz normal und alltäglich – und dementsprechend langweilig.“[203]

Es lohnt sich ja auch kein Medienaufwand, wenn ein evangelischer Pastor predigt, ein Kind tauft oder in der Bibelstunde die Welt erklärt. Wenn der (katholische) Papst als Weltpriester das macht, ist das natürlich anders. Das heißt aber auch, wenn keiner als ‚suicidbomber‘ auftritt, oder wenn kein deutscher Islamist den Tod von 500.000.000 Moslems androht, gibt es auch keine Berichterstattung über den Islam. Dann ist er nur eine Art von Religion wie andere auch. Das aber will er in seiner Mehrheit nicht sein. Das wollen auch andere Religionen nicht sein.

Das Dilemma quillt geradezu aus allen Ritzen! Religionen stellen Bedeutungen dar, mit denen Menschen ihr Leben (ein)ordnen, um sich nicht ausgeliefert zu fühlen. Daher sind sie energie- und machtgeladen. Erst wenn man sich das klar macht, erschließt sich die Brisanz der Debatte. Die Kritik ist nicht nur Kritik, sondern auch ein Ausdruck von Konkurrenzen der Lebensentwürfe. Diese Konkurrenz macht es lebensgefährlich, den Islam einer genauen Betrachtung zu unterziehen. Das war in manchen Zeiten beim Christentum nicht anders.

Vielleicht haben sich die Gesellschaften im Westen angesteckt. Es hat neuerdings den Anschein, es wolle niemand mehr nur ein Mensch unter Menschen sein. Jeder fühlt sich beleidigt, wohl am ehesten durch die Existenz des anderen. Diese Sichtweise der Welt hat Konjunktur als Narzissmus und beginnt, sich politisch auszuwirken. Das beschreibt Jens Jessen in der Zeit: „Beleidigt zu sein ist heute Mode – und ein Machtmittel. Nicht nur Islamisten, auch Studenten an westlichen Hochschulen haben daraus geradezu einen Kult gemacht.... Es fällt schwer, heute nicht beleidigt zu sein. Ein Sturm der Kränkungsgefühle tobt durch die Welt. Überall lauert ein tatsächlicher oder nur eingebildeter Affront. Jeder missbilligt jeden für seine Ideale oder seine Lebensform, und alle gemeinsam sehen in der ausgesprochenen oder unausgesprochenen Missbilligung einen Angriff auf ihre Ehre und ihr Selbstverständnis.“[204] Die protestantische Glaubensgewissheit, dass Gott auf der Seite eines jeden Menschen steht und ihn oder sie dadurch im Recht, ein Mensch zu sein, stärkt und schützt, ist verloren gegangen. Die Existenz der anderen beleidigt den einen oder die eine. Das ist gefährlicher Zündstoff für die Menschlichkeit, denn so wird der Mensch als Bedrohung für seine Mitmenschen wahrgenommen. Schaut man sich gesellschaftliche Konflikte und Schattenseiten wie Kriminalität, Terrorismus oder Migration an, dann geht die Gefahr für Menschen immer von anderen Menschen aus. Das ist nicht neu, aber in dieser verbogenen Form bedrohlich.

Ja, Frau tut es!

Wie Islamkritik von feministischer Seite aussieht, zeigt Sineb el Masrar. Zugleich ist das eine heftige Kritik am Islamismus, der strikt männerorientiert auftritt. „Der Mann vertritt die Interessen Gottes, und die Frauen haben ihm in dieser Aufgabe zu assistieren und sich Gott – damit ist aber der Mann gemeint – unterzuordnen.“[205]

Sineb el Masrar beschreibt die Männerherrschaft in ihrem Buch ‚Emanzipation im Islam’. Sie lässt ihre LeserInnen als junge in Deutschland aufgewachsene Muslima an ihrer Suche nach einem Zugang zu ihrer Religion teilnehmen, der nicht von tyrannischen Männern und unterwürfigen Frauen dominiert und missbraucht wird.

Der Islam erscheint ihr im Würgegriff der Männer und die Frauen sind ihre Helfershelfer. Salafismus und so auch Islamismus herrschen allenthalben vor, vom spirituellen über den politischen bis zum Dschihad – Salafismus. Der Salafismus ist die Grundtendenz im heutigen Islam. Er weiß sich mit allen Raffinessen zu verschleiern, durchzusetzen und die Herrschaft der Männer in allen Belangen bis hinein in die Theologie zu erhalten und zu befördern. Die Männer erließen Regeln für alles, teilen die Welt in erlaubt und verboten ein, und die Frauen haben das minutiös zu befolgen. Sonst werden sie in der Umma (Gemeinde) beschimpft und ausgegrenzt. Das fürchten sie alle. „Der Legitimation der Deutungshoheit insbesondere über das weibliche Geschlecht ermächtigt sich Mann hierbei wie so oft über die Religion. Menschlichem Handeln wird eine göttliche Bedeutung beigemessen – egal ob sich diese in Unterdrückung, Benachteiligung oder Gewalt manifestiert.“[206] So wird „menschliche Tyrannei zum Heiligtum.“ Der Islam ist nach Meinung der Autorin beileibe nicht die einzige Sphäre, in der das „Weibliche“ mit Tabus belegt wird. Im Gegenteil ist sich die Menschheit einig in der Konditionierung und Kontrolle der Frau. Und das geschieht oft unter weiblicher Komplizenschaft. Den christlichen Beleg findet Sineb el Masrar bei Tertullian. Und den nennt sie verachtender und ungerechter als die koranischen Aussagen, wegen seiner Grundsätzlichkeit.

Zurück zum Islam: Frauen vollstrecken die Forderungen des Patriarchats, das als göttliche Herrschaft interpretiert wird. Wie könnte eine Frau sich gegen Gott empören wollen, indem sie etwa männliche Anordnungen in Frage stellt? Was kann der Mann dafür, dass Gott ihm die Aufgabe gegeben hat, die Frau zu kontrollieren? Er leidet ja genug unter dieser Verantwortung. (Sollte er all die Explosionen und ‚suicidbombers' brauchen, um diese Last los zu werden?) Das zu befragen, hieße Gott und den Mann zu beleidigen.

Frauen sollen, um dieser Tyrannei zu entkommen, endlich ihren eigenen Weg zur Interpretation der theologischen Texte gehen und nicht mehr der Männerauslegung folgen, die in der Mehrzahl von Quacksalbern und Laienpredigern ausgeführt wird. Sie achten Frauen nur und stellen sie nach vorn, wenn diese z.B. als Konvertitinnen ganz der salafistischen oder islamistischen Lehre den Weg bahnen, wie auch in den Islamverbänden Österreichs und der Schweiz.

Schlecht kommen auch die in Deutschland aktiven Islamverbände weg, die ausnahmslos als doppelzüngig[207] und islamistisch beschrieben werden. Durch ihre Anerkennung fördert der deutsche Staat den Islamismus finanziell. Der Vorwurf macht auch vor den Reformmuslimen im Westen nicht Halt. Dem Osnabrücker Professor Bülent Ucar von der deutschen Vorzeigefakultät für die Ausbildung deutschsprachiger Imame wird auch die Nähe zur frauenunterdrückerischen Ideologie vorgeworfen. Er nennt den Gelehrten Al – Ghazalis (gestorben 1111) als innovativen Denker für heute, obwohl dieser gerade als Repräsentant der angstbesetzten Vorstellung von der auch und vor allem sexuell übermächtigen Frau heftig für deren Kontrolle „wie bei einem wilden Tier" eintritt.[208]

Die Belege für einen frauenfreundlichen Islam sind leider ziemlich dünn. Sie beschränken sich auf die Regelungen Mohameds für Frauen, z. B. dass sie erben können, eigenes Vermögen haben, selbst die Scheidung einreichen können. Und auf die Frauen in der Umgebung Mohameds, ohne die wahrscheinlich die Geschichte anders gelaufen wäre. Die Männer haben sich der neuen Religion ganz schnell bemächtigt. Trotzdem gab es im asiatischen – nicht im arabischen - Islam 18 Herrscherinnen. Der Tradition der Frauen in Mohameds Nähe und der 18 Herrscherinnen folgend kann Frau sich befreien und ihren eigenen Zugang zum Glauben finden, der nicht über die ängstlichen, misstrauischen und beleidigten Männer läuft.

Der Leser erfährt im Buch von Sineb el Masrar Vieles über theologische Traditionen und Verknüpfungen im Islam sowie die dazugehörigen heutigen und historischen Gestalten. Wer wissen will, wie Männerbünde sich durch religiöse Überhöhung legitimieren, um Frauen zu unterdrücken, und andersdenkende (ungläubige) Männer zu unterwandern, findet hier Stoff jede Menge.

Aber die Begründung eines islamischen Feminismus, der sich vom westlichen imperialistischen Feminismus absetzt, gelingt nicht so recht. Ein Ansatz scheint zu sein, dass der hier eingeforderte Aufbruch den Frauen nicht vorschreiben will, wie sie „Weiblichkeit" leben müssen, sondern ihnen den Gedanken zumutet, dass sie alle – Kopftuchträgerinnen oder nicht, Frauen zu Hause oder im Beruf - gleichberechtigte Schöpfungen Gottes sind. Das werden die Männer aushalten müssen. Bisher drohen sie gerne noch den ‚Aufrührerischen' und ‚UnruhestifterInnen' mit dem Tod!

Den Frauen im Islam ist wie der Autorin zu wünschen, dass es bei Ihnen nicht so langwierig wird wie im „Westen". Denn hier ist das Thema Gleichberechtigung seit mindestens einhundert Jahren explizit auf der (politischen) Tagesordnung. Sechzig davon habe ich als Junge und Mann bewusst miterlebt. Es war und ist nicht immer erhebend und verständnisvoll, was sich da abspielt(e).

Vielleicht können muslimische Frauen lernen, dass sie nicht nur Muslima, sondern vor allem Frau sind. So könnten sie Bundesgenossinnen gewinnen und sich der männlichen Dominanz im Islam entziehen. Was sie aber fürchten, ist die Dominanz der westlichen Feministinnen. Das ist berechtigt, wenn sie sich auch gegen die islamistische Dominanz wehren können und den Hass auf alles „Westliche" nicht ihrerseits mitmachen. Fortschritt in der Welt gelingt nur, wenn Menschen sich gegenseitig anerkennen. Sineb el Masrar lässt die Gegenwart mit ihren lästigen Kopftuch- und Schwimmbaddebatten ebenso wenig aus wie die Historie. Soll die verschiedenen Schleier doch tragen wer will. Ihr geht es um den Inhalt, nicht um die äußere Form – fast ein bisschen ‚protestantisch'.

Harems sind in den meisten Fällen eben keine Sehnsuchtsorte weiblicher Selbstverwirklichung, zu denen sie manche westliche Feministinnen schon hochstilisiert haben, sondern Frauengefängnisse. Die Mehrehe ist oft kein Platz des Frauenvergnügens. Und die Belästigungen von Frauen in der Öffentlichkeit – also beim z.B. Einkauf des Brötchens für das Frühstück, was für uns einfach nur draußen aber nicht öffentlich ist - sind in manchen Gesellschaften kaum auszuhalten. Heute werden sie mancherorts schon mal thematisiert und zurückgedrängt. Pädophilie und Missbrauch ist arabischen Männern nicht unbekannt. Die Vorurteile von arabischen Gesellschaften gegen ihresgleichen sind Legende: Saudis halten Marokkanerinnen für Huren, die die Hadj zu Prostitutionszwecken unternehmen.

Die Autorin kann nichts dafür, dass sie manches ‚Vorurteil‘ bestätigt. Aber keine Sorge, sie lässt auch das „Westliche‘ nicht aus dem Visier. Deutschen Lesern fällt vielleicht auf, wie arabisch selbstverständlich sie vom „Westen" als einer Lebensform redet, und vielleicht das meint, was Altvordere bei uns nicht ohne Abscheu Amerikanismus nannten.

„O Frauen des Propheten, ihr seid nicht wie irgendeine von den (übrigen) Frauen. Wenn ihr gottesfürchtig seid, dann seid nicht unterwürfig im Reden, damit nicht derjenige, in dessen Herzen Krankheit ist, begehrlich wird, sondern sagt geziemende Worte." Sineb el Masrar trägt diese Ermutigung aus der Sure 33, 32 weiter. Frauen sollen sich mit den Frauen des Propheten identifizieren. So möchte sie die Religion Islam vor dem Islamismus und vor den Männern retten. Das könnte durchaus nötig sein!

,Westliche' Interpretationen

Kampf der Kulturen

Einige Hinweise zur Annäherung an Gründe für das vielfache Auftreten von islamistischem Terror könnte Huntingtons These vom Kampf der Kulturen geben. Sie wurde Mitte der 1990iger Jahre veröffentlicht. Huntington unterzieht die internationalen Beziehungen einer politikwissenschaftlichen[209] Sichtweise und kommt zu dem Ergebnis, die Politik des 21. Jahrhunderts werde von einem „clash" (Zusammenstoß) bestimmt, in dem Kräfteverhältnisse neu geordnet werden. Bei jedem Aufflackern von (antiwestlicher) Wut in der islamischen Welt wird seitdem Huntingtons These angewandt oder zumindest die Frage gestellt, ob das nun der Kampf der Kulturen sei. Diese Frage bewegte auch die Diskussionen nach den Anschlägen von Madrid und London. Die „westliche Welt" musste zur Kenntnis nehmen, dass in England Einwanderer der zweiten Generation die sinnlosen Gewalttaten am 8. Juli 2005 in der U-Bahn begingen, in Madrid am 11. März 2004 Einwanderer aus Marokko. Es handelte sich bei den Tätern nicht um benachteiligte junge Männer, deren Wut zu irrwitzigen Handlungen führt. Ratlosigkeit auf der einen und Zugehörigkeitswahn auf der anderen Seite prägt das Bild eher als ein Kampf von Kulturen.

Huntington sortiert die Welt nach Kulturkreisen, deren Rückgrat Religion und Sprache bilden. Das Wiedererstarken der „Kulturen" wurde mit dem Ende des Ost-West-Konfliktes, der alle andere Beziehungen dominierte, (erneut) wahrgenommen. Die Wirtschaftstätigkeit ordnet sich nach Huntingtons These bevorzugt den Kulturkreisen an. Besonders die islamische Welt und China (sinische Kultur) werden die Dominanzkräfte der Welt sein, (falls sich der Westen nicht erneuert....).

Die politologische Sichtweise beschreibt eher Zusammenhänge als dass sie Methoden zur wissenschaftlichen Analyse entwickelt und sie ist zumindest im Hinblick auf die Verwicklungen der nahöstlichen Religionen / Kulturen nicht sehr geschichtsfest. Huntington wendet seine Deskription vor allem dazu an, die Frage zu erörtern, wie die westliche Welt / Kultur sich gegenüber den anderen durchsetzen kann. Damit bleibt er (wahrscheinlich unbewusst) in der Tradition der westlichen Kämpfer gegen den Vormarsch des Islam.

Für den Islamismus in Europa und den USA spielt das Thema Immigration eine besondere Rolle. Huntington entfaltet es vor allem als die Sorge der westlichen Welt – besonders Europas - vor muslimischer Immigration. Die Gründe der Wanderung erkennt Huntington im dynamischen Wachstum der Bevölkerungen in den islamischen Ländern. „Das islamische Bevölkerungswachstum ist daher ein wesentlicher, mitausschlaggebender Faktor für Konflikte zwischen Muslimen und anderen Völkern entlang den Grenzen der muslimischen

Welt."[210]. Die Zahl der Berufsanfänger wird aufgrund des Bevölkerungswachstums von 1970 - 1990 bis zum Jahr 2010 massiv ansteigen. Die heimischen Wirtschaften können aber keine Arbeit anbieten.[211] Gleichzeitig haben diese Gesellschaften einen Modernisierungs- und Alphabethisierungsschub erlebt, der sie in eine Dissoziation von „Wissen und Macht" geraten lässt, also ihr bisheriges politisches System harten Proben unterzieht.[212] Damit nähert sich die politologische Sichtweise in ihrem sachlichen Gehalt der Anomietheorie. Die Abwanderungsgesellschaften leiden darunter, dass sie ihren Mitgliedern nicht die Möglichkeit geben (können), sich ihren Regeln gemäß zu verhalten. Die Innovation vollzieht sich teilweise in Form des islamistischen Denkens und Handelns, zum Teil in der bewussten kulturellen Abgrenzung zum „dekadenten Westen".

Die Einwanderung von Muslimen nach Europa könnte – so extrapoliert Huntington seine Sichtweise - zu einer Spaltung der Gesellschaften führen, da wenig Neigung zur Assimilation besteht und in Europa auch die Politik nicht zur Assimilation drängt.[213] Die Einwanderung von Mexikanern in die USA fällt eigentlich nicht unter das von Huntington angeschlagene Thema. Mexiko zählt unbestritten zum christlichen Kulturkreis. Damit wäre der Schluss naheliegend, dass wachsende Bevölkerungen, auf die die Wirtschaftskraft der jeweiligen Staaten nicht vorbereitet ist, erhöhte Migrationsbereitschaft erzeugen. Die These von der Kulturkreisabhängigkeit der Integrationsprobleme würde dann von ihm selbst widerlegt.

Der Ertrag dieses politologischen Ansatzes liegt darin, zu vermuten, dass Migration unter politischen Auspizien als demographische Ausdehnung wachsender Bevölkerungen und damit als Ausbreitung einer Kultur gesehen werden kann. Die vielfach reguläre, aber oft auch irreguläre Wanderung wäre dann Ausdruck eines Zwiespalts. Sie beruht auf der Annahme, islamische Herkunftsgesellschaften seien keiner Wandlung zugänglich und fähig. Im Jahre 2011 erlebt die Welt aber dann einen politischen Umbruch in arabischen Staaten. Er schien sich auf demokratische Formen zu richten. Das allerdings bezweifelte der pakistanische Atomphysiker Pervez Hoodbhoy in einem Gespräch mit dem Spiegel: „Der Arabische Frühling war lediglich eine Antwort auf autokratische Systeme und Despotismus, also auf die Gründe, die die arabische Welt in Dunkelheit haben versinken lassen. Die Proteste waren aber kein Verlangen einer kulturellen oder wissenschaftlichen Renaissance. Daher kann man keine großen Veränderungen erwarten. Eine wirkliche Befreiung wird es nur geben, wenn auf politische Veränderungen ein kultureller Wandel und eine Veränderung von Einstellungen folgt." [214]

Nicht nur die islamische Resurgenz, sondern auch die Migration deutet auf Situationen gesellschaftlichen Drucks als Grundlage für extreme Entwicklungen hin, und sind Teil politischer und sozialstruktureller Wandlungen. Die islamistischen Bewegungen richten sich vor allem auch gegen die heimischen Regierungen und den Einfluss des Westens auf diese. Manchmal allerdings geht es um Inhalte, die aus der Ferne nicht zu beurteilen sind. Was will etwa ein Attentat in der Moschee mit fünfzig Toten und vielen Verletzten erreichen, wie es am 27. März 2009 in Pakistan passierte oder das von Bombay im Jahre 2008? Hier versagen alle (westlichen) Erklärungsversuche. Einheimische Erklärungen bleiben auch beim Stichwort Terror stehen.

Diese morphologisch-deskriptive Betrachtung liefert weniger Begründungen als vielmehr weltanschauliche Dynamik, in der alle Strukturen der Wirklichkeit nach diesem weltanschaulichen Muster interpretiert werden. Weltanschauliche Sprachfiguren ermöglichen nur die Feststellung, aber keine Klärungsansätze. Im Gegenteil muss mit Habermas eine andere Aufgabe als die der Morphologie gesehen werden: „Der ‚Krieg gegen den Terrorismus' ist kein Krieg, und im Terrorismus äußerst sich auch der verhängnisvoll sprachlose Zusammenstoß von Welten, die jenseits der stummen Gewalt der Terroristen wie der Raketen eine gemeinsame Sprache entwickeln müssen."[215]

Wo steht der Feind (im Kampf der Kulturen)? Diese Frage wirft in Auseinandersetzung mit der Huntington - Betrachtungsweise Michel Widmann[216] auf. Aus katholischer Sicht sieht er den Feind nicht im Terrorismus, sondern im Liberalismus, der alles untergräbt, was ein religiöser Mensch sich als Freiheit (zu Gott) vorstellt. Der Mensch wird unter die Vorherrschaft von Staat und Wirtschaft gezwungen. Diesen Götzen stehen Religion und Familie im Weg. „Weil Muslime sowohl einen traditionellen Familienbegriff als auch eine ungebrochene Religion haben, richtet sich der Kampf primär gegen sie. Doch das Visier wird bereits auf das Christentum eingestellt."[217] Der Atheismus mache im Rahmen des Liberalismus Stimmung gegen jede Religion. So heißt der gemeinsame Feind von Christentum und Islam Liberalismus, Atheismus und Wirtschaft, die zusammen den Menschen von seinen Schöpfungsordnungen wegbringen und ihn unter die Verfügbarkeit von Staat und Wirtschaft zwingen. Fast könnte man daher Sympathie für terroristische Maßnahmen heraushören.

Die Terroristen machen in ihrer Frustration die Ernsthaftigkeit der göttlichen Ordnungen zum Thema. Wenn die Glaubenden von Christentum und Islam zusammenarbeiten, wird dem atheistischen Liberalismus die Stirn geboten werden können. ‚Liberalistisch' kann nach diesem Ansatz auch mit ‚Hegemoniestreben der USA' übersetzt werden. Gegen deren Angriff auf den gläubigen (= wahren) Menschen und seine Religionen durch „Lüge und Krieg, Ausbeutung und Fami-

lienzerstörung"[218] hat der Terror fast schon das einfache Recht des
Aufstands gegen den bösen Feind. Der eigentliche Kampf der Kulturen ist somit ein Kampf des Menschen für seine Grundlagen in Familie und Religion. Der angebliche Kampf gegen den Terrorismus ist in
Wahrheit begleitet von Lug und Trug, mit denen die wahren antimenschlichen Interessen von liberalem Staat und globaler kapitalistischer Wirtschaft verschleiert werden sollen. – Fürwahr, eine ganz
neue Frontlinie zwischen katholischer Kirche und Islam als den beiden großen übernationalen Gebilden auf der einen und den liberalistischen westlichen Nationalstaaten unter Führung der USA auf der
anderen Seite.

Globalisierung und Individualisierung

Eine Interpretation der Geschehnisse um den Terrorismus herum deutet diese als eine Folge der Globalisierung und Modernisierung. Globalisierung und Modernisierung bedingen politischen und sozialen Wandel, der Gewinner und Verlierer produziert. In demokratischen und sozial ausgerichteten Staaten werden die Folgen solchen Wandels, wenn auch zunehmend schwächer, sozial abgefedert. Im Weltmaßstab passiert das nur sehr begrenzt, obwohl seit Jahrzehnten Migrationsbewegungen darauf hinweisen, dass Denk- und Handlungsbedarf in dieser Richtung massiv besteht. Das ist so, obwohl die Nord-Süd-Kommission der UNO an diesem Problem bereits in den siebziger Jahren des 20. Jahrhunderts arbeitete. Menschen, die dem Terrorismus anhängen, erleben sich danach als Globalisierungsverlierer. Bei durchgeführten und verhinderten terroristischen Anschlägen wie in London, Madrid, Manchester oder auch bei den Fahndungsergebnissen innerhalb Deutschlands kommt es immer wieder zu der erstaunten Feststellung, diese Menschen seien unerklärlicher Weise zum Terrorismusgedanken gestoßen, zumal sie ganz normale Durchschnittsmenschen und teilweise gut ausgebildet seien. Offenbar kann man auch mitten in einer westlichen Gesellschaft sogar ohne Migrationshintergrund zum (psychischen) Globalisierungsverlierer heranreifen. Ihr Wahn deutet diesen Status zum Gewinnerstatus um, nämlich zum Gewinner im Namen Allahs oder ein wenig primitiver: Gewinner im Namen der Gewalt.

Es wird überraschen, die Attentäter um M. Atta als Globalisierungs- oder Modernisierungsverlierer zu sehen. Handelte es sich doch im realen Leben gerade um solche, die auf dem Wege in die globale technische Gesellschaft weit fortgeschritten waren. Unterprivilegierte und Verfolgte scheinen das Gemeinte eher zu verkörpern. Wer auf dem Wege in den Umbruch weiter fortgeschritten ist, mag jedoch aufgrund persönlicher Geschichte den Zwiespalt besonders heftig zu empfinden und zu formulieren. Dass dies nicht differenziert geschieht, weist auf die persönliche Verletzbarkeit hin und ist der Isolierung am jeweiligen gesellschaftlichen Platz zu verdanken. Zudem können sich Überkompensationen der Erfahrung der Mehrdeutigkeit bilden, wie das auch bei Psychosen der Fall sein kann. Psychisch kranke Menschen heilen das innere Zerbrechen oder zumindest Leiden an mangelnder Eindeutigkeit durch die Überkompensation mit Bildern der Eindeutigkeit. Die Globalisierungserfahrungen werden einer individuellen oder individualisierten Kompensation unterzogen. Beim Selbstmordattentat tritt volle Eindeutigkeit ein. Der Täter selbst kann jedenfalls seinen möglichen Irrtum nicht nachvollziehbar erkennen.

Gewaltmystik

Wie Kompensation und Religion ineinandergreifen, das hat Klaus Laermann einer zunächst etwas verwegen erscheinenden Begriffsbildung zugeführt. Er denkt Gewalt und Mystik als „Gewaltmystik"[219] zusammen. Diese Mystik wird von den Stichworten ‚Einssein, Vereindeutigung, Erlösung, Suizidalität, narzisstische Größenideen und das Sich-an-die-Stelle-Gottes setzen' gekennzeichnet. Damit handelt es sich eigentlich bei den Tätern nur um einen verschärften Fundamentalismus sowie um einen bedenklichen Interpretationsversuch mystischer Traditionen. „Das Verlangen nach Einssein mit dem Allerwesentlichsten äußert sich bei ihr in der Sehnsucht nach der unüberholbaren, ja unvordenklichen Macht der Vernichtung. ... Denn seine mystische Gewalt erscheint bloß subjektiv gerechtfertigt durch eine zum Schein einleuchtende Vereindeutigung des Guten und moralisch Richtigen. Alles Zweideutige soll als bedenklich auf einen Schlag entfernt werden durch die eine radikale Tat, die die Welt in nur einem Augenblick für immer richtigstellt." Solche ‚Mystik' muss aber auch mit der Information verstanden werden, dass dabei auch – evtl. gegen den Willen der Betroffenen - Drogen im Spiel sind.[220] Das mystische Element erwähnt auch Lloyd deMause aus Interviews, nach denen sich Selbstmordattentäter, deren Sprengsätze nicht zündeten, ‚ekstatisch' fühlten und als Grund für ihre Absichten keine politischen Motive angaben. Sie wollten durch den Tod mit Allah vereinigt sein. DeMause interpretiert das als mächtigen Verschmelzungswunsch mit der Mutter und die Kompensation eines überstarken Gefühls der Sündhaftigkeit.[221] Im Einzelnen ergeben sich folgende Motive für terroristische Suizidattentäter:

Vernichtung als Erlösung

„Ihre (der Gewalt) ungeheuer hohe Eindeutigkeit in der Sachdimension scheint wie eine Erlösung zu wirken. Was vor aller Augen zerstört wird, ist ganz einfach weg. Denn offenkundig wird es weniger zerstört als vielmehr vernichtet. Die Authentizität der Vernichtung muss faszinierend wirken in einer Welt voller Zweideutigkeiten."

Suizidalität als narzisstische Größenphantasie

„Fast jede zum Terrorismus gesteigerte Gewaltmystik ist suizidal. Dass ihre Anhänger den Tod als Einzelne auf sich zu nehmen bereit sind, ja oft genug direkt suchen, verweist auf das psychoanalytisch zu deutende Motiv hinter jedem Terrorismus: Auf eine narzisstische Größenphantasie." Die Suizidneigung wäre hiernach ein Ausfluss des Größenselbst, das mit der Realität keinen Kontakt mehr herstellt.

Recht wird als sublime Gewalt gekennzeichnet

„Wenn Gewalt sich identitätsstiftend gegen das Recht als ihre sublimste Form zu behaupten vermag, dann wächst ihre Attraktion in dem Maße, in dem eine Rechtsordnung (wie die des Westens) sie als individuelle Gewalt zu verbieten sucht." Legitimität und Legalität werden dabei charakteristisch vertauscht. Die Legalität, das Recht, wird als Gewaltverhältnis gedeutet, das dem legitimen Herrscher die Macht stiehlt. Wer eigentlich die Macht hat, darf alle anderen menschlichen Machtanmaßungen zerstören. Das Recht ist eine sublime Form der Gewalt, die durch (legitime Gegen-) Gewalt entlarvt und zerstört werden kann. Das demokratische Selbstverständnis von Recht, Gewalt und Souveränität wird hier als gegen die eigentliche Souveränität (Gottes) gerichtet interpretiert. Der Gestus der „Videobotschaften" aus dem islamistischen Bereich wirkt ohne diese Hintergrundkenntnisse eher lächerlich: Irgendein Mann droht ganzen Staaten mit Konsequenzen für diese oder jene ‚Fehlhandlung'. Wenn hier jedoch der Bote des eigentlichen Machthabers (Allah) spricht, braucht er keine weitere Legitimation. Im September 2009 meldete sich ein deutscher Islamist namens „Harrach" und drohte Deutschland Konsequenzen für falsche Wahlentscheidungen an. Sein Bezugspunkt war entgegen allem islamistischen Denken die Volkssouveränität in der Demokratie. Wenn der Souverän in Deutschland sich durch die Wahl gegen einen Abzug aus Afghanistan entscheidet, muss er die Folgen tragen. Die islamistische Legitimation wird immer mehr zur bloßen Folklore.

Schöpfer und Zerstörer als Eines und Dasselbe, also Gott

„Weil schon von Natur aus sowieso alles untergeht, antizipiert der Gewaltmystiker terroristisch das All-Eine der Zerstörung, das unveränderliche Schicksal von allem und jedem. Das verschafft ihm die Illusion unglaublicher Geschichtsmächtigkeit. Er setzt sich, vielleicht ohne es zu wissen oder zu wollen, an die Stelle Gottes. Denn der hat, als Schöpfer von allem, zugleich dessen Ende in seiner Gewalt."

Diese Interpretation ergibt dasselbe wie der äußere Anschein. Die Konfiguration des Gewaltmystikers läuft auf eine Identifikation mit Gott hinaus. In dieser Identifikation gehen alle anderen Erscheinungen des Lebens und der Religion unter. Vor allem aber tritt der unaussprechliche Moment des All-Einen eindeutig ein. Alle Zweideutigkeiten entfallen. Legitimität entsteht wie von selbst aus dieser Konstruktion. Das dürfte genau die Konstellation sein, welche Konvertiten aus der christlichen Welt anzieht. Der Impetus kommt aus einer psychischen Situation, die Eindeutigkeit und falsche Identifikationen erfordert und das eigene Leben in einer Welt ohne Identifikationsmöglichkeiten klar als Vernichtung positioniert. Wo hier niemand wirkliche

‚Gewalt' hat und selbst in Notlagen noch lange Diskussionen über Eingriffe erfolgen, gibt es dort eine sichtbare Antwort: Klarstellung sofort. Diese wirkt negativ und niemals konstruktiv gestaltend: Gott als Zerstörer.... Anat Berko spitzt das noch in anderer Weise zu: "In the process of neutralisation and rationalization, the suicide bombers take the role of both victim and God. The suicide bomber feels drunk with power and a sense of omnipotence in that he can take the lives of others."[222]

Mystik der Gewalt in Christentum und Islam

In seiner sehr eindrucksvollen Darstellung hat Dag Tessore solche Mystik ‚von innen' mit biblischen und koranischen Versen ohne weitere Interpretation beschrieben.[223] Er findet über die Kriegsbegründungen in der christlichen und in der islamischen Theologie hinausgehende Motive. „Die Mystik ist nicht mehr eine Überlegung des Verstandes, sondern eine glühende Leidenschaft des Herzens, ein verzehrendes Feuer. Und wie die Gottesliebe, die von den Mystikern gelebt wird, sie manchmal dazu bringt, ‚Torheiten' zu reden und in Ausschweifungen zu geraten, die nur in Anbetracht der tollen, brennenden Liebe, die sie auslöste, zu entschuldigen sind, ebenso kann ein entzündeter Eifer für Gott die Mystiker zu Exzessen von unerhörter Gewalt führen." [224] „.... hier hat es keinen Sinn mehr, zu fragen, ob es gestattet ist, die Ungläubigen in ihren Gebieten anzugreifen oder ob es theologisch korrekt ist, Blutbäder zu verursachen, um ‚Christi Blut zu rächen'. Hier handelt es sich nur darum, die Souveränität Gottes bis aufs Äußerste wieder zu beteuern."[225] Das Gemeinte kann sogar noch gesteigert werden, indem Gott selbst die Terrorisierung der Menschen zugeschrieben wird: „Die ganze Heilige Schrift ist von diesem unaufhörlichen Appell, *Gott ernst zu nehmen,* erfüllt. Gott greift zu grausamen Qualen und zu ungeheuren Blutbädern, um den Menschen zu bestrafen und ihn zu terrorisieren, wenn er es wagt, es an Respekt gegenüber Gott fehlen zu lassen."[226] Religiös motivierte Gewalttäter sehen sich in einer Reihe mit den kosmischen Gewalten Gottes, die den Menschen seine Größe demonstrieren. „Das, was wir gewöhnlich religiösen Terrorismus nennen, können wir hier einordnen. Und es wirken auch die Terroristen, die von politischen Interessen benutzt oder geleitet werden, sowie die offen ‚politisch' agierenden Terroristen und schließlich jene ‚unbewussten Terroristen', also die Naturgewalten (Erdbeben, Epidemien, Unglück jeder Art), bewusst oder unbewusst daran mit, menschliche Sicherheit zu erschüttern, und arbeiten auf diese Weise mit dem integralistischen religiösen Terrorismus zusammen."[227]

Assoziativ könnte hier der theologische Gedankengang von der ecclesia invisibilis angeschlossen werden. Auch Menschen, die nicht der christlichen Religion angehören, können danach das Werk Gottes tun. Es könnte sein, dass ein Selbstbild dieser Art in der Tat konstruiert werden kann und sich dann autopoietisch weiterentwickelt. Es verbindet sich mit individuellen und kollektiven Unterlegenheitsgefühlen zu einer ganz großen Kompensation. Der mystisch Glaubende tritt an die Stelle Gottes. Dass da Skepsis angebracht ist, zeigt die Geschichte von Zahra. „Zahra ist 13 Jahre alt und sollte sterben. Und dabei möglichst viele andere Menschen mit in den Tod reißen. Das verlangte die nigerianische Terrorgruppe Boko Haram von ihr. Sie schnallten ihr eine Sprengstoffweste um und schickten sie auf den Marktplatz in der Stadt Kano. Dort sollte sie die Bombe zünden. Nun hat Zahra auf einer Pressekonferenz erzählt, wie es dazu kam. Und warum sie noch lebt. ‚Als sie mir erzählten, dass ich eine Bombe zünden und sterben muss, um ins Paradies zu kommen, habe ich ihnen gesagt, dass ich das nicht kann‘, sagte Zahra auf der von Nigerias Polizei organisierten Pressekonferenz. Daraufhin sei sie von den Terroristen bedroht worden. ‚Sie sagten, dass sie mich erschießen oder lebendig begraben würden, wenn ich nicht tue, was sie befehlen‘, berichtete das Mädchen.“[228] Herrscher über Leben und Tod in jedem Sinne – Mystik sieht sicher anders aus, als dass gewalttätige Männer hilflose Mädchen unter Drohung mit grausamer Ermordung zum Selbstmord zwingen. Das steht in keiner Tradition außer der Menschenverachtung.

Eine nicht so sehr mystische, sondern eher kirchlich initiierte Variante des Heiligen Krieges bildeten die Kreuzzüge. Hier trat der Kämpfer nicht an die Stelle Gottes, sondern intensiv in seinen Dienst. Diese Form des Heiligen Krieges ist nach heutigen Maßstäben nicht weniger theologisch unhaltbar. Damals war sie aber offenbar möglich. Der äußere Anlass war die Unterbrechung der Pilgerstrecke nach Jerusalem. Tyerman hat die Interpretation der Bibel durch die Kreuzzugstheologen zusammengefasst. Im Alten Testament sei Gott als „rechter Kriegsmann“[229] der, der seine Krieger schützt und die Feinde vernichtet. Das Neue Testament würde nicht spirituell verstanden, wie etwa die „Waffenrüstung Gottes“ bei Paulus.[230] Daher konnte der Kampf als Teilnahme am Heilsplan Gottes verstanden werden[231] und gleicht damit doch wieder der apokalyptischen Aufladung der islamistischen Vorstellung. Nach der Definition von Tyerman sind sechs Elemente für die Kreuzzüge konstitutiv.

- Sie sind Kriege auf Gottes Geheiß.
- Sie werden von einer legitimen Macht – dem Papst – autorisiert.
- Diese legitime Macht bestimmt das Ziel des kriegerischen Handelns.

- Den Kämpfern werden Sündenerlass und Privilegien in Aussicht gestellt, darunter Schutz für Eigentum und Familie, Immunität und Zinserlass.
- Wer im Einsatz starb, konnte die ewige Seligkeit erwarten und wurde als Märtyrer verehrt.
- Die Voraussetzung für das Erlangen der Vergebung und der Privilegien war die Ablegung eines Gelübdes auf das Kreuz.[232]

Der Kreuzzug erhielt durch die Ablegung dieses Gelübdes eine Nähe zum „vollkommenen christlichen Leben" der Mönche.[233] Aus dieser Vorstellung konnten sich die kämpfenden Orden – die Ritterorden – entwickeln. An den Kreuzzügen waren aber auch kampfunerprobte Männer beteiligt, die dem Stand und Bild des Ritters in keiner Weise entsprachen. Vor allem der Aufruf von Papst Urban II. im Jahre 1095 löste einen Ansturm der Armen und Benachteiligten aus. Viele träumten von der ‚Endzeit'.

Die Nähe der Elemente zum Heiligen Krieg der Islamisten ist unübersehbar. Letzterem fehlen jedoch die übergreifende Institutionalisierung sowie das definierte Ziel. Daher zerteilt sich der Dschihad in zahlreiche Terrorgruppen. Das definierte Ziel könnte im islamistischen Denken Allahs Herrschaft über die Welt sein, die jede Gruppe für sich anstrebt. Im Kreuzzugsdenken ging es konkret um Jerusalem und um die Rückeroberung Spaniens.

Tyerman sieht keine legitime historische Berufungsmöglichkeit des heutigen Islamismus auf den Heiligen Krieg des Mittelalters. Weder sei der heutige Dschihad mit dem damaligen vergleichbar, noch sei die Kreuzzugsrhetorik nachvollziehbar. Sowohl die orientale wie die occidentale Heiliger-Krieg-Rhetorik gehe auf eine Betrachtungsweise des Historikers Michaud aus dem 19. Jahrhundert zurück, der Nationalismus, Kolonialismus und antirevolutionäres Christentum als leitendes Interesse gehabt habe. „So ließ sich das Kreuzzugswesen in einen Vorläufer der christlich – europäischen Überlegenheit und des europäischen Aufstiegs umwandeln".[234] Zudem werde auch der islamistische Standpunkt durch Michaud bestimmt: „In den arabischen Reaktionen auf westliche Aggressionen existiert keine Kontinuität zwischen dem mittelalterlichen Kreuzzugswesen und modernen Feindseligkeiten genau so wenig wie es eine Kontinuität zwischen dem mittelalterlichen und dem modernen Dschihad gibt, wenn man einmal von der Rhetorik und ahistorischen Berufungen auf die Vergangenheit absieht."[235] Dieser Standpunkt mag historisch richtig sein, sagt aber nichts über die politische und religiöse Macht der Bilder und ihre Form der Adaption aus. In der arabischen Welt ist Kreuzzug ein mächtiges Feindbild.

Kosmopolitisierung und Individualisierung

Beck weist in seiner Betrachtung des Gewaltpotentials der Religionen auf deren Grundstruktur als Wir und die Anderen hin. Das Christentum habe eine Dauertendenz zur Auflösung von Strukturen anderer Konvenienz als der eigenen. Darin würden alle Vorstellungen von Geschlecht, Familie und Herkunft, Über- und Unterordnung, von Freund und Feind als untergeordnet erlebt um des einen Glaubens an das Reich Gottes willen. Gleichzeitig oder genau damit setze aber eine andere Form des Wir und die Anderen, die Ausgrenzung der Nicht—Gläubigen ein, die in ihren Folgen Inhumanität produzieren müsse. Damit sei eine Grunddynamik aller Religion erstellt und erkannt, welche für die Anderen im Prinzip tödlich sei. Im ‚Paradox der Säkularisierung' werde die Religion einem Bedeutungsverlust ausgesetzt, umgekehrt könne die Säkularisierung als großer Gewinn für die Religion interpretiert werden. Die Wissenschaft muss nunmehr „ihre irdischen Entdeckungen als transzendente Wahrheit verkünden und inszenieren; und die Politik muß in Gestalt von ‚Nation' und ‚Staat' die irdische Transzendenz der Souveränität des politischen Gemeinwesens heiligen".[236] Dadurch haben diese nun den ‚Schwarzen Peter' und werden selbst auf ihre Gültigkeit befragt und in den Grenzen ihrer Gestaltungs- und Befriedungskraft wahrgenommen. Religion muss sich nur noch um sich selbst kümmern. „Die Kirche ist nicht mehr für alles zuständig, nur noch für ihre Spiritualität und Religiosität. In der Falle der Allzuständigkeit hingegen zappeln Wissenschaft und Staat."[237] Die (erzwungene) Säkularisierung wäre somit als Paradox der Grund für das Wieder-Erstarken der Religion. Die gleichzeitig unumkehrbare Entwicklung als Individualisierung in der kosmopolitischen Konstellation macht eine Pluralisierung der Religion unausweichlich. Bisherige Verknüpfungen wie „christliches Abendland"[238] lösen sich auf, wenn andere religiöse Zugehörigkeiten in Europa heimisch werden. Die Option des / der ‚muslimischen Europäers/in erscheint jetzt als „*grundsätzlich mögliches alternatives Leben*"[239]. Die Entschränkung von Territorium, Nation und Religion legt es nahe und macht es erforderlich, dass sich Individuen individuell für einen Glauben oder eine Lebensform entscheiden. Das geschieht lediglich in Europa im offen säkularisierten Umfeld, während in anderen Weltregionen die Erstarkung der Religion mit Europas Säkularismus als Melangereligion konkurriert. Religion spielt sich also im kosmopolitischen Feld reflexiver Modernisierung ab. „*Kosmopolitisierung erschließt die Außenseite, Individualisierung die Innenseite einer Transformation des Religiösen.*"[240] Diese Entschränkung ist gerade das, wogegen sich die islamistische Richtung zur Wehr setzt. Sie entspringt einer westlich säkularisierten Denkweise, hat sich allerdings auch im Judentum in etwas anderer Form, zumindest auf das Territorium bezogen, historisch entwickelt. Es scheint so, als ob ein europäischer Islam zu einer ähnlichen Entschränkung fähig sei.

„Der Samenkern religiös motivierter Gewalt liegt im Universalismus der Gleichheit der Glaubenden, die den Nichtglaubenden entzieht, was sie dem Glaubenden verheißt: Mitmenschenwürde, Gleichheit in einer Welt von Fremden. … Alles Sein hängt an der individuellen Entscheidung zum Glauben, alles Nicht-Sein an der Entscheidung dagegen.“[241] Dieser Dualismus, der alle anderen Unterscheidungen übertrifft und überformt, enthält die Gewaltneigung von Religion. Allerdings hat das Christentum entgegen mancher Phasen seiner Geschichte genau diesen Dualismus überwunden, wenn von der Feindesliebe und ihrer Begründung die Rede ist.[242] Beck kommt, man könnte sagen mit der Bergpredigt, zu dem Fazit, dass nur Religionen, die anstelle der Wahrheit den Frieden als ersten Wert denken, sich also zivilisieren[243], der Welt schließlich eine Chance zum Überleben eröffnen. Im Grunde widerspricht er damit seinem eigenen Ansatz, der genau diese Zivilisierung einer Religion für nahezu unmöglich hält. Die Zivilisierung ist auch der Zielbegriff in der kulturwissenschaftlichen Sicht von Sloterdijk. Zivilisierung versteht er dabei als die Folge der Fähigkeit „mehrwertig“ zu denken, also dem Schwarz-Weiß-Schema ein Grau hinzuzufügen.

Hier endet diese soziologische Möglichkeit von Erklärung, die den Kern der Gewalt als Religion bestätigt. Die These von der mosaischen Unterscheidung verliert gegenüber den Grundlagen des Christentums ihre Erklärungskraft oder ihre Gültigkeit. Sie wurde im Gegenteil gerade durch die Jesus-Rede überwunden, in der es nicht um Wir und die Anderen geht, sondern um das „Wir und Wir“ der Menschen als Kinder Gottes. Beck zieht aus seinen Ansätzen von der Überwindung der ‚natürlichen Ordnungen‘ durch den christlichen Glauben nicht die richtigen Folgerungen. Die natürlichen Ordnungen sind die, in denen ‚Wir und die Anderen‘ begründet und durchgehalten wird. Die mosaische Unterscheidung vollzieht dies als politische und theologische Gliederung der Welt, während die christliche Grundvorstellung eben das beendet.

Eine Wirklichkeitskonstruktion wird daraus aber erst mit den beteiligten Individuen. Gerade der Frieden ist in den Augen vieler (junger) Männer aus dem islamischen Religionsbereich eine Herrschaftsidee der westlichen (christlichen) Welt, gewissermaßen eine bloße „pax americana“. Das bestätigt und widerlegt Becks Ansatz. Wenn Generationen von männlichen Menschen mit der Vorstellung aufwachsen, dass gerade der Kampf das Element des Lebens sei, und den Frieden lediglich als Anmaßung des großen Feindes Amerika empfinden, gibt

es über lange Zeit keine Chance, Frieden als gemeinsames Vom –
Anderen – Her - Denken auch nur zu denken. Gerade diese Konstellation kann man von Männern hören, die ihre Länder in Arabien auf
irreguläre Weise verlassen haben, um unter dem Schutz der ‚pax americana' den Gefahren in ihrem Herkunftsmilieu zu entgehen. Sie konstruieren ihre Wirklichkeit als regellose Kosmopoliten mit der
Individualität eines lebensgefährlichen Kampfes aller gegen alle und
aller reflexartig gegen den großen Feind, dessen Schutz sie zwischen-
durch suchen. Daraus wird leicht eine andere Form des abweichenden
Verhaltens, die der sinnlosen Gewaltkriminalität.

Kulturdifferenz als gesellschaftliche Weltstruktur

Die Wahrnehmung des Islam erfolgt in den Medien des Westens vorwiegend unter dem Aspekt einer „Kulturdifferenzhypothese"[244]. „Fremdheit" wird als Ausdruck unterschiedlicher Kulturen wahrgenommen. Zuschreibungsprozesse stellen schein-bar unüberwindliche und unveränderbare kulturelle Unterschiede zwischen „dem Islam" und „dem Westen" fest. Damit kommen sie den Islamisten entgegen, die ebendies ihrerseits auch tun, jedoch mit religiösen Begrifflichkeiten und der Herangehensweise des religiösen Integralismus.

Die Anomietheorie von R. K. Merton[245], die eigentlich als Hypothese

Arten der Anpassung nach R.K. Merton		
Kulturelle Ziele	Institutionalisierte Mittel	
+	+	Konformität
+	-	Innovation
-	+	Ritualismus
-	-	Rückzug
(+/-)	(+/-)	Rebellion

für abweichendes Verhalten innerhalb von Gesellschaften entwickelt wurde, ist auch auf islamistischen Terrorismus anwendbar. Nach dieser Theorie kommt abweichendes Verhalten zustande, wenn in Gesellschaften die kulturellen Ziele (Motivationen, Werte) mit normgerechten Mitteln nicht erreichbar sind. „Das Abweichen von institutionalisierten Erwartungen wird als Ergebnis des Auseinanderfallens von kulturell bedingten, grundlegenden Motivationen einerseits und der schichtbedingten beschränkten Verwirklichungschancen andererseits betrachtet. Die Kultur und die Sozialstruktur arbeiten hier gegeneinander."[246] Für die Analyse des Terrorismusgeschehens muss diese Vorstellung gewissermaßen globalisiert werden. Die Werte der westlichen Welt wie Freiheit, Menschenrechte, Wohlstand, mediale Inszenierung und (soziale) Sicherheit werden global geteilt, wie u.a. die Migrationsbewegungen zeigen.[247] Große Teile der Weltbevölkerung bekommen jedoch kaum Chancen, diese Werte für sich zu verwirklichen. Insofern passen sie ihr Verhalten an diese Situation an, in der das Versprechen auf Wohlstand, Menschenrechte, mediale Inszenierung und soziale Sicherheit für alle aus strukturellen Gründen in weiter Ferne liegt. Sie greifen zu nicht normgerechten Mitteln. Zu diskutieren wäre, ob sie nach der Merton'schen Tabelle als „Rebellion" oder als „Innovation" eingeordnet werden soll. Wenn das hervorstechende Ziel, wie bereits oben diskutiert, die Weltherrschaft sein sollte, nach der aus islamistischer Sicht die USA streben, käme nur die Anpassungsweise Innovation zur Anwendung. Das Ziel wird als richtig akzeptiert, die aus der Sicht der Islamisten „westlich" definierten

Mittel, es zu erreichen, werden hingegen abgelehnt. „Generell ließe sich sagen, dass jedes Ziel, das in der Kultur einer Gruppe übersteigert und nur wenig eingeschränkt wird, zu einer Vernachlässigung der institutionellen Mittel und damit zur Anomie führt.“[248] Die Anomietheorie kann somit auch die enge Verschränkung des als kulturell sehr unterschiedlich interpretierten abweichenden Verhaltens aufzeigen. Die Theorie von den zwei Gesichtern der Modernisierung, die Gewinner und Verlierer produziert, von Moderne und Gegenmoderne[249], schließt sich hier problemlos an. „Dass die bürgerliche Gesellschaft sich ins Allgemeine-Namenlose gerechtfertigt, verflüchtigt und ausgedehnt hat, hat auch einen Zwiespalt in die Welt gesetzt, der heute mit den Erfolgen der Globalisierung der Moderne hervorbricht. Die Bürger haben ‚Menschheit‘ gesagt, aber - ... – ‚Nation‘ gemeint.“[250] Der Islamismus versteht sich als Antwort auf den Zwiespalt der Moderne und benutzt in einer seiner Gestalten als Terrorismus die Errungenschaften der Moderne.

Peter Sloterdijk treibt dies durch seine Betrachtung zum deregulierten Terrorismus nach dem ‚Prinzip der Zwei-Komponenten-Waffen‘ auf die Spitze: „Beim deregulierten und entstaatlichten Terror, der zur Zeit mehr Aufmerksamkeit bindet als der Staatsterrorismus, treten Akteure auf, die zu ihren Kampfmitteln, es seien Bomben, Flugzeuge oder biochemische Substanzen, evidentermaßen ein bloßes Benutzerverhältnis haben. Der aktuelle Terrorist ist ein User von Material, zu dessen internen wissenschaftlichen und technischen Bedingungen er kein koproduktives Verhältnis hat, so wenig wie ein durchschnittlicher jugendlicher Pophörer in einer verstehenden Beziehung zu der Elektronik steht, die seine Ekstasen ermöglicht. Der deregulierte Terror funktioniert nach dem Prinzip der Zwei-Komponenten-Waffen - wobei an der einen Stelle die Kampfmittel erzeugt werden, an der anderen die Kampfgesinnungen. Unter den gegenwärtigen Bedingungen werden die beiden Komponenten in wilden Improvisationen zusammengebaut - mit dem Ergebnis, dass die kompetenten Produzenten der gefährlichsten Waffen ihre Kontrolle über diese verlieren und damit rechnen müssen, dass diese auf unvorhersehbare Weise gegen sie selbst gewendet werden. Die westliche Zivilisation begegnet im islamistischen User-Terrorismus einem abgespaltenen Aspekt ihrer selbst.“[251] Auch Beck trägt zu diesem Zusammenhang der Theoriebildung über den Fundamentalismus bei, indem er zwischen Ursprungsfundamentalisten und Islamisten unterscheidet. In den Religionen gibt es vielfach Fundamentalismen, welche auf einen herausdefinierten oder gewähnten Ursprung gründen und diesen ‚halten‘ oder durchsetzen wollen. Dabei lehnen sie die jeweils bestehende Wirklichkeitskonstruktion als „Abweichung und Verfehlung“ ab und nutzen auch nicht ihre Möglichkeiten (so werden elektronische Medien oder gar das Fernsehen abgelehnt etc.). „Bei den religiösen Fundamentalismen der Gegenwart handelt es sich *nicht* um Ursprungsfundamentalismen, sondern um moderne, teilweise reflexiv moderne Fundamentalismen, die die kosmopolitische Konstellation (Massenmedien, Internet, Zerbrechlichkeit der westlichen Zivilgesellschaft) zu nutzen wissen wie die Fische das Wasser.“[252] Hier wird die (reflexive) Moderne nicht abgelehnt, sondern in ihren Möglichkeiten gerade genutzt, um dann aber ein Ziel zu erreichen, welches die ‚endgültige Konstruktion der Wirklichkeit‘ durchsetzt.

Der gegenmoderne User – Terrorismus fundamentalistischer Prägung betreibt eine höchst effektive und moderne, wenn auch intensiv pervertierte, Wahl seiner Mittel: Ertragsoptimierung im Sinne des größtmöglichen Ergebnisses mit geringstmöglichem Einsatz. Die Kampfgesinnungen können gegenmodern erzeugt werden, während ihre Optimierung dem Gewinnmaximierungsmodell unterliegt. Dass allerdings die Ergebnisse dieser „Optimierung“ gerade in diesem Extremfall die Manager des Grauens selbst umbringen, liegt an der grotesken Übersteigerung des Modells, das ähnlich auch in Fällen von gewöhnlicher Kriminalität vorkommt. Es gibt Betrüger, die die Gesetze des Steuerrechts so optimieren, dass am Ende ihre eigene wirtschaftliche und rechtliche Existenz zusammenbricht. Der abgespaltene Aspekt der westlichen Identität wäre also die Optimierung der Gewinnmaximierung durch Anwendung ihrer eigenen Waffen, die im Fanal des 11. September 2001 gar keine Waffen, sondern Verkehrsmittel waren. Ob sich hier wirklich so etwas wie eine Kulturdifferenz zwischen dem Westen und dem Islam mit oder ohne Identifikation, oder gar ein Zusammenprall der Zivilisationen ausdrückt, bleibt fraglich. Möglicherweise handelt es sich um eine Kollision der Lebensvorstellungen innerhalb der islamischen Welt[253], der nur globalisiert, kosmopolitisiert und daher postmodern ausgetragen wird. Jürgen Habermas sah das ähnlich, nämlich als Ungleichzeitigkeit von Motiven und Mitteln: „An den islamischen Tätern fiel sofort die Ungleichzeitigkeit der Motive und der Mittel auf. Darin spiegelt sich eine Ungleichzeitigkeit von Kultur und Gesellschaft in den Heimatländern der Täter, die sich erst infolge einer beschleunigten und radikal entwurzelten Modernisierung herausgebildet hat.“[254]

Hier schließt sich die Einordnung des (im Westen ausgebildeten) Atomphysikers Pervez Hoodbhoy an. „Für viele Muslime steht die Frage im Raum: Warum ist es vorbei mit unserer Großartigkeit? Und die Antwort, die ihnen die Mullahs geben, lautet: weil ihr keine guten Muslime seid! Betet! Fastet! Verhüllt eure Frauen! Denkt über eure Interpretation des Islam nach! Nur: So wird es keinen Fortschritt geben. Wir erleben ja die Konsequenzen. In Pakistan töten radikale Sunniten inzwischen täglich Schiiten, nur weil die für Ungläubige gehalten werden." Dieselbe geistliche Antwort hat es bis in die neuere Vergangenheit auch in christlichen Kirchen gegeben. Das Töten der Feinde Gottes erinnert jedoch an mittelalterliche und frühneuzeitliche Erfahrungen in Europa, die allerdings ohne Selbstmordattentate vor sich gingen.

„Gesellschaften müssen ihre blutigen Erfahrungen machen. Auf diese Weise ist Europa säkular geworden. Früher gab es ständig Kriege zwischen Katholiken und Protestanten, und erst als das Blutvergießen lange genug andauerte, kamen die Menschen zu Sinnen. Ich befürchte, dass wir diese schrecklichen Erfahrungen gerade machen."[255]

Der Unterschied zwischen Mittelalter und Postmoderne liegt im globalisierten Informationszeitalter. Jede Gewalttat, ja bereits jede Äußerung, wird heute registriert und in Echtzeit weltweit berichtet. Dadurch erhält die Auseinandersetzung um den Glauben im Islam ihre weltweite Bedeutung. Ihr Gepräge erhält das Ganze als abgrenzende Identitätssuche durch jene globalisierte Opfererfahrung der islamischen Welt, die im Westen nahezu unverständlich ist: „Aber schauen wir uns die islamischen Gemeinden in Europa und in den USA an - die sind von dem gleichen Erreger infiziert. Warum? Ich glaube, man merkt, dass man anders ist als andere. Offensichtlich existiert das Verlangen zu zeigen, dass man anders ist. Eine Burka ist ja nichts anderes als ein Etikett, um sich abzugrenzen. Dadurch wird in aller Deutlichkeit gezeigt: Meine Identität ist islamisch. Diese Identität ist eng verknüpft mit dem Gefühl, ein Opfer der Geschichte zu sein. Tief versteckt empfinden Muslime, gescheitert zu sein."[256] So könnte die Gekränktheit, die im Westen unverständlich ist, eine Erklärung finden. Sie ist dann eine Projektion der Wahrnehmung eigenen Scheiterns auf die anders- oder ungläubigen Mitmenschen. Für das eigene Scheitern werden andere mit großer Wut bestraft. Das stützt die Kompensationsthese.

Modell Kriminalität

Eine weitere Theorie für die Ausweitung des terroristischen Aktionsradius könnte die kriminelle sein. Wenn jemand über Jahre hinweg damit Erfolg hat, mit geerbtem Geld unter den gegebenen Umständen solche Fäden zu ziehen, wie es von Bin Laden angenommen wurde, benutzte er Menschen und Religion nur noch als Kulissen, die herum geschoben werden, um das in seinem Sinne beste Ergebnis zu erzielen. Das Ziel ist der Ausbau des eigenen „Imperiums", so verworren oder bedrohlich dies auch immer sein mag. Dabei werden die Anschläge als Erfolge gewertet, wie ein schlicht Krimineller seine Einbrüche oder auch Morde als Erfolge wertet. Viele tausend Tote dienen dem Nachweis der eigenen (verkannten) Stärke und Macht. Solche „Erfolge" bringen der Organisation weiteren Zulauf aus Gruppen, die sich aufgrund ihrer eigenen Situation damit identifizieren können. Setzt man die kleineren kriminellen Maßstäbe an, ist auch die monate- und jahrelange Beschäftigung der gesamten politischen und Medienlandschaft ein noch größerer Erfolg als die vielen Toten. Der Anführer ist auf dieser Welt mindestens ebenso bekannt wie der Präsident der USA. Das galt für Bin Laden und gilt für al-Bagdadi. Kriminelle sonnen sich in solch zweifelhaftem Ruhm ‚ihres Anführers', ohne sich das durch allgemein menschliche Empfindungen wie Mitgefühl oder Angst trüben zu lassen. Menschen, die so denken und handeln, sind auf andere Werte und Empfindungen nicht ansprechbar. Von ihrer Seite werden Verträge als Niederlagen des Gegners aufgefasst und manipuliert, so gut es geht. Die Geschichte von der Vergewaltigung der Dina in 1. Mose 34 hat solches Verhalten bereits geschildert.

Die Spaltung in Gut und Böse funktioniert nur so, wie in vielen Gefängnissen zu beobachten: So lange ein Mensch oder eine Gruppe den eigenen Zielen dient, sind sie gut, anderenfalls sind sie böse. Es gibt kein Mittelding, keinen Kompromiss. Nur Sieg oder Untergang sind denkbar. Gewalt ist der einzige Weg, auf dem solche Zielsetzungen erreicht werden können. Nachrichten aus der afghanischen Stadt Kundus vom 18. und 19. November 2001 stützen eine derartige Interpretation: Fanatische ‚arabische' Islamisten der El Qaida sollen mehrere hundert Talibankämpfer getötet haben, weil diese Verhandlungen zur Übergabe der Stadt anstrebten.[257]

Kriminalität ist jedoch als Begriff sehr unscharf. In der Kriminologie reichen die Theorieansätze für abweichendes Verhalten (der Begriff „kriminell" wird zur Vermeidung von Werturteilen nicht benutzt) vom Etikettierungsansatz[258] bis zu spätmodernen Theorien, „die das Individuum zum Beherrscher seines Handelns küren. ... Dem Individuum wird eine utilitaristisch – kalkulierende Einstellung gegenüber den

Rechtsnormen unterstellt."[259] Kriminalität wird in dieser Sicht zum Event persönlicher Befriedigung. Es wird deutlich, dass mit letzterem Ansatz wenigstens das Verhalten der Anführer des Terrors, wenn nicht erklärt, so doch in einen allgemeinen Begriff gebracht werden könnte. Sollte so ein Video Bin Ladens zu interpretieren sein, bei dem er kundgibt, dass er eine derartige Wirkung des Anschlags auf das WTA in New York nicht erwartet habe? So könnte auch die Haltung derer zu erklären sein, die Suizidattentäter vorbereiten. Sie tun es, weil sie damit den größten „Erfolg" in ihrem Kampf verbuchen können und weil die Suizidbombe überall einsetzbar ist. Also kalkulieren sie mit den Suizidbombern.

Allerdings ist es auch möglich, einen ganz einfachen Zugang mit dem Stichwort Kriminalität zu wählen. Das beschrieben Jörg Diehl und Roman Lehberger im Spiegel. „Dass islamistische Gotteskrieger häufig eine allgemeinkriminelle Vergangenheit haben, ist eher die Regel denn die Ausnahme. Wie aus einer aktuellen Analyse deutscher Sicherheitsbehörden zu Dschihadisten hervorgeht, verstieß fast die Hälfte der nach Syrien ausgereisten Fanatiker schon vor ihrer Radikalisierung gegen das Gesetz. Am häufigsten fielen sie mit Gewalttaten auf, gefolgt von Eigentums- und Drogendelikten."[260] Damit wäre für einen Teil der Islamisten eine schlichte Erklärung für ihre Motivation, ihre Denkweise und ihre Handlungsmodelle gefunden: Ein verwobenes Gemisch an Gefühlen des Zurückgesetztseins und der Rache an der feindlichen Gesellschaft sowie natürlich die Verbrüderung mit anderen ähnlich strukturierten Männern. Das könnte auch erklären, warum sie in ihren Einsätzen von ‚echten' Islamisten für dumm verkauft und ins volle Risiko geschickt werden. Sie sind für Selbstmordattentate wie geschaffen. Wenn man sie dann noch unter Drogen setzt, hält sie nichts mehr auf.

Beim Erklärungsmodell Kriminalität taucht eine Frage auf, die sich auch bei der allgemeinen Kriminalität stellt. Der Terrorismus ist eine im Wesentlichen männliche Veranstaltung. Es sind nur wenige Fälle bekannt, in denen Frauen als Selbstmordattentäterinnen auftraten. Die seit 2006 steigende Anzahl von Selbstmordattentäterinnen im Irak wird damit erklärt, dass diese in der irakischen Gesellschaft als Witwen oder sonst alleinstehende Frauen keine Zukunft haben und daher - sei es aus Rache oder aus Perspektivlosigkeit – zu dieser Form des Todes/Tötens bereit sind. Dazu gehören auch die Motive, die Anat Berko aus Palästina nennt: „Maybe it was her last chance to escape before her husband abused her physically, because apparently he was tired of her, or perhaps because there was another man in her life, or just a rumor about it. For her it was a honorable way out and prevented not only her from being humiliated, but her family as well."[261]

Oft geht es offenbar um moralisch anstößiges Verhalten oder um die Ehre der Familie, das durch ein Selbstmordattentat ausgeglichen wird.

Die Fragestellung lautet nicht, warum Frauen nicht gleichermaßen an terroristischen Aktionen beteiligt sind. Die Frage lautet, welche männlichen Lebensvorstellungen zu dieser Form des Terrorismus im Sinne eines ‚abweichenden Verhaltens', sowie der apokalyptischen Untermalung, führen. Die kriminologischen Theorien zur Frage dieses geschlechtsspezifischen Zugangs stehen in den Anfängen. Die Diskussion um das kulturell vermittelte und im Alltag immer neu hergestellte Männerbild im Islam und insbesondere im arabischen Bereich kann aus westlicher Sicht nur bedingt geführt werden. Dazu gehören kulturhistorische und andere Forschungen, die den Rahmen der vorliegenden Schrift weit übersteigen. Deshalb greife ich auf die Forschungsergebnisse von Fatima Mernissi zurück. Sie stellt historisch – kritisch dar, wie die heutige Situation des Geschlechterverhältnisses zu erklären ist. „Die Rückwendung zur Vergangenheit und Tradition, die von den Männern gefordert wird, ist ein Mittel, die Dinge wieder in ihre alte ‚Ordnung' zu bringen. ... Der Platz, auf den man sie (die Frauen) von neuem drängen will, ist offensichtlich ein untergeordneter Platz am Rande, angeblich in Anlehnung an den reinen Islam des Propheten Mohammed, der im Jahre 610 im Gegenteil eine solche revolutionäre Sprache predigte, dass die Aristokratie ihn ins Exil zwang."[262] Ob Mohamed in der Tat wegen seiner revolutionären Sprache vertrieben wurde, ist unter den Islamgelehrten allerdings umstritten, wie man bei Hamed Abdel-Samad nachlesen kann. Er verbündete sich jedenfalls mit der damaligen organisierten Kriminalität, den Räuberbanden ‚Al Saa'alik'.

Andererseits dient allgemeine Patriarchatskritik der Aufhellung ebenso wenig wie der Ansatz über ‚natürliche' Aggressionsbereitschaft des männlichen Geschlechts oder das Lamentieren über die männliche Neigung zur Destruktion. Die feministische Kriminologie hat insofern Korrektur durch die Männerforschung erfahren und sie auch aufgenommen. Auch hier leuchtet die Verwendung eines Mehrfaktorenansatzes ein, der männliche (Welt-) Strukturen als jeweils aktuelle Konstruktion von struktureller Macht (Hegemonie) als auch in der sozialen Interaktion und Sozialisation des einzelnen begründet sieht.[263]

In manchen Fällen jedoch zeigen auch Anführer wie der des IS einfach nur, dass sie eben Kriminelle sind. So wird berichtet, al-Bagdadi habe eine Entwicklungshelferin mehrfach vergewaltigt.[264] Schon das allein würde ihm in ‚westlicher' Umgebung viele Jahre Gefängnis sowie die tiefste Verachtung einbringen. Es zeigt jedenfalls wie eng Kriminalität und Islamismus selbst im persönlichen Verhalten der Anführer verknüpft sein können.

Darüber hinaus gibt es immer wieder Berichte, die Verknüpfungen zwischen Islamisten und organisierter Kriminalität im Bereich von Menschenhandel, betrügerischer Geldbeschaffung im weltweiten Netz und Geldwäsche vermuten lassen. Der so genannte Islamische Staat prahlt ungeniert mit dem Handel von Frauen und Mädchen nicht nur der jesidischen Glaubensrichtung. Offene und grausame Morde sind an der Tagesordnung.[265] Alles in allem drängt sich der Eindruck einer kriminellen Vereinigung auf.

Die religiöse Aufladung wäre in diesem Zusammenhang gar nicht nötig. Die Täter – Opfer – Umkehr[266] hat für gläubige Islamisten die gleiche Legitimationskraft. Da Moslems aus islamistischer Sicht Opfer des Westens sind, ist jede ihrer Handlungen gerechtfertigt. Die Opfer ihrer Suizidattentate und die Opfer all ihrer Aggressionen sind schuld. Wären sie gleichen Glaubens, dann wäre nichts passiert.

Theologischer Diskurs im Islam

Die Befreiung des Menschen

Am 3. November 2001 veröffentlichte Osama Bin Laden ein Video mit der Aussage, alle Staaten, die mit dem Westen zusammenarbeiten, seien Verräter an der Sache Allahs und damit Ungläubige. Den Vorwurf, ein Instrument des Bösen zu sein, erhob er auch gegen die UNO, weil sie den täglichen Morden an Moslems im Bombardement Afghanistans tatenlos zuschaue. In dieser Botschaft erhob Bin Laden den Anspruch, allein die richtige Auslegung dessen zu vertreten, was Gottergebenheit (Islam) bedeutet. Nach Meinung vieler verstieg er sich so immer weiter in den religiösen Wahn, Alleinherrscher der Welt sein zu müssen und zu wollen, oder nicht mehr realitätsfähig zu sein. Wenn hier die Welt als widergöttlich definiert wird, folgt das islamistischen Aussagen, die längst veröffentlicht und damit auch bekannt sind. Sie dürften eigentlich kein Erstaunen mehr auslösen. Das tun sie aber immer wieder, weil sie z. B. penetrant an christliche Texte zum Dienen und das zugehörige Weltbild erinnern. Hier ein langer und zum Verständnis notwendiger Ausschnitt aus einem Buch des Islamisten Sayyid Qutb:

Der Islam musste auftreten, um ein gesellschaftliches, wirtschaftliches und politisches System zu errichten, das der Befreiungsbewegung die faktische Konkretisierung erlaubt, nachdem die etablierte Macht beseitigt worden ist - egal ob diese rein politischer Natur ist, sich mit dem Rassismus liiert hat oder aber innerhalb der einen Rasse auf der Klassendiskriminierung beruht. Es war keinesfalls die Absicht des Islam, die Menschen zur Annahme seiner Glaubenslehre (...) zu zwingen. Aber der Islam ist nicht nur Glaubenslehre. Der Islam ist, wie wir gesagt haben, die universale Deklaration der Befreiung des Menschen von dem Diener-Sein (...) gegenüber den Dienern (...). Denn er hat von Anfang an die Beseitigung der Systeme und Regierungen zum Ziel, die auf der Grundlage beruhen, dass die Souveränität (...) von Menschen beansprucht wird und dass der Mensch sein Diener-Sein dem Menschen erweist. Wenn dies geschehen ist, sind die Menschen wirklich freie Individuen in der Wahl ihrer Glaubenslehre - nachdem der politische Druck auf sie aufgehoben worden ist und ihr Herz und ihr Verstand von der erleuchteten Botschaft erreicht worden sind...

Wer das Wesen dieser Religion in der vorgestellten Weise erkannt hat, der begreift zugleich die Unabänderlichkeit, dass der Aufbruch des Islam zu einer aktiven Bewegung die Form des bewaffneten Dschihad (...) annehmen muss, neben dem Dschihad, der sich allein auf die Kraft des Wortes stützt (...).

Er begreift, dass jene Bewegung nicht bloß auf die Verteidigung beschränkt ist, in jener verkürzten Bedeutung, die heutzutage in dem Begriff "Verteidigungskrieg" ausgedrückt wird - so wie diejenigen, die vor dem Druck der Realität der Gegenwart und vor dem hinterhältigen Angriff der Orientalisten kapituliert haben, die Bewegung des Dschihad im Islam darstellen.

Demgegenüber ist der Islam eine Bewegung des aktiven Aufbruchs zur Befreiung des Menschen auf der Erde durch Mittel, die für jeden Aspekt der menschlichen Realität passend sind und je nach der Phase, in der sich die Bewegung befindet, neu gestaltet werden.

Wenn es für uns unvermeidlich ist, die islamische Bewegung des Dschihad als der Verteidigung dienende Bewegung zu bezeichnen, so müssen wir das Verständnis des Begriffs „Verteidigung" neu definieren. Wir verstehen diesen Begriff als "Verteidigung des Menschen" als solchen gegen alle Faktoren, die seiner Freiheit Fesseln anlegen und seine Befreiung verhindern: Verteidigung gegen alle Faktoren, die in Gestalt von Weltanschauungen und Ideologien auftreten, von politischen Systemen, in Gestalt der diesen zugrundeliegenden wirtschaftlichen, klassenegoistischen und rassistischen Barrieren, welche zu der Zeit, als der Islam auftrat, auf der ganzen Erde geherrscht haben und deren Formen immer noch herrschen in der gegenwärtigen Unwissenheit unserer Zeit.

Mit diesem erweiterten Verständnis des Begriffes "Verteidigung" ist es uns möglich, auf die wahren Antriebskräfte des islamischen Aufbruchs auf der Erde in Gestalt des Dschihad zu stoßen und auf das Wesen des Islam selbst: Nämlich, dass er die universale Deklaration zur Befreiung des Menschen aus dem Diener-Sein (...) gegenüber den Dienern (...) ist, die Bestätigung des alleinigen Gott-Seins (...) und Herr-Seins (...) Gottes gegenüber den Weltenbewohnern, die Zerschmetterung des Königtums der menschlichen Willkür auf der Erde, und die Aufrichtung des Königtums der göttlichen Scharia in der Welt des Menschen.

Der Islam ist die Zivilisation

Der Islam kennt nur zwei Arten von Gesellschaften: Die islamische Gesellschaft und die heidnische Gesellschaft.

Die islamische Gesellschaft (...) ist diejenige Gesellschaft, in welcher der Islam in allen seinen Dimensionen praktiziert wird: in Glaubenslehre, Kultus, Scharia, politischem System, Moral und ethischem Verhalten. Die heidnische Gesellschaft (...) ist die Gesellschaft, in welcher der Islam nicht praktiziert wird, welche weder durch seine

Glaubenslehre und begrifflichen Grundlagen, seine Werte und Kriterien, seine politische Ordnung und seine Gesetze, noch seine moralischen und ethischen Maßstäbe regiert wird.

Die islamische Gesellschaft ist nicht diejenige, die Menschen umfaßt, die sich selbst „Muslime" nennen, ohne aber dass die Scharia des Islam das Gesetz dieser Gesellschaft ist - mögen sie auch beten, fasten und zum Hause Gottes pilgern. Ferner ist die islamische Gesellschaft nicht diejenige, welche für sich selbst einen Islam aus sich selbst heraus kreiert - anstelle dessen, was Gott bestimmt hat, und was sein Prophet detailliert dargelegt hat. Dies nennen sie zum Beispiel „den entwickelten (fortschrittlichen) Islam".

Die "heidnische Gesellschaft" stellt sich in vielfältigen Formen dar, die jedoch alle heidnisch sind: Sie wird in der Form einer Gesellschaft repräsentiert, welche die Existenz Gottes leugnet und die Geschichte im Sinn des Dialektischen Materialismus interpretiert und die den sogenannten "wissenschaftlichen Sozialismus" als politisch-gesellschaftliches System anwendet.

Sie wird aber ebenso repräsentiert durch eine Gesellschaft, welche zwar die Existenz Gottes nicht leugnet, diesen jedoch in die Herrschaft der Himmel verweist, um ihn aus der Herrschaft über die Erde zu vertreiben. Denn diese Gesellschaft praktiziert nicht sein göttliches Gesetz (Scharia) in der Ordnung ihres Lebens noch urteilt sie aufgrund seiner Werte, die er (Gott) den Menschen als unabänderliche Werte gegeben hat. Diese Gesellschaft erlaubt zwar den Menschen, Gott in den Synagogen, Kirchen und Moscheen anzubeten, aber sie nimmt ihnen das Recht zu fordern, dass nach der Scharia Gottes in ihrem Leben geurteilt wird. Damit aber leugnet sie das Gott-Sein (...) Gottes oder setzt diesen Anspruch praktisch außer Kraft, den Gott in seinen eigenen Worten ausgedrückt hat:

"Er ist es, der Gott im Himmel ist, und Gott ist auf der Erde" (Koran 43,84).

Aus diesem Grund lebt diese Gesellschaft nicht in der Religion Gottes, welche er in seinem Wort so definiert:

"Die Entscheidung steht allein Gott zu. Er hat befohlen, dass ihr nur ihm dienen sollt. Das ist die richtige Religion" (Koran 12,40).

Damit aber ist diese Gesellschaft eine heidnische Gesellschaft, selbst wenn sie die Existenz Gottes anerkennt und den Menschen erlaubt, Gott die religiösen Riten vorzubringen - in Synagogen, Kirchen und Moscheen.[267]

Dieser Text enthält alle Elemente, die Denken und Handeln, wie Bin Laden es anregte und verteidigte, vorzeichnen. Er ist nach der Interpretation von Andreas Meier „unter dem Eindruck der Haft und in der jahrelangen Erfahrung brutaler Repression durch ein Regime entstanden, das auf dem Boden arabisch – sozialistischer Ideologie seinerseits die autoritären Züge eines politischen Staatsfundamentalismus getragen hat." Er hat „den geistigen Kontakt mit der Realität verloren".[268] Offenbar wurde er dennoch zu einer Grundlage islamistischen Denkens. Die Predigt alleine reicht danach nicht aus, um dem Wort Gottes und seiner Herrschaft Geltung zu verschaffen. Vielmehr ist der bewaffnete Kampf nötig, um die Herrschaft Gottes durchzusetzen. Der Text richtet sich gegen die „herrschenden Mächte", in denen Menschen die Herrschaft ausführen und sich an die Stelle Gottes setzen, wenn sie menschliche Gesetze an Stelle der Scharia anwenden. Insofern stellt der Text die Frage nach der Weltherrschaft des Islam ganz unverhüllt und begründet den Kampf um die Weltherrschaft detailliert. Dieser ist notwendig, ‚um den Menschen zu befreien'.

Bin Laden brauchte nur die einzelnen Absätze dieses Textes zu rezitieren und zu aktualisieren, um seinen Krieg gegen alle anderen zu begründen. Die Herrschaft Gottes soll eine platt diesseitige sein.[269] Der Gotteskämpfer ist zu allen Schandtaten berechtigt, wenn er nur diese Herrschaft aufzurichten bestrebt ist. Das beweist auch das Auftreten des IS in Syrien und im Irak. Die Allmacht in Menschenhand, das ist bloßer Terrorismus gegen alles und jedes Leben.

Im Text befindet sich auch die charakteristische Verkehrung des Begriffs der Verteidigung. Verteidigung der menschlichen Freiheit von ihrer Knechtung durch die Unwissenden und Ungläubigen ist Angriff auf alles, was sich dem islamistischen Weltbild in den Weg stellt. Dieses Weltbild wird aber nicht ausgebreitet, sondern der jeweiligen Situation überlassend auf uninterpretierte Koransätze gestützt. Was der menschlichen Willkür entgegentritt, kann nur als persönliche Willkür des einzelnen Koranauslegers formuliert werden. Verteidigung ist Angriff. Selbst wenn der Autor seinen Aufruf zum Djihad nicht als terroristische Grundlegung gemeint haben sollte, so legt er doch die Wurzeln des Terroristischen bloß: Die Herrschaft der Unwissenheit und Unkenntnis durch die Ungläubigen – also aller, die nicht genau so denken wie der Autor des Textes – muss mit Waffengewalt beseitigt werden. Die eigentliche terroristische Auslegung wurde jedoch offenbar erst in jüngerer Zeit eingetragen.

Es bedarf differenzierter und konzentrierter theologischer und philosophischer Argumentation, um fundamentalistische Denkweisen solcher Art auch in den Köpfen zu bekämpfen, obwohl der Text sich im Prinzip selbst vernichtet. Er ist das Fanal des Hasses gegen alle Menschen auf dieser Welt, obwohl er sich in die Gestalt der Befreiung der Menschheit insgesamt zu kleiden versucht. Er vergisst, dass nicht den

Menschen, sondern Gott die Herrschaft gehört, indem er behauptet, dem Unwissenden das Licht mit Gewalt zu bringen. Der Text kann in die „Heilsbotschaften" des 20igsten Jahrhunderts eingereiht werden, allerdings wirkt sie als letzte im 21. Jahrhundert.[270] Durch Terrorismus und Terrorherrschaft wollten auch die Revolutionäre anderer Art den Menschen ihr eigenes Glück aufzwingen und haben sie dadurch schwer versklavt.

Die moslemische Variante des Totalitarismus erscheint hier im sehr religiösen Kleid. Dass ein solch „religiöses Kleid" auf manche auch als solches wirkt, beweist ein Bericht aus der Türkei. Hier wird eine junge Mutter zitiert, die in das Gebiet des „Islamischen Staates" in Syrien übergesiedelt ist, weil ihr dort der Himmel auf Erden geboten werde, während die Türkei ihr wie die Hölle erscheint. „Die Türkei ist für Ummi Abdullah ein Sündenpfuhl - mit Sex, Drogen und Alkohol. ‚Die Kinder in diesem Land sehen das alles und werden entweder Mörder, Kriminelle, Homosexuelle oder Diebe', schrieb sie in einer ihrer zahlreichen Facebook - Nachrichten. Dass sie unter dem strengen Recht der Scharia lebt, bedeute, dass ihr Sohn in Sicherheit lebe. ‚Er wird Gott erfahren und nach dessen Regeln leben', sagt sie."[271] Zahlreiche Familien aus der Türkei sehen das ähnlich und haben die Türkei Richtung Syrien verlassen. Für Menschen auf der ganzen Welt ist diese Wahrnehmung unvorstellbar. In den Nachbarstaaten herrscht das blanke Entsetzen über den „IS", der mit Hilfe Tausender islamistischer Europäer eine Terrorherrschaft ohnegleichen als Kalifat ausgerufen hat.

Nicht jeder, der von Gott spricht und den Glauben an Gott verlangt, hat Gutes im Sinn. Wer sich mit der dunklen Seite Gottes identifiziert, bzw. wer die dunkle Seite seiner Seele als Ausfluss göttlicher Herrschaft darstellt, muss in der Tat als Gefahr für andere und die Menschheit bezeichnet werden. Damit wäre der Kreis zu den derzeitigen Terroristen geschlossen.

Von Interesse ist auch hier die Deutung von Tessore: *„Es ist in diesem Zusammenhang interessant zu bemerken, dass die dargelegten Ideen von Qutb in vielen Aspekten mit jenen der Päpste des 19. und des beginnenden 20. Jh.s korrespondieren. Gregor XVI. , Pius IX., Pius X. hatten ein stark negativ geprägtes Bild der Realität ihrer Zeit, die sie als korrupt, verderbt, unmoralisch, zügellos und gottlos ansahen. Die Haltung von Qutb ist auch mit jener der Christen der ersten Jahrhunderte zu vergleichen. In der dekadenten Welt des späten Römischen Reiches war alles von sinnlichen Lüsten einer zügellosen Freiheit durchdrungen, entbehrte man fast vollständig eines religiösen Sinnes und sah sich schier grenzenloser Unmoral gegenüber. Die Christen waren jene ‚Integralisten', die scharf und ohne Kompromisse die*

Perversionen der Zeit verurteilten. Sie verschanzten sich hinter einer starren Moral, beharrlich bis zum Martyrium."[272]

Das bestätigt die Ähnlichkeiten zwischen den Religionen in ihrer fundamentalistischen Ausprägung und Deutung, lässt aber gerade die Frage offen, warum das im Christentum zum Märtyrertum, im Islam aber via Islamismus zum fundamentalistischen Terror führt. Die Andeutung einer Lösung dieser Frage liegt in der bereits zitierten Antwort Jesu auf das Angebot des Teufels zur Weltherrschaft in Matth. 4, 1-11. Herrschaft über die Reiche ist des Teufels und wohl auch die Reiche selbst. Der Dienst an Gott ist nach Jesus jedenfalls nicht als Vernichtung oder Beherrschung des großen Feindes und seiner Auswirkungen zu verstehen, sondern als Dienst im Sinne einer Entscheidung zum Glauben, der keines ‚Beweises' (Inhalt der Versuchung) bedarf. Die Beurteilung der „großartigen Herrlichkeiten der Reiche" aber stimmt überein.

Der Text zum Djihad bringt ein weiteres Problem ans Licht. Wer die Herrschaft Gottes auf der Erde bereits verwirklichen will, kann kaum das Ziel haben, ins Paradies zu kommen. Wofür sonst wäre die Herrschaft Allahs auf der Erde nötig, wenn man nicht selbst darin leben wollte? So muss dem Aufruf zum Krieg gegen alles und jedes eine weitere geistliche Dimension hinzugefügt werden. Diese besteht im Gedanken des Märtyrertums. Die Krieger werden müde, wenn sie ihr Ziel nicht schnell erreichen. Daher kürzen sie den Kampf durch Selbstmord ab und definieren – wie gesehen – den Selbstmord und Mord als „gefallen im Kampf der Verteidigung der Gottesherrschaft und des Menschen" um.

Gewalt im Namen Gottes ist die schwierigste im Bereich der menschlichen Gewalt. Sie fragt nicht nach Legitimität und Recht, sondern setzt eigene Gewalttätigkeit, Hass, Bosheit ungebremst in Handlungen um. Diese Gewalt braucht keine dem Menschen allgemein förderlichen Erfolge oder Ergebnisse. Sie genügt sich selbst so wie Gott sich selbst genügt. Jeder, der sich solcher Gewalt in irgendeiner Weise in den Weg stellt, hat es „verdient", ihr Opfer zu werden. Vor Gottes Gewalt kann es kein Menschrecht oder anderes Recht geben.

Welch ein Unterschied zu der Theologie, die in der Macht und Liebe Gottes den Garanten der unveräußerlichen Rechte jedes einzelnen Menschen sieht! Diese Theologie wurde – und wird noch heute in bestimmten Kreisen - im christlichen Bereich in heftigen Auseinandersetzungen als Abfall von Gott und Verfälschung der christlichen Botschaft verstanden!

Die Selbsteinladung ins Paradies entpuppt sich als todeswütige menschen- und selbstverachtende Gewalt in Worten und Taten gegen alles, was lebt. Die Bandbreite der theologischen Zugänge zum menschlichen Leben wird krass sichtbar: Sowohl Leben als auch Tod kann mit dem Rückgriff auf Gott begründet werden. Die Religion löst das Problem der Gewalt nur in der Wandlung (der Vorstellungen von) Gott(es) vom allgewaltigen aggressiven Herrscher zum liebevollen Garanten des individuellen Menschen und damit der Vielfalt des Lebens.

alles, was lebt. Die Bandbreite der theologischen Zugänge zum menschlichen Leben wird krass sichtbar: Sowohl Leben als auch Tod kann mit dem Rückgriff auf Gott begründet werden. Die Religion löst das Problem der Gewalt nur in der Wandlung (der Vorstellungen von) Gott(es) vom allgewaltigen aggressiven Herrscher zum liebevollen Garanten des individuellen Menschen und damit der Vielfalt des Lebens.

Ein islamischer Theologie - Disput

In einem Interview vom Oktober 2014 gibt ein Anwerber für den „Islamischen Staat" (IS) Einblick in seine Theologie. Es wurde schon mehrfach zitiert und enthält Aussagen zur Interpretation des Koran.[273] Die Gegenposition bildet ein offener Brief an den ausgerufenen Kalifen des IS, al-Bagdadi, von 120 Gelehrten vom September des Jahres 2014.[274]

Zuerst fällt auf, dass die Theologen im ganzen Text von Verboten sprechen. Das entspricht dem allgemeinen islamischen Weltverständnis. Es gibt im Gegensatz zur christlichen Auffassung, die Paulus folgt: „Alles ist mir erlaubt, aber nicht alles dient zum Guten"[275], in der Welt Verbotenes und Erlaubtes. Wer aber soll im Bereich der Lehre etwas verbieten, wenn es im Islam gar keine Lehrautorität gibt? Es ist wohl so zu verstehen, dass die Versammlung der Gelehrten doch eine Lehrautorität bildet. Diese schreibt es natürlich dem „herabgesandten" Koran zu, der aber nach ihren Aussagen der Interpretation unterliegt. Also ein schwieriges Problem!

Der islamistische Beitrag ist geprägt von offen aggressiven Vorwürfen der Unterdrückung der ganzen Welt durch den „Westen". Unter diesen beiden Prämissen, die keinerlei theologischen Implikationen folgen, werden sodann die Fragen bewegt, wie der Koran zu interpretieren sei.

„Wir glauben, es ist die einzige Aufgabe der Menschheit, Allah und seinen Propheten Mohammed, Friede sei mit ihm, zu verehren. Wir setzen um, was im Koran geschrieben steht." Der Widerstand gegen die ‚westliche Kultur' steht zwar nicht im Koran, aber er folgt aus der Umsetzung des Koraninhalts. Einige wenige als Grundsatz angenommene Gedanken reichen dem fundamentalistischen Anwerber aus:

„Die Scharia ist unser Gesetz, es bedarf keiner Interpretation und keiner von Menschen gemachten Gesetze. Allah ist der einzige Gesetzgeber." Das ist eine Weigerung, eigene Verantwortung für den Umgang unter Menschen zu übernehmen und diese mit anderen Menschen abzugleichen. Man führt ja nur aus, was Gott offenbart hat!

„Es ist die Pflicht eines jeden Muslims, Andersgläubige zu bekämpfen, bis auf der ganzen Welt nur Allah verehrt wird." (Koran 5,37) Über diese ‚Pflicht' wird viel gestritten. Der bewaffnete Angriffskrieg wird aber allgemein im islamischen Schrifttum abgelehnt.[276] Das sagt nicht, dass aus islamischer Sicht die Bekehrung der gesamten Welt kein Ziel sei.[277]

„Es steht uns Menschen nicht zu, Gottes Wort zu interpretieren." Der IS interpretiert natürlich und beweist das sogar bei der Verteidigung eines unerhörten Verbrechens,   der Verbrennung des gefangenen jordanischen Piloten im Januar 2015: „Um die Verbrennung der Geisel zu rechtfertigen, fangen die Fundamentalisten nun also an, Zitate des Propheten sehr großzügig zu interpretieren." Das tun sie stets, weil ihre „Interpretation" immer eine Rechtfertigung der eigenen Verbrechen ist.[278] So sieht das jedenfalls aus „unserer" Sicht aus.

Da erhebt sich natürlich die Frage, wie der Mensch Gottes Wort verstehen soll, wenn er es nicht interpretieren darf. Verstehen ist interpretieren, ganz gleich, wer dieses Wort liest oder hört. Er oder sie versteht alles aus seiner individuellen und gesellschaftlichen Position heraus. Dass ein Wort Gottes in menschliche Schriftzeichen gefasst wird, ist bereits eine Interpretation. Die Quintessenz des einfachen islamistischen Ansatzes scheint etwas Ähnliches wie bei dem Theologen Sayyid Qutb[279] zu sein: Allah durchsetzen heißt, die Welt von der Vorherrschaft des Westens zu befreien, denn vom Westen wird die Herrschaft über die ganze Welt beansprucht. Der Islamismus ist die Avantgarde der neuen Welt. Er ist die wahre Befreiung. Dass dafür massenhaft Menschen umgebracht werden, die der eigenen Religion angehören, diskreditiert diese Theologie und die, die sich auf sie berufen, in jeder Hinsicht. Wie Befreiung von der Vorherrschaft des Menschen durch Menschen und ihre massive Gewalttätigkeit funktionieren soll, bleibt ein Rätsel. Es bestätigt den Verdacht, dass es doch um die eigene Gewalt - Herrschaft geht – also um Unterdrückung und nicht um Befreiung, und damit um Unglauben auch im Sinne des Islam. Die Unterwerfung unter Gott, die das Wort Islam bedeutet, wird hier als Unterwerfung der Menschen unter Menschen uminterpretiert.

Die Theologen wiederum berufen sich für all ihre Verbote auf die Tradition der Sunna und der Hadithe. Sunna bezeichnet die Tradition allgemein, Hadithe sind schriftliche Überlieferungen über Mohammeds Leben.[280] Der Gläubige soll sein Leben so gestalten, dass es Mohammed gleichförmig wird. Das Problem der Hadithe ist, dass ihre schriftliche Geschichte lange Zeit nach dem Tod Mohammeds begann. Die ältesten Sammlungen stammen aus dem 8., die ersten geordneten Sammlungen aus dem 9. Jahrhundert.[281] Die Art der Überlieferung gleicht jener der christlichen Inhalte.

Die islamischen Theologen bezeichnen die islamischen Pflichten und Verbote als ein Ergebnis der richtigen Auslegung aller relevanten Überlieferungen. Es kommt immer auf alle Quellen und den Koran als ganzes an. ,Rosinenpickerei' ist verboten. Vor allem die Auslegung des Rechts bedarf der Voraussetzung der Ausbildung in der Rechtstheorie in arabischer Sprache und der Kenntnis aller Traditionen.[282] Es kann niemand einfach deklarieren, was seiner subjektiven Sicht nach richtig erscheint, und vor allem auf keinen Fall ein Kalifat ausrufen. Er braucht dazu die gesamte islamische Gelehrsamkeit und im Falle des Kalifats sogar die Zustimmung aller Muslime.[283]

Das Ergebnis des theologischen Bemühens ist unmissverständlich: Die terroristischen Aktionen und Begründungen sind in ihrer ganzen Anmaßung mit dem Islam nicht zu rechtfertigen. Für den Jihad gilt: „Jedoch ist der Jihad ohne legitime Gründe, Ziele, Methode und Absicht kein Jidhad, sondern vielmehr Kriegstreiberei und Kriminalität." Allein den Eifer für die Sache lassen die Theologen gelten.[284] So bleibt noch ein Ausweg der Rückkehr zum „richtigen" Glauben offen. Das wirkt so, als würde selbst einem, der in jeder Hinsicht in die Irre geht, eine Hand gereicht und die Umkehr ermöglicht. Der Glaubensbruder bleibt ein solcher und darf nicht unbarmherzig behandelt werden, wie sehr er sich auch vergangen hat. So hat auch Bassam Tibi in der Fernsehsendung „Anne Will" vom 29.1.2015 betont, die Menschen des Islamischen Staates seien gläubige Muslime, die eine falsche theologische Ausrichtung haben. Auch hier also die Solidarität der Muslime, obwohl er selbst den europäischen (toleranten) Islam „erfunden" hat und niemals auf die Idee käme, dafür Menschen zu töten, sondern im Gegenteil mit allen gut zusammenleben möchte.

Letztlich kommen die Theologen zu demselben Schluss wie alle anderen auch: Was der Islamist als heiligen Krieg ansieht ist (brutale) Kriminalität und damit nicht mit dem Islam vereinbar. Dem „westlichen" Ohr scheint allerdings die Formulierung, die nahezu ausschließlich ‚Verbote' enthält, etwas schwierig. Wer soll die Verbote durchsetzen und wie werden sie sanktioniert? Da bleibt wohl allein die „schmerzhafte Strafe", die Allah aussetzt (Koran 3, 21). Das ist aus unserer Perspektive für all die Menschen, die jetzt gefoltert, verjagt oder getötet werden, weder hilfreich noch erbaulich. Der völlige Verzicht auf eine eigene Argumentation und der ausschließliche Rückgriff auf Koranzitate und Traditionen, sie wirken eher hilflos und sind doch konsequent. Wenn aber theologische Argumentation ausschließlich mit richtigem Verständnis der gesamten Überlieferung arbeitet und nur wenige Erkenntniszuwachs zulässt, unterlässt sie den wichtigsten Schritt der Auslegung: Die Hermeneutik. Danach muss zunächst die traditionelle Aussage in ihrem Herkunftsumfeld verstanden, dann ihrem historischen Sitz im Leben entnommen und auf das Heute angewendet werden. In der islamischen Theologie klingt das letztlich doch an:

„Es ist jedoch nicht gestattet, einen bestimmten Vers des Korans für eine 1400 Jahre später geschehene Begebenheit nach ihrer Offenbarung anzuführen. Wie kann Abu – Muhammad – al Adnani sagen, ‚Gottes Versprechen' sei dieses Kalifat? Sogar wenn wir annehmen würden, dies sei korrekt, hätte er sagen müssen: ‚Dies ist **von** Gottes Versprechen.' So gibt es noch einen weiteren sprachlichen Fehler, indem er das Wort istihlaf (Nachfolgen) als angemessen sieht, um auf das sogenannte ‚Kalifat' zu verweisen. Der Beweis dafür, dass dies nicht die korrekte Verwendung des Wortes sein kann, ist folgender Vers: ‚Er sagte: Vielleicht wird euer Herr euren Feind vernichten und euch zu Nachfolgern auf der Erde machen und dann schauen, wie ihr handelt. (al A`raf 7:129). Nachfolgen bedeutet, dass sie sich nach anderen Menschen auf diesem Land niedergelassen haben. Es bedeutet nicht, dass sie die Herrscher eines bestimmten politischen Systems sind. Gemäß Ibn Taymiyah gibt es im Koran keine Tautologie. ... Das beweist, dass istihlaf keine Bedeutung von Herrschaft trägt, sondern das Bewohnen eines Landes.“[285] Hier geht es um eine Methode der Textauslegung als Umgang mit Wortbedeutungen, die sich nicht von selbst erschließen.

So muss man damit rechnen, dass der nicht theologisch gebildete Moslem die Interpretation der Islamisten besser verstehen und nachvollziehen kann als die der Theologen. Das aber macht die Brisanz der religiösen Gemengelage aus, die Salman Rushdie benannte: Dass die fundamentalistischen Strömungen die am schnellsten wachsenden Richtungen im Islam sind, weil es hier nicht um eine „erlaubte“ Auslegung oder Gottesfurcht, sondern um eine Mischung aus Sitten, Vorurteilen und Meinungen geht.[286] Damit zeigt sich hier auch eine Mischung, wie man sie aus dem christlichen Bereich kennt, wo sich Theologen beklagen, dass der Glauben für die meisten Christen dieselbe Mixtur darstellt wie der ihre für die Muslime und dass die theologischen Erkenntnisse aller Art da nicht vorkommen. Auch im Christentum wächst das Evangelikale, während das „Vernünftige“ und Vermittelnde abnimmt.[287] Schließlich ist es auch möglich, das Islamistische als Aufbegehren gegen die Lehrautorität der Gelehrten und darin eine innerislamische Revolte zu sehen. Man könnte sogar von einem Krieg der Islamisten gegen den Islam sprechen.[288] Das würde manches Unverständliche erklären, so auch, dass völlig Unbeteiligte aus der eigenen Religion zum Opfer werden.

Ein anderes theologisches Argument zeigt, dass es möglich ist, den Koran anders auslegen.[289] Tahir Chaudhry schreibt darüber in der ‚Zeit', die Reduktion des Koran auf sechs Verse sei nicht nachzuvollziehen und falsch. Außerdem sei die Interpretation dieser Verse durch Islamisten durch die vorhandene Gewaltbereitschaft ausgelöst, nicht umgekehrt.[290] Der Koran sei aber nicht pazifistisch zu verstehen. Aus der Situation der Bedrohung in Mekka und nach der Flucht habe der Prophet Waffen erlaubt, aber gleichzeitig begrenzt. Gefangene töten sei im Koran untersagt worden und der Krieg lediglich zur Verteidigung da. Die Denkweise des IS sei vorislamisch. „Die ‚Charta von Medina', die der Prophet Mohammed im Jahre 622 mit jüdischen, christlichen sowie polytheistischen Stämmen aufsetzte, sah vor, dass das Sakrale und Säkulare im Islam nebeneinander existieren – die Neutralität des Staates war gesichert. Den Stämmen wurden ihre jeweiligen Grundfreiheiten eingeräumt. Unparteiische Richter trafen die rechtlichen Urteile."[291] Die Figur Mohameds sei erst im Kampf gegen Kolonialismus und Fremdherrschaft zum Wüstenkrieger stilisiert worden. Ziel des Koran und der Scharia sei eine gerechte Gesellschaftsordnung.

Diese theologische Sichtweise hilft den Islamisten insofern, als sie ihre Ursprungs - Idee von der islamischen Welt, die sich gegen die Verfolgung durch die Ungläubigen wehren muss, bestätigt. Dass darin auch eine Begrenzung liegt, verstehen sie aber nicht. Denn die Begrenzung liegt in der Interpretation der heutigen Kampf – Situation. Im Übrigen wird hier die grundlegende Differenz zum Christentum sichtbar: Jesus wurde auch verfolgt und reagierte völlig anders.

Es ist nicht meine Idee[292], aber eine oder tausend Fatwas gegen den islamischen Staat und andere Terroristen hätten wahrscheinlich auch eine Wirkung. Menschen, die nur Bücher schreiben, werden ganz schnell und manchmal offensichtlich unbedacht mit Fatwas belegt. Leute, die sich nicht scheuen, den Tod von 500.000.000 Menschen anzukündigen und Tausende ohne jeden Grund getötet haben, werden immer noch als moslemische Brüder angesehen, denen man die Gemeinschaft des Glaubens nicht entziehen darf. Das ist nicht nur merkwürdig. Dieser eklatante Widerspruch in sich selbst müsste auch gelehrten Theologen auffallen. Die angebliche Beleidigung des Propheten wiegt schwerer als tausendfache Sünde gegen das Leben.

Dagegen schreibt Mouhanad Khorchide: „Denn nur in der ständigen Auseinandersetzung und in der ständigen Konfrontation zwischen der Lebenswirklichkeit und der Religion können Muslime immer neu aus dem Islam schöpfen, ansonsten verharren wir starr auf der Ebene der Rekonstruktion vorhandener Positionen und Traditionen - und so stirbt auch der Islam."[293] Im Übrigen sei der Koran unter dem höchsten Attribut Gottes, der Barmherzigkeit, zu lesen. Diese Art der Interpretation nähert sich dem an, was auch in der christlichen Theologie gedacht wird.

Zwei individuelle Welt-Konstruktionen

1 Irregulärer Migrant in Europa

Interpretationsversuche sind das eine, die Wirklichkeitskonstruktionen in der Realität das andere. Die umlaufenden und großen Erzählungen (der Zeit) werden durch Individuen subjektiv zur eigenen Wirklichkeitskonstruktion geformt, die dann wiederum das Handeln oder Denken bestimmt. Wie eine solche eigene Welt konstruiert wird, geht aus der Erzählung eines jungen Mannes (J) aus Afghanistan hervor. Es handelt sich um eine eher kurze Erzählung, ein Stück aus vielen Gesprächen, die übersetzt werden mussten.

J kam nach Europa über den Irak, wohin er als Jugendlicher gegangen war, um sich Geld zu verdienen. Als er fünftausend Euro zusammengespart hatte (eine erstaunliche Summe!), gab er diese dem Reiseunternehmer (Schlepper), der ihn und andere auf Lastwagen nach Italien brachte. Den Weg dorthin weiß er nicht, weil er ja im LKW fuhr. In Italien wurden seine Fingerabdrücke genommen (Asylbewerber). Er wollte nicht in Italien bleiben, sondern nach Schweden weiterreisen. Dann wurde er in Deutschland festgenommen. J hatte den heftigen Wunsch, Christ zu werden. Seine Religion sei voller Gewalt und Blut. Nach mehrwöchiger Unterrichtung, als der Asylantrag in Deutschland mit Hinweis auf Italien abgelehnt worden war, erklärte er sich plötzlich zum ,Hungerstreikenden'. Der Auslöser war ein Missverständnis über einen Rückkehrtermin nach Italien. Er werde nur an der Nase herumgeführt, ließ er übersetzen. Er wisse nicht mehr, wie lange es noch dauern werde. Auf der ganzen Welt werde von der Freiheit und den Möglichkeiten in den christlichen(!) Ländern geredet und alles großartig dargestellt. Wenn dann junge Menschen unter viel Mühe und Einsatz ihrer gesamten Möglichkeiten den Weg geschafft haben, werden sie eingesperrt und hin und her geschoben. Es gibt überhaupt keine Möglichkeiten. Und dann reden alle immer von Terroristen und Islam. Es handle sich um junge Männer wie ihn selbst, die enttäuscht sind und gegen die Leute kämpfen, die in ihre Länder kommen und dort Krieg führen. Man muss dazu kein Islamist sein oder etwas vom Heiligen Krieg wissen. Das ergibt sich ganz von selbst. (In diesem Falle blieb die islamistische Verhärtung eine Episode von wenigen Tagen und nur in Gedanken.)

Die Entwicklung dieser Wirklichkeitskonstruktion ist einfach, klar und nahezu tragisch. Der erhabene Traum von der christlichen freien Welt, die den Einsatz des Lebens lohnt, endet in der großen Enttäuschung. Dadurch wird die Sicht derer, die diese Welt bekämpfen, (wieder) plausibel. Die Enttäuschung führt zur Wut des abgewiesenen Bewunderers, dessen ,Leistung' der Annäherung unter größten Mühen die Anerkennung versagt wird. So entsteht die innere Zuwendung zu den Lehren bzw. Praktiken des Islamismus als Reaktionsbildung auf den Versuch, die als bedrohlich erlebte Welt im islamischen Herkunftsstaat hinter sich zu lassen. Damit wäre auch plausibel, warum sich die Wut undifferenziert narzisstisch und mit einem wahnhaften Element entlädt sowie sich gegen die eigene Herkunftsgesellschaft und die westliche Welt gleichzeitig richtet. Ähnlich sieht das auch Michael Widmann vor: „Es sind junge Männer, die sich der Kultur des Westens weitgehend angepasst haben. Aber das hat nicht den gewünschten Erfolg. Sie sind frustriert. Frustrierend ist in der Regel auch ihr politisches Engagement für die Zustände in ihrer Heimat."[294] In einem Interview drückt ein ehemaliger Aktivist das folgendermaßen aus: „Sie sind die Vorhut, für sie ergibt alles einen Sinn. Sie haben ein Netzwerk, einen Freundeskreis. Und es kann sehr attraktiv sein, wenn man plötzlich überzeugt ist, dass nur man selbst weiß, was wirklich vor sich geht. ... Auf jeden Fall bist du besser als deine Eltern, und darum musst du ihnen auch nicht mehr zuhören. ... Die Gruppe von Menschen geht davon aus, dass es für sie nichts mehr gibt, für das sich eine Rückkehr lohnt."[295] Warum es heute der Islamismus ist, der als ‚endgültige Antwort' auf psychische Entwicklungen der beschriebenen Art ‚einleuchtet', kann mit der Urszene des Islam (Medina – Mekka, 622ff.) zusammenhängen, bleibt aber letztlich fraglich.

2 Tod in Melilla

Einer von vielen Berichten über die Verknüpfung von Hoffnungslosigkeit, religiös - fundamentalistischer Einflussnahme und Kriminalität war im September 2009 im Bayrischen Rundfunk zu hören. Thomas Schneider vom ARD – Studio in Madrid berichtete über den Fund der Leichen zweier Jugendlicher, Salam und Rachid, aus Nord-Marokko der Nähe von Melilla.[296] Sie hatten sich mit Islamisten eingelassen. Das veränderte ihr Leben, wie die Schwester und zwei Cousins von Salam schildern:

"Er hatte immer gerne Musik gehört, hat Autos gemocht. Aber dann, als er unter diese Leute geriet, hat er sich radikal verändert. Er grüßte uns nicht mehr, niemanden von uns, er aß nicht mehr zuhause, weil das Essen, wie wir es zubereiten, unrein sei."

"Er war nicht mehr er selbst. Er redete nur noch über Religion, Religion, Religion. Was man alles nicht darf: keine Musik hören, kein Kino. Und dann fing er an und ließ sich einen Bart wachsen. Da wussten wir: Diese Typen hatten ihm den Kopf gewaschen."

"Er redete auch davon, dass es überhaupt nicht schlimm sei, zu rauben und zu töten, wenn man nur betet. Dass Gott die Frommen nicht

bestrafen würde, für keine Sünde, nicht in diesem Leben und nicht im nächsten, für nichts, das er tun würde."

Salam war arbeitslos und lebte mit seiner Familie in einem der Armenviertel von Mellila. Er wurde dort auf der Straße mit seiner Freundin von Islamisten angesprochen. Diese Islamisten haben mit den Moscheen in Melilla nichts zu tun. Sie treffen sich im Wald und streng geheim. Sie betonten immer, sie seien die wahren Muslime und verordneten Salam und seiner Freundin die strengen Vorschriften des Islamismus. Als die beiden aussteigen wollten, wurde Druck auf sie ausgeübt. Sie beschlossen Melilla in Richtung Barcelona zu verlassen. Der Auftrag, 100.000 Euro illegal nach Spanien zu bringen, schien die Grundlage für die „Wanderung" zu schaffen. Aber noch auf marokkanischem Gebiet wurden Salam und Rachid, der mitgehen wollte, umgebracht, unkenntlich gemacht und in die Büsche geworfen. Täter konnten nicht überführt werden. Die tödliche Falle für Jugendliche im Norden von Marokko ist ein Gemisch von Fundamentalismus und Kriminalität.

Das ist eine Geschichte, die sozusagen offen spricht. Plötzlich ist alles klar und es muss nichts mehr erklärt werden. Niemand weiß, ob Islamisten wirklich überzeugt sind oder nur Menschen in ihre Gewalt bekommen wollen, um ihre Handlungsbasis zu verbreitern. Die im Bericht dargestellten Deutungen zeigen verschiedene Perspektiven auf. Hier tritt der Gesichtspunkt der verschwörerischen Heimlichtuerei, fast Geheimbündelei hinzu. Esoterik kommt als Begriff für derart einfache Wahrheitsbehauptungen eher nicht in Betracht. Wichtig erscheint jedoch die Legitimationsstrategie: Der Fromme darf alles tun, weil er in einem anderen Status ist als die Ungläubigen. Gott wird ihn nicht bestrafen. Alles in allem wird klar, dass es sich wirklich um ein konkurrierendes religiöses Denk- und Lebensmodell handelt. Dass es mit schwerwiegender Kriminalität einhergeht, wird sichtbar. Wie die Verknüpfung genau konstruiert wird und ob Kriminalität der eigentliche Zweck der Konstruktion sein könnte, bleibt Vermutungen überlassen. Würde Letzteres angenommen, handelte es sich um das oben beschriebene psychische Modell der unvermittelten Kooperation von Es und Über – Ich. Als Auslösefaktor tritt die unstrukturiert scheinende Welt sozialer Dekompensation auf, die geradezu nach Erlösung schreit. Erlösung wäre hier die Neugründung des Lebens in Europa, nicht die verstärkte und vertiefte Hinwendung zu Allah. Dafür soll eine geplante illegale Finanztransaktion die materielle Basis bereitstellen. Die Kriminalitätsvermutung verstärkt sich so erheblich. Auf der einen Seite steht also die Sehnsucht nach Leben und Erlösung, die große Geschichte von der Wanderung ins gelobte Land Europa, auf der anderen wird das Versprechen von Erlösung mit der Legitimationsstrategie des islamistischen Denkens durch Verknüpfung mit kriminellen Zwecken in das genaue Gegenteil verkehrt. Das endet in diesem Fall mit dem sinnlosen und vernichtenden Tod dessen, der eigentlich nur Rettung suchte.

Die unüberschaubare Notlage des Betroffenen, zu deren Lösung in seinem Heimat - Horizont keine Mittel bereitstehen, bildet die Folie, auf der das fundamentalistische Religions-Kriminalitäts-Gemisch seine Wirkung entfalten kann. Mit einem (einfachen, kleinen) Schritt könnte alles anders werden. Der verzweifelte Schritt ist der Übertritt in eine andere Welt, welcher durch die kriminelle Beimischung aber geradezu in sich vernichtet wird. In diesem Beispiel tritt kein Wahn auf. Hier geht es ums physische und soziale Überleben. Der Einstieg in den Islamismus erfolgt auch nur auf dieser Basis. Er endet aber verhängnisvoll, da die Betroffenen offenbar die Schwierigkeit jedenfalls dieser Lösung erkannt haben. Wer jedoch die Gruppe verlässt, beginnt mit der Zersetzung und öffnet sie der Kritik.

Die beiden Beispiele konnten die Zusammenhänge noch einmal konkretisieren. Die islamistische Vorstellung von der wahren Religion und der Rettung durch sofortige Richtigstellung der Falschheit der Welt wirkt im konkreten individuellen Alltag besonders auf Bedürftige im wahrsten Sinne des Wortes individuell und kollektiv vernichtend. Verzweiflung wird genutzt und gelebt, ohne dass ein sinnvolles Ziel sichtbar würde. Gegen diese Verzweiflung hilft nur eine ganz große Kompensation.

Im Zusammenhang dieser Untersuchung kommt nun die Frage, ob sich nicht in der Reaktion der „westlichen Welt" auf die islamistische Herausforderung wahnhafte Reaktionsanteile wie Überkompensation oder anderes finden ließe. Dazu werden die Linien der (ethischen) Argumente für Armeeeinsätze in fremden Ländern nachgezeichnet. Zunächst folgt aber die Zusammenfassung der bisherigen Ergebnisse.

Merkmale des wahnhaften Terrorismus

Identifikation mit einem ganz großen Ziel: Gottesherrschaft und damit die Befreiung des Menschen.

Es geht um die Errichtung der Herrschaft Gottes im absoluten Sinne. In einer normalen Interpretation kann das als eigene unumschränkte Herrschaft verstanden werden. Das wird aber schwierig, wenn der Herrschaftswillige nach der Handlung nicht mehr lebt. Wer soll also die Gottesherrschaft ausführen, wenn es nicht Gott selbst tut?

Der erweiterte Suizid dient der Verdeutlichung des Ziels, das von Individuen unabhängig scheint, aber individuell durchgeführt wird. Selbstmord kann man schließlich nur an sich selbst begehen.

Der Suizid soll klarstellen, dass hier keine Herrschaft von Menschen über Menschen angestrebt wird. Das ist natürlich nicht richtig. Das Absolute soll eintreten – allerdings durch Menschenhand. Somit ist die stärkste Herrschaft gemeint, die es geben kann.

Wer einen erweiterten Suizid begeht, kann hinterher keine Zweifel an seiner Handlungsweise bekommen und dadurch gar noch andere vom „rechten Pfad" abbringen.

Das Ergebnis ist mehr als alles auf Erden. Es ist das Sein mit Gott.

Dieses Sein beginnt hier auf Erden durch die vollständige Ergebenheit in den Willen Gottes, seine Herrschaft durchzusetzen. Dahinter treten alle anderen (menschlichen) Bedürfnisse – auch das nach Leben - zurück.

Absolutheit ist nicht vermittelbar. Es handelt sich um bloße Mitteilung, deren Deutlichkeit mit einem Male alles klarstellt. Ein Gespräch soll damit auf keinen Fall angeregt werden. Die einzige Antwort heißt Unterwerfung. Bei politischen Zielen bedeutet das brutale Diktatur.

Fraglich ist, ob auch hier eine Identitätsbedrohung überkompensiert wird. Wenn als Begründung stets von „Beleidigung" die Rede ist, könnte das auf eine solche hindeuten. Die Identitätsbedrohung besteht in der angeblichen Beleidigung Gottes durch Nicht - Unterwerfung.

Der Suizidattentäter wähnt sich als Werkzeug Gottes, das allen anderen Werkzeugen überlegen sein muss und daher keine Vermittlung braucht.

Eine individuelle Beleidigung oder Bedrohung der Identität einzelner geneigter Individuen liegt jedenfalls offenbar nicht vor. Es könnte sich aber um negative Selbstwerterfahrungen handeln, um eine Art Zurückweisungsempfindungen. Die Menschen hören nicht zu. Sie sollen

„endlich zuhören“.

Also kann es sich auch nicht um einen Selbstheilungsversuch handeln, sondern um Rückzahlung der Zurückweisung unter archaischer Wut. Das allerdings könnte man durch Anschläge ohne Suizid auch erreichen. Dann wäre man aber vor aller Welt als Mörder gebrandmarkt und gejagt.

Der Suizid stellt klar, enthält aber keine heilende oder heilsame Botschaft. Es sei denn, man nimmt die Herrschaft Gottes als das Heilsame überhaupt. Diese Vorstellung wird bisweilen formuliert. Das Ziel ist aber das Paradies. Es geht wirklich um absolute Herrschaft ohne jede Vermittlung.

Die ganze Figur bleibt in sich rätselhaft. Trotz der Bezeichnung religiöser Wahn kommt niemand auf die Idee, die Suizidattentäter als wirklich psychisch krank zu bezeichnen. Es handelt sich um ihre Konstruktion der Wirklichkeit. Diese Konstruktion ist bis auf den Suizid ein Abbild der jüdischchristlichen Tradition.

Am ehesten kann die Geschichte von J der Sache näher kommen. Dann handelt es sich um eine individuelle Überkompensation der katastrophalen Bedrohung, keinen Platz in der Welt zu bekommen. Aus dieser verzweifelten Situation macht ein Suizid Sinn, indem er alles mit einem Schlag beendet. Warum aber die anderen Opfer sein müssen und den Suizid zu einem erweiterten machen, erscheint immer noch rätselhaft. Hier hilft der weltliche Gedanke weiter, dass ein Suizidattentat eminente Wirkung erzielt und überall ausgeführt werden kann. Dann tritt der Märtyrergedanke ein: Wer sich so an den Feinden Gottes durch Einsatz des eigenen Lebens bemerkbar macht, kommt in den Status des Helden. Was aber nützt ihm dieser Status auf dieser Welt? In Wirklichkeit opfern sich viele auf diese Weise für den Status (Ehre) ihrer Familien und ihrer selbst. Es handelt sich damit doch um eine innerfamiliäre Rettungshandlung, die nichts mit Islam, aber viel mit Verzweiflung und sozialen Unzulänglichkeiten in so genannten islamischen Gesellschaften zu tun hat.

In vielen Fällen aber erscheint das Suizidattentat vor allem bei Konvertiten – bei denen der soziale Hintergrund so nicht auftritt - auch als Event der Selbstdarstellung. Auch hier tritt der rätselhafte Zusammenhang ein, dass dieser Event gleichzeitig klar der letzte für den Betroffenen ist und ihn als Massenmörder in Erinnerung bleiben lässt.

Wer andere umbringt, wird sie nicht der Herrschaft Gottes zuführen können. Der wahnhafte Terrorismus ist somit auch noch unlogisch. Das macht jedoch einer Religion nichts aus. Sie besteht nicht aus logischen Sätzen, sondern aus unbefragten Glaubensvorstellungen, die „Interpreten“ (Anführer) einem Individuum vorgeben.

Hier geht es um die Ordnung der Welt der Illusionen, die nicht mit der Realität vermittelt werden. Ort der Entstehung sind die Sozialisation und Gruppen von Individuen.

Ein unvermitteltes und unvermittelbares narzisstisches Größenselbst verträgt nichts neben sich und auch nicht sich selbst. Daher ist Mord und Selbstmord ein und dasselbe. Vielleicht ist er daher auch nahezu ausschließlich männlich.

Mit den Menschen, die sich solchermaßen für die Gottesherrschaft einsetzen, redet niemand mehr. Es wäre jedoch dringend notwendig, mit ihnen zu sprechen und nicht über sie. Doch wer will sich das zumuten, wenn hinter jedem Wort die Todesdrohung steht? Hier tut sich ein großes Feld für islamische Theologen auf. Solange die Theologen im Islam eher den Suizid denn die zahlreichen zivilen Opfer als theologisches Problem sehen, ist das Problem wohl eher nicht lösbar.[297]

In theologischer Hinsicht stammen die apokalyptischen Szenarien des Gotteskrieges aus dem Alten und Neuen Testament. Sie sind ihnen zumindest nachgebildet – mit Ausnahme des Suizids beim Attentat.

Aus radikalkonstruktivistischer Sicht handelt es sich um eine Konstruktion von Wirklichkeit mit eigener Rationalität.

Wahn und wahnhafter Terrorismus

Beide Formen gleichen sich in Folgendem:

In beiden Fällen geht es um bloße Mitteilung, nicht um Wünsche nach gegenseitiger Kommunikation.

In beiden Fällen werden Überkompensationen von („gefühlten") Bedrohungen zum Movens.

In beiden Fällen wollen die Betroffenen „endlich Gehör finden".

Die Mitteilungen sind in beiden Fällen entschlüsselbar / interpretierbar auf dem Hintergrund religiöser Bedeutungen oder Urszenen, besonders der apokalyptischen Tradition.

Alle Themen aus dem religiösen Wahn sind bei beiden vorhanden, aber verschieden zusammengesetzt.

Es handelt sich um Wirklichkeitskonstruktionen mit je eigener Rationalität.

Unterschiede

Im Falle des religiösen Wahns ist die Bedrohung eine nicht sehr gut umschreibbare der eigenen Identität. Im Falle des wahnhaften Terrorismus dagegen wird die Bedrohung als Beleidigung einer Religion, der die Macht zusteht, beschrieben und diese Religion mit der Herrschaft Gottes gleichgesetzt. Hier wird die ‚illusionistische Welt' als Gesetz genommen, und in dieser ist Gott beleidigt und muss gerächt werden. Im religiösen Wahn ist die innere (autistische) Welt in Unordnung und soll geheilt werden. Die wahnhafte Idee mit Krankheitswert ist der Versuch, die (eigene) innere Welt zu ordnen. Der Fundamentalismus zielt auf die „Ordnung" der äußeren (politischen oder innergemeindlichen) Welt ab.

Im religiösen Wahn sind die Geschlechter einigermaßen gleich stark vertreten, auch wenn sie verschiedene Themen bevorzugen. Im wahnhaften Terrorismus überwiegt die männliche Seite massiv. Das weibliche Geschlecht ist wohl eher unter Zwang und mit anderen Motiven als denen der Herrschaft beteiligt.

Beim Wahn wird die eigene Identität als eine der religiösen Gestalten / Bedeutungen behauptet bzw. reklamiert. Fundamentalisten identifizieren sich nicht mit der Gestalt selbst, sondern begeben sich ohne Bedingung in ihren – so ihre Interpretation - allumfassenden Dienst. Eine einzelne Figur der ‚religiösen Szene' reicht da nicht als Identifikationsobjekt. Dagegen steht das Versprechen der bedingungslosen „Annahme" in der anderen Welt – das religiöse Grundthema schlechthin.

"Weltverantwortung": Der westliche Wahn

Politische Verwicklungen und Friedensgebete

Aus deutscher Sicht ergeben sich durch den Terrorismus Fragen nach der politischen Verantwortung, die im November 2001 sogar zu einer Regierungskrise führten. Nur eine Partei lehnte kriegerische Mittel grundsätzlich ab. Die Kirchen taten und tun sich sehr schwer mit einer Stellungnahme zur militärischen Terrorismusbekämpfung und stehen im Zwiespalt zwischen Gegnern und Befürwortern militärischen Eingreifens. Einige Intellektuelle sprachen sich gegen kriegerische Mittel aus. Dabei ist die Debatte um Gewalt gegen Terrorismus und für Frieden in ihrer veränderten Form mindestens so alt wie der Golfkrieg von 1991, obwohl es sich damals um eine 'staatliche' Aggression des Irak handelte. Er brandete auch anlässlich der Irakkrise 2003 wieder heftig auf.

Die Debatte um den Einsatz deutscher Soldaten im UNO - Auftrag ließ und lässt einen Erdrutsch an Plausibilitäten in der öffentlichen Meinung erkennen. Fast könnte man von einem fortschreitenden und inzwischen vollzogenen Paradigmenwechsel in der politischen und alltäglichen Ethik sprechen! Dieser Paradigmenwechsel wurde durch den damaligen Bundeskanzler Gerhard Schröder mit der Forderung, das Militärische zu enttabuisieren, vorangetrieben.

Der Einsatz der Bundeswehr in anderen Ländern, zunächst in Bosnien, rief kontroverse politische Debatten hervor. In Somalia erfuhr der Westen im Auftrag der UNO eine schwere Demütigung mit der merkwürdigen Situation des überstürzten und ergebnislosen „Abzugs".[298] In Bosnien galt erfahrene Hilflosigkeit, mit der man das Morden anschauen musste, als Fanal und Motivation für den Krieg um den Kosovo, bei dem die Bundesrepublik bereits mit von der Partie war. Der Einsatz wurde als einer für die Verteidigung von Menschenrechten und Selbstbestimmung definiert. Der Einsatz in Afghanistan konnte demgegenüber als „Verteidigung der Freiheit, die gesichert werden muss", begründet werden. Der Irakkrieg spielte eine weitere unglückliche Rolle, weil er mit ganz offensichtlichen Lügen begründet wurde. Es schien so, als wüsste der amerikanische Präsident weniger als ein durchschnittlicher deutscher Zeitungsleser.

Was in der Politik und in den Medien geradezu zelebriert wurde, schien an der Institution Kirche fast ganz vorbei zu gehen. Wohl mahnte der Papst zum Frieden in Bosnien. Die Bischöfin von Hamburg hatte versucht, sich in Zagreb zusammen mit anderen Frauen für im bosnischen Krieg geschundene Frauen einzusetzen. Die evangelischen und katholischen Bischöfe sprachen von den Untaten der Kriegsparteien. Die Kirchen luden zu Gedenkgottesdiensten nach den Anschlägen von New York ein, wo die obersten Repräsentanten treffende und mahnende Worte mit allgemeiner Zustimmung fanden.

In der Öffentlichkeit aber werden die Äußerungen der Kirchen fast nicht diskutiert, bis auf eine kleinere innerkirchliche Debatte um die missverständliche These vom "gerechten Krieg", die Anfang der 90iger Jahre im lutherischen Weltbund auftauchte, und die Wiedervorlage einer Friedensdenkschrift nach den New Yorker Anschlägen. Und warum schweigt die Friedensbewegung fast ganz, vom heftigen Aufflackern vor Beginn des Irakkrieges 2003[299] abgesehen: Damals demonstrierten 10 Millionen Menschen weltweit gegen den Beginn des Irak – Krieges, in Berlin alleine 500000 und kirchlich intensiv begleitet.

Auf niedrigerer Ebene wurden die Probleme wohl eifrig besprochen: In Predigten, Aufrufen oder Gebeten. Bundeswehrgeistliche reisten selbstverständlich mit nach Somalia, in den Kosovo und nach Afghanistan. Zu Golfkriegzeiten 1990 hatte es noch einmal eine heftige Auseinandersetzung in den Kirchen und eine Art kurzer Auferstehung der Friedensbewegung gegeben. Da schien es vordergründig um die Befreiung von brutaler Besatzung und Unterdrückung zu gehen. Es herrschte noch heftige Stimmung gegen die kriegerische Gewalt.

In den fünfziger Jahren hatte die Frage der Wiederbewaffnung der Bundesrepublik Deutschland nahezu die evangelische Kirche gespalten. Man fand dann die Formel vom „Friedensdienst mit und ohne Waffe". Vielen Gruppen in der Kirche bereitete es erhebliches Kopfzerbrechen, sogar starke Gewissensnot, einem Dienst mit der Waffe überhaupt zustimmen und ihn dann noch als Friedensdienst bezeichnen zu können. Die „Heidelberger Thesen" von 1959 formulierten angesichts der atomaren Bewaffnung die Hoffnung auf eine Zukunft, in der der Krieg überwunden wird. Vor noch nicht allzu langer Zeit konnte die Friedensbewegung in den Kirchen und außerhalb Hunderttausende auf die Straße bringen. Kirchentage glichen Friedensdemonstrationen. Seit 1988 hat sich ausgehend von einer Schrift der DDR - Kirchen für die evangelische Ethik der Begriff „gerechter Friede" als Leitbegriff durchgesetzt und wurde auch 2001 bekräftigt.

Das Chaos mit Gewalt beseitigen?

Friedensforschung, Friedenserziehung, Friedenspädagogik: Schlagworte aus den siebziger Jahren des 20. Jahrhunderts, die Stoff für eine Menge Examensarbeiten in den humanwissenschaftlichen Fächern der Unis hergaben! „Frieden schaffen ohne Waffen!" und „Schwerter zu

Pflugscharen!", christlicher Pazifismus, Konfliktregelung ohne Gewalt, Frieden schaffen durch „Deeskalation", sozialen und ökonomischen Ausgleich.... Fast scheint es, als sei all das gründlich vergessen. In den Fragen des Einsatzes der Bundeswehr außerhalb deutscher Grenzen herrscht nicht nur eine merkwürdige Gesprächsstille in den Kirchen[300] - von Widerstand ganz zu schweigen. Es scheint so, als habe sich das öffentliche und private Bewusstsein in kürzester Zeit grundlegend gewandelt.

Die Gewalt und das Chaos mit Gewalt beherrschen zu wollen - lange als kontraproduktiv verurteilt -, erscheint vielen auch jetzt wieder schlicht plausibel. Es schien so, als bestätigte der (vorläufige anfängliche) Erfolg der Afghanistan - Mission diese Plausibilität und führte sie nahezu zur Fraglosigkeit. Diese bröckelte bald angesichts der Entwicklung in Afghanistan und im Irak. Der Angriff auf die Tanklastwagen bei Kundus[301] mit vielen Toten rief (mit Verzögerung) die Fragen des Kriegseinsatzes wieder heftiger hervor und sorgte für weniger Zustimmung zu diesem Einsatz durch die Bevölkerung. Kann der Einsatz von Waffengewalt ohne weiteres wieder ethisch gerechtfertigt werden?

Sollte es sich vielleicht sogar um ein besonders ehrenwertes, wenn nicht sogar christliches Motiv handeln, ein Volk vor dem Untergang durch gegenseitige Aushungerung und Ausrottung zu retten und die Freiheit und den Frieden gegen das eklatant Böse zu schützen? Tun die Soldaten in diesem Falle den Dienst der Nächstenliebe im Sinne der karitativen Hilfe oder ermöglichen sie ihren Einsatz?

"Weltverantwortung"

Die politische Vorgabe dazu lautet fast uneingeschränkt: Die Bundesrepublik Deutschland könne sich in ihrem neuen und vergrößerten Zustand ihrer weltweiten Verantwortung nicht entziehen. Die Bundesrepublik erwerbe durch Einsätze wie in Afghanistan ihre „Politikfähigkeit"[302], sprich: das Mitspielen im Konzert der Verantwortlichen. Bedeutet also Verantwortung Bereitschaft zum Einsatz von Gewalt gegen Gewalt? Verantwortung stellt unbestritten eine ethische Kategorie dar. Diese Vorgabe aber schließt die Behauptung ein, weltweite Verantwortung geschehe auch oder vorwiegend durch die Entsendung von Soldaten. Hat die Bundesrepublik Deutschland nach dem Zweiten Weltkrieg keine internationale Verantwortung getragen? Hatten die Westintegration der Bundesrepublik, die Politik der damals so genannten ‚kleinen Schritte' gegenüber dem Osten, der Helsinkiprozess, die Idee vom Wandel durch Annäherung, die Einbindung des Landes in die NATO keinen verantwortlichen Charakter? Die Hilfsbereitschaft großer Bevölkerungsgruppen für Menschen in Kriegs- und Hungergebieten weltweit bewies schon lange ebenso unbestritten ‚Weltverantwortung' wie alle politische Maßnahmen. Hinter diesen verschiedenen Varianten der Verantwortung für das Zusammenleben der Völker stehen sehr verschiedene politische und ethische Konzepte.

Eine ganz andere – und einleuchtende - Form von Verantwortung brachte Bundespräsident Gauck ins Gespräch: „Wir sollten uns nicht der Illusion hingeben, wir könnten verschont bleiben von den politischen und ökonomischen, den ökologischen und militärischen Konflikten, wenn wir uns an deren Lösung nicht beteiligen…. Ich mag mir nicht vorstellen, dass Deutschland sich groß macht, um andere zu bevormunden. Ich mag mir aber genauso wenig vorstellen, dass Deutschland sich klein macht, um Risiken und Solidarität zu umgehen".[303]

Möglichkeiten ethischer Bewertung

Was aber kann z.B. die evangelische Ethik im Hinblick auf die neue Definition der Lage und der Verantwortung sagen? Martin Luther hat dazu in der Schrift „Ob die Kriegsleute von seligem Stand sein können" Folgendes vorgegeben: Für sich selbst darf der Christ nicht zur Waffe greifen. Zum Schutze seines Nächsten kann er und als Obrigkeit muss er die Waffe ergreifen, wenn dem Bösen anders nicht Einhalt zu gebieten ist. Die Grundlage für solche Ethik bildet das Axiom von der „Sündhaftigkeit des Menschen". Wären alle bereit / in der Lage, dem Gebot der Nächstenliebe zu folgen - wäre also der Mensch schlechthin schon so zu leben in der Lage, wie der Glauben es in Aussicht stellt - gäbe es keine Notwendigkeit von Gewalt unter den Menschen mehr. Der Einsatz von Gewalt unter den Menschen setzt also die von Theologen früher so genannte gefallene Schöpfung voraus. Er soll dem Nächsten und der guten Ordnung unter den Menschen dienen und nicht für eigene Zwecke. Hier tut sich im Übrigen ein interessanter Vergleich zu dem zitierten Gedankengang des Ali auf, der sein Schwert nicht zum eigenen Gefallen nutzen darf, sondern zur Ehre Gottes.

Jeder weiß, dass die evangelische Theologie mit diesem Ansatz bis hin zur Hitlerdiktatur weithin auf der Seite der Obrigkeit gestanden hat, ja Tyrannei mit Luther sogar noch als „Strafe Gottes" verstehen konnte. Das macht sie in den Augen mancher Zeitgenossen immer noch untauglich für sozial- und politikethische Beiträge.

Zuerst beim Somalia – Einsatz (1992/3), dann in Bosnien (1992-95) und im Kosovo (1998/9) und in Afghanistan (seit 2001) erschienen und erscheinen äußerlich die Bedingungen für eine Rechtfertigung auch durch die evangelische Ethik erfüllt zu sein. Die Einsätze galten und gelten nicht eigenen Interessen, sondern fördern die Möglichkeit, Frieden in ein zerrüttetes Land zu bringen, zuletzt sogar die Freiheit (gute Ordnung) der ganzen Welt gegen ihre Feinde zu verteidigen. Es bleibt dabei fraglich, ob derartige Einsätze militärisch überhaupt nötig sind, ob das Ziel der Befriedung, das auch das Ziel der Nächstenliebe ist, jeweils militärisch erreicht werden kann.

So eindimensional aber konnte in der Ethik noch nie argumentiert werden. Wenigstens Grundlinien von differenzierter Realitätswahrnehmung müssen hinzugezogen werden. In den siebziger Jahren wurde in der Friedensforschung die These von der globalen Vernetzung des Friedens und seiner Bedingungen aufgestellt.[304] Globalisierung wurde seither und besonders nach dem Zusammenbruch des Ost-West-Gegensatzes zum Programm und zum neuen Feindbild, wobei die westlichen Länder daraus unbestritten Gewinn und Macht erwirtschaften. Die globale Vernetzung zeigt sich auch politisch in der UNO, die im Fall des Terrorismus mit einer Stimme sprechen kann. Weil aber gleichzeitig die Staaten der Erde souverän bleiben, stellt sich die Frage, unter welchen Bedingungen ein Einsatz der UNO im Sinne einer Weltinnenpolitik vertretbar sein kann gegen die Souveränität eines einzelnen Landes. Ein Einsatz der Weltgemeinschaft setzt gemeinsame Maßstäbe voraus, also eine Art gemeinsamer Ethik.

Ethisch zu rechtfertigende Eingriffsziele könnten sein:
• Schutz der Bevölkerung vor der eigenen Regierung (gegen Gewalt im Sinne der Tyrannei),
• Wiederherstellung staatlicher Strukturen, wenn sie dem Wohl der Menschen dienen (gegen Gewalt im Sinne des politischen Chaos, wobei Gewaltmonopol und Gewaltenteilung des Staates zerfallen),
• Sicherstellung der Verteilung von Lebensmitteln an alle Bevölkerungsgruppen (gegen Gewalt, die das Leben des Mitmenschen nicht achtet),
• Bedrohung der Völkergemeinschaft durch ein einzelnes Mitgliedsland;
• terroristische Szenarien, die in bestimmten Ländern geduldet oder gar unterstützt werden, und sich gegen andere Länder oder 'die Menschheit' richten.
• Prävention in all diesen Fällen.

Eingreifen als Folge gegenwärtiger Machtverhältnisse

Damit wird der Weltgemeinschaft der Völker eine Art ordnungspolitischer Funktion zugeschrieben und ein global geltendes Rechtsverständnis, das ungesetzliche und terroristische Gewalt als verbrecherisch definiert, angenommen. Ob es sich um eher defensive oder eher gestalterische Aufgaben handeln soll, bleibt anhand der Beispiele des Einsatzes fraglich. Die Anlässe jedenfalls schienen bisher eher defensiver Art. Somalia bildete darin möglicherweise eine Ausnahme. Hier sollte die Gefahr nicht nur abgewehrt, sondern staatliche Struktur auch wieder aufgebaut werden. Wie sich die Sachlage in Bosnien verhielt, wusste jeder ziemlich genau. Einzugreifen aber scheute sich die Völkergemeinschaft zunächst. Im Kosovokrieg trat die Nato stellvertretend und ohne Uno - Ermächtigung an, um damals so genannte „ethnische Säuberungen" oder gar einen „Völkermord" zu verhindern. Erst im Afghanistan - Einsatz gab es eine weltweite Übereinstimmung gegen terroristische Angriffe auf „die Freiheit". Viel fundamentaler hat der bereits zitierte B.-H. Lévy dies angesetzt: „Das Schreckliche darf nicht das letzte Wort sein. Meine Generation hat ein großartiges Prinzip im Völkerrecht durchgesetzt: das Recht auf Einmischung. Dieses Recht hat in letzter Zeit drei Befreiungskriege ermöglicht, in Bosnien, im Kosovo und jetzt in Afghanistan. An unseren Kindern liegt es, weiterzugehen, aus dem Recht eine allgemeine Pflicht zu machen. Dafür braucht es mehr als humanitäre Hilfe und Mitleidsbekundungen."[305]

Die Situation zum Eingreifen ließe sich jedoch auch ganz anders definieren als durch die gegenwärtigen Machtverhältnisse. Wenn beispielsweise ein Land durch seine Lebensweise die Ressourcen der Menschheit über Gebühr beansprucht, sollte dann nicht die Mehrheit der Völker dem einen Riegel vorschieben? Wahrscheinlich sind solche Vorstellungen völlig irreal. Einsätze der UNO müssen also trotz der großen Übereinstimmung im Afghanistan - Einsatz auch unter dem Aspekt der Machtverteilung in dieser Welt gesehen werden. Es scheint kaum vorstellbar, dass die Armeen der reichen Länder im UNO - Auftrag möglicherweise ihre eigenen, die Weltbevölkerung schädigenden, Privilegien abbauen.

So kann es allenfalls darum gehen, Grundrechte, wie zum Beispiel die Menschenrechte zu verteidigen oder in Kraft zu setzen. Welche Opposition oder andere Gruppe eines Landes aber kann sich in der Weltöffentlichkeit so artikulieren, dass die Notwendigkeit des Eingreifens sichtbar wird? So hängt die Möglichkeit der Weltgemeinschaft zum Eingreifen von verlässlicher Information ab.

Dazu kommt nun ein weiteres, gewissermaßen gruppendynamisches oder institutionenkritisches Problem: Schon in kleineren Institutionen kann man beobachten, dass die jeweils nächst höhere Ebene die Zusammenhänge nicht kennt und in einer schädigenden Weise in die Basis hineinwirkt. Oft heizen die Entscheidungen anderer Ebenen

Konflikte in der Basis erst richtig an. Konflikte werden stellvertretend ausagiert und ausgekämpft. Das wurde in den Zeiten des Ost - West - Gegensatzes weltweit erprobt. Anstatt dass die direkten Konfliktparteien zur Einigung gezwungen waren, verstärkten die Eingriffe von außen bestimmte Zielsetzungen im Konfliktgebiet.

Eingreifen kann sich, so das Ergebnis dieser Betrachtung, nur an einer Idee der gemeinsamen Rechtsdurchsetzung orientieren. „Im Kontext dieser Rechtsdurchsetzung sprechen die "Orientierungspunkte" von 1994 von ‚humanitärer Intervention'. „Gemeint ist ein militärisches Eingreifen mit der Begründung und dem Ziel, in einem Fall gravierender Menschenrechtsverletzung zur Anerkennung und Durchsetzung der Menschenrechte beizutragen und so den Opfern von Unterdrückung und Gewalt Schutz und Hilfe zuteil werden zu lassen. Der Begriff der humanitären Intervention ist analog zum Begriff der humanitären Hilfe gebildet. Der Kosovo-Krieg hat gelehrt, dass dieser Be-griff in der Gefahr steht, beschönigend zu wirken und politisch mißbraucht zu werden. Es sollte klar beim Namen benannt werden, mit welchem Mittel, nämlich der Anwendung bewaffneter Gewalt, hier Hilfe geleistet werden soll."[306] Besonders ist auch folgender Einwand zu bedenken: „Was wir miterleben ist eine Umfunktionierung des Militärs gewissermaßen zu einer internationalen Polizeitruppe. Und allein dieser Gedanke basiert darauf, uns vorzustellen, wir müssten als Deutsche verpflichtet sein, zur Vermeidung von Unrecht selber jede Art von Unrecht zu erlernen und zu üben. Die Logik der Rechtfertigung der Kriege ist immer wieder dieselbe: wir müssten das Böse bekämpfen, indem wir selber die Instrumente des Bösen handhaben. Immer wieder wollen wir da den Teufel aus der Hölle holen, indem wir selber zum Oberteufel werden und sogar die schlimmsten Satans Meister würden."[307] Sicher handelt es sich bei der Formulierung um eine starke Zuspitzung. Es steht nicht ‚jede Art von Unrecht' bei der Bekämpfung zur Debatte. Mit polizeiähnlichem Einsatz kann stets nur gemeint sein, dass das Notwendige an Gewaltanwendung unternommen wird, um weitere Übeltaten zu verhindern und die Verantwortlichen dingfest zu machen. Andere Ziele haben Polizeieinsätze nach westlichen liberalen Mustern nicht.

In einer Denkschrift von 2007 hat die EKD diesem Schema zugestimmt und als alleiniges Eingriffsziel die Erhaltung des Rechts beschrieben und folgende – an juristische Formulierungen angelehnte – Kriterien aufgestellt:
• Eingriffen „liegen *allgemeine Kriterien einer Ethik rechtserhaltender Gewalt* zugrunde, die – unabhängig vom jeweiligen Anwendungskontext – wie folgt formuliert werden können:

- *Erlaubnisgrund:* Bei schwersten, menschliches Leben und gemeinsam anerkanntes Recht bedrohenden Übergriffen eines Gewalttäters kann die Anwendung von Gegengewalt erlaubt sein, denn der Schutz des Lebens und die Stärke des gemeinsamen Rechts darf gegenüber dem »Recht des Stärkeren« nicht wehrlos bleiben.
- *Autorisierung:* Zur Gegengewalt darf nur greifen, wer dazu legitimiert ist, im Namen verallgemeinerungsfähiger Interessen aller potenziell Betroffenen zu handeln; deshalb muss der Einsatz von Gegengewalt der Herrschaft des Rechts unterworfen werden.
- *Richtige Absicht*: Der Gewaltgebrauch ist nur zur Abwehr eines evidenten, gegenwärtigen Angriffs zulässig; er muss durch das Ziel begrenzt sein, die Bedingungen gewaltfreien Zusammenlebens (wieder-) herzustellen und muss über eine darauf bezogene Konzeption verfügen.
- *Äußerstes Mittel:* Der Gewaltgebrauch muss als äußerstes Mittel erforderlich sein, d. h., alle wirksamen milderen Mittel der Konfliktregelung sind auszuloten. Das Kriterium des »äußersten Mittels « heißt zwar nicht notwendigerweise »zeitlich letztes«, es bedeutet aber, dass unter allen geeigneten (also wirksamen) Mitteln das jeweils gewaltärmste vorzuziehen ist.
- *Verhältnismäßigkeit der Folgen:* Das durch den Erstgebrauch der Gewalt verursachte Übel darf nicht durch die Herbeiführung eines noch größeren Übels beantwortet werden; dabei sind politisch-institutionelle ebenso wie ökonomische, soziale, kulturelle und ökologische Folgen zu bedenken.
- *Verhältnismäßigkeit der Mittel:* Das Mittel der Gewalt muss einerseits geeignet, d.h. aller Voraussicht nach hinreichend wirksam sein, um mit Aussicht auf Erfolg die Bedrohung abzuwenden oder eine Beendigung des Konflikts herbeizuführen; andererseits müssen Umfang, Dauer und Intensität der eingesetzten Mittel darauf gerichtet sein, Leid und Schaden auf das notwendige Mindestmaß zu begrenzen.
- *Unterscheidungsprinzip*: An der Ausübung primärer Gewalt nicht direkt beteiligte Personen und Einrichtungen sind zu schonen.«[308]

„Weltverantwortung" alleine ist kein Grund für den Einsatz von Soldaten in fremden Ländern.

Ist es also ethisch vertretbar, nationale Armeen, darunter die deutsche, in Gewalt erzeugenden Krisengebieten einzusetzen? Auf keinen Fall reicht die Begründung aus, Deutschland müsste nun endlich Weltverantwortung übernehmen. Wenn solche Missionen befürwortet werden und auch ethisch zumindest in die Nähe der Rechtfertigung rücken sollen, muss es innere Gründe geben. Weltverantwortungsstreben an sich gibt keinen Grund ab, mit Soldaten in anderen Ländern einzugreifen. Die Varianten des missionarischen Imperialismus wurden in vielen Einzelheiten bereits erprobt - und in den letzten Jahren für ethisch und politisch unhaltbar angesehen! Auch wenn solche in den westlichen Ländern nicht einmal mehr als Denkmuster benutzt werden, sind sie doch – wie gesehen - in den Köpfen islam(ist)ischer Bevölkerungen vorhanden und virulent.

Wie man allerdings schon lange beobachten kann, scheuen sich weltanschaulich orientierte Länder und Gruppen nicht, weltweit Terrorismus etc. zu unterstützen, um vermeintlichen oder tatsächlichen Einfluss auszuüben. Wenn gegen Terrorismus „Weltverantwortung" übernommen wird, weil von ihm auch eine weltweite und nicht durch nationale Grenzen begrenzte Gefahr ausgeht, scheint das ethisch ohne Probleme belegbar zu sein. Hier heißt die problematisierende Fragestellung eher, ob nicht auch hier im Interesse der gegenwärtigen Machtverhältnisse und politischen Plausibilitäten gehandelt wird. Die schweren Anschläge auf russische Wohnblocks, die wahrscheinlich im Zusammenhang mit dem Tschetschenienkrieg standen, wurden jedenfalls nicht annähernd so beantwortet wie die Attacken auf die USA.[309] Hier galt eher die Meinung als plausibel, dass sich die Tschetschenen nur - und möglicherweise berechtigt, wenn auch mit den falschen Mitteln - wehren.

Auch demokratische Staaten sind vor der Übernahme durch machtgierige und gewalttätige Interessengruppen nicht sicher. Es besteht also einerseits die Gefahr, dass Einsätze von UNO - Truppen bestimmten Fremd - Interessen dienen. Andererseits ist globale Vernetzung auf keinem Gebiet der Menschheit zu leugnen. Schließlich muss auch ein Einsatz der UNO von Menschen entschieden werden. Menschen werden von Interessen geleitet und unterliegen Wahrnehmungsblockaden.

Nichteinmischung als ethisches Prinzip?

Das alles würde eher für Nicht - Eingreifen nach dem Prinzip der Nichteinmischung zu Zeiten des Kalten Krieges sprechen. Die Erfahrung aber lehrt gerade aus jenen Zeiten, dass Nichteinmischung nur die Decke ist, unter der sich der eigene Einfluss ausdehnen und Machtsphären stabilisieren lassen. Das Prinzip der Nichteinmischung in nationale Angelegenheiten diente zur Abwehr von Kritik und zur Rechtfertigung von politischen und militärischen Übergriffen und Gewaltakten. Umgehen ließ es sich ohnehin durch „Hilferufe" aus den betroffenen Ländern, wie gezinkt sie auch immer waren.

Bei Hilfeersuchen im humanitären Bereich scheint es kein Problem mit der Einmischung zu geben. Allerdings zeigten z.B. Bosnien oder

der Sudan, dass Kriegsparteien auch humanitäre Hilfe als Einmischung auffassen und behandeln. Für den einfachen Beobachter erschienen die Verhältnisse in Somalia nicht übersichtlicher als die in Bosnien, während im Falle Afghanistans alles geklärt schien. Die dort bis zum Eingreifen der multinationalen Truppen herrschenden Taliban herrschten nicht nur so, dass ihr eigenes Volk durch Flucht und Hunger immer weniger wurde, sondern machten sich auch noch mit dem Terrorismus im Namen des Islam fast bis zur Unterschiedslosigkeit gemein.

Wer die gegenwärtigen Debatten um einen ethischen Beitrag anreichern will, sieht, wie schwer es fällt, die Grenze zu definieren, die irgendwo auf der Welt Menschen zu schutzbedürftigen Nächsten macht. Leichter fällt dagegen die ethische Begründung, aggressive und fanatische Terroristen als ‚Feinde der Menschheit‘ gemeinsam zu verfolgen und zu bekämpfen.

In den großen Friedenshoffnungen von Philosophie und Religion spielt immer die Einsicht Einzelner und ganzer Völker in die grundlegende Gemeinschaft der Menschen als Menschheit oder vor Gott eine Rolle. So kommen nach Jes. 2,2-4[310] die Völker zum Berg Zion und lassen sich Weisung geben. Ihre Schwerter werden zu Pflugscharen, ihre Speere zu Sicheln. Die Friedenshoffnung erfüllt sich durch das Gesetz Gottes, das die Herrschaft unter den Menschen übernimmt.[311] Der Einsatz des Gesetzes erfolgt gemäß seiner Absicht nicht mit Waffengewalt, sondern über „Zurechtweisung" und unvermittelte göttliche Erleuchtung. In Micha 4,5 liest man sogar, dass „ein jegliches Volk im Namen seines Gottes wandeln" wird. Ich kann es auch mit den Worten von Erich Fromm ausdrücken, der das zu einer Vision ausgebaut hat. „Der religiöse Fanatismus, die Quelle von soviel Streit und Zerstörung, wird verschwunden sein. Wenn erst einmal Friede und Freiheit von Angst herrschen werden, wird es wenig ausmachen, welcher Denkvorstellung die sich bedienen wird, um ihren höchsten Zielen und Werten Ausdruck zu verleihen. ... Die Menschen werden nicht nur aufhören, sich gegenseitig zu vernichten, sie werden auch nicht länger die Empfindung haben, dass einzelne Völker voneinander streng getrennt sind. Sobald das volle Menschsein erreicht ist, hört der Fremde auf, ein Fremder zu sein; es schwindet die Illusion von den wesensmäßigen Unterschieden zwischen Volk und Volk,..."[312]

Eine Geschichte der Nächstenliebe, in der dies praktisch umgesetzt wird, die sich jedoch auch grundlegend von Jes. 2 unterscheidet, ist die vom „Barmherzigen Samariter". Der tut das Notwendige an humanitärer Hilfe, säubert aber nicht den Weg von Jerusalem nach Jericho durch politische und polizeiliche Maßnahmen vom Überfallrisiko. Was der Einzelne als Nächster tun kann, lässt sich vielleicht gar nicht auf Staaten übertragen. Gemeinschaften können einerseits besser helfen. Die Last wird auf viele verteilt. Die Hilfe geht überlegter und geplanter, aber weniger spontan vor sich. Im Zweifelsfall muss eine Berechtigung festgestellt werden.

Es scheint also so, dass die Nächstenliebe nur bedingt als Grundlage für einen Militäreinsatz taugt, wenn auch die Herstellung einer Ordnung, in der Menschen leben können, Aspekte der Nächstenliebe aufweisen kann. Die Bekämpfung von Terroristen dagegen, die keinerlei Menschenleben, noch Würde oder Rechte anderer achten, braucht nicht die Nächstenliebe als Grundlage, sondern lässt sich ethisch gesehen als Selbstschutzmaßnahme mit nahezu jeder Ethik der Welt begründen. Hier heißt die Frage nach dem schutzbedürftigen Nächsten vielmehr: Wer kann sich wehren und weiteren Handlungen vorbeugen und wer nicht? Sind nicht die, die vorbeugen können, verpflichtet, den tendenziell Schutzlosen zur Hilfe zu kommen, ohne daraus anschließend Machtansprüche abzuleiten?

Ethisch gesehen müsste dann gefragt werden, ob in Somalia, in Bosnien, im Kosovo und anderswo alle anderen Mittel zur Befriedung des Landes erschöpft waren und ob sich mit militärischen Mitteln eine Befriedung des Landes zum jeweiligen Zeitpunkt überhaupt erreichen lässt/ließ.[313] Wer die Einsätze der Nato im Kosovo und in Afghanistan beispielsweise betrachtet, wird kaum um die Feststellung herumkommen, dass jedenfalls ein „selbsttragender" Frieden auch nach vielen Jahren nicht erreicht werden konnte. War der Einsatz also doch eher der Durchsetzung eigener Ordnungsvorstellungen als dem Erreichen von Frieden und Sicherheit geschuldet? Man könnte sogar eher davon sprechen, dass in Afghanistan nichts erreicht wurde. Das zeigte u.a. zum Beispiel eine Steinigung mitten im deutschen Kontrollgebiet von Afghanistan.

Ebenso wäre zu fragen, warum sich der Einsatz von internationalem Zwang in Darfur nicht durchsetzen ließ. Im Falle der Terrorismusbekämpfung nach dem 11. September 2001 stellte sich diese Frage auch ethisch nicht, weil es nicht um die Bekämpfung einer akuten Gefährdung der Menschheit ging. Vielleicht sieht eine Befriedung ganz anders aus als es den ‚westlichen' Vorstellungen und ethischen Ansätzen entspricht. Die Ordnungen der westlichen Staaten wurden auch über Jahrhunderte dauernde gesellschaftliche Schwierigkeiten, Kämpfe und Umschichtungen erreicht. Die westliche Welt setzt ihre Ordnungs- und Hilfevorstellungen an anderen Orten durch, zögert jedoch oft in der nächsten Nähe. Sie kann terroristische Handlungen kraft der ihr eigenen Meinungsführerschaft in der Weltpolitik zu „widermenschlichen" Handlungen erklären, tut das aber immer noch vorwiegend, wenn sie selbst betroffen ist wie in Frankreich oder Belgien

2015/2016.

Aufgrund der gegebenen wirtschaftlichen und militärischen Machtverhältnisse im globalen Rahmen werden viele regionale Konflikte
unlösbar. Allein ihre Definition als Problem in der „globalen Welt",
das einer Lösung durch Hilfe von außen zuzuführen wäre, wird von
den Beteiligten als unerwünschte Einmischung und als Versuch,
„westliche Lösungen" aufzuzwingen, empört zurückgewiesen. Die
Kontrolle und die Sicherheit des Verkehrs von Waren und Menschen
liegt nicht nur im Interesse global agierender Großkonzerne und der
ihnen gesetzliche Rahmen gebenden staatlichen und überstaatlichen
Gebilde. Durch Verflechtung der Wirtschaftsbereiche können Störungen in diesem Bereich zu bedrohlichen Krisen führen. Terroristen wie
die vom 11. September und ihre Nachfolger greifen unter anderem
diese Sicherheiten im globalen Rahmen an und stören so die 'normalen' und geregelten Vernetzungen. Dass das auch mit weniger Untermalung aus der Religion und ohne Märtyrertum geht, zeigen die im
Jahre 2008 besondere Aufmerksamkeit auf sich ziehenden Piraten aus
Somalia, welche den Welthandel empfindlich störten. Diese Störung
wirkte sich allerdings sehr viel weniger aus als die Wirtschaftskrise,
die mit dem Handel von nicht wertgesichert vorhandenem Geld im
selben Jahre ausgelöst wurde.

Ethische Fragestellungen an militärische oder polizeiähnliche Kom-
mandoaktionen zu richten, zeigt: Auch Ethik hat ebenso wie Gewalt
mit Definitionsmacht zu tun.

Die Verschiebung gesellschaftlicher "Plausibilitäten"

Das uns nahe liegende ethische Problem liegt in der erdrutschartigen
Verschiebung der Gewichte in unserer eigenen Gesellschaft. Wenn
härteres und gewaltbereiteres Durchgreifen innen und außen der neue
und plausible Stil der Gesellschaften und Regierungen werden sollte,
die Welt von ihrer Unübersichtlichkeit zu befreien, könnte man allenfalls von der Logik der Macht, weniger von ethisch gerechtfertigtem
Handeln sprechen! Überall Ordnung zu schaffen mit allen Mitteln,
nach „außen" mit Waffen, nach „innen" mit schärferen Gesetzen,
diese Verhaltensweise kann nicht den Rang einer ethischen Maxime
beanspruchen!

Die vordergründige Zerstörung eines Gegners oder Feindes mag mit
Waffen zu erreichen sein, ein wirklicher Frieden war noch nie mit
Waffen zu erzielen. Die Verunsicherung durch sich separierende und
partikulierende Interessen aber lässt einzelne und Völker ganz sichtbar
zur Waffe greifen. Wer verantwortlich ethisch denkt, kann kaum anders als die Möglichkeiten des Friedens neu zu bedenken und nachhal-

tig im Gespräch zu halten: Sozialen Ausgleich, Toleranz, Achtung der Würde des anderen, welche gegen die Gegner dieser Denkweise allerdings verteidigt werden müssen.

Für bibelfeste Ethiker aber gilt - zugegeben etwas unpolitisch - noch immer der Satz: Wer das Schwert nimmt, wird durch das Schwert umkommen. Nichts, weder die Rede von der neuen Verantwortung, noch die Verhaltensmaßregeln des Neuen Testaments, entheben jeden Einzelnen und die Menschheit der Verantwortung für den Frieden und die Menschlichkeit. Die „besondere deutsche Verantwortung" könnte auch weiterhin darin liegen, die Erfahrungen der bösen Zeit im Dritten Reich und darum herum wach zu halten und in Friedensarbeit umzusetzen. Von einer besonderen Verantwortung ist jedoch nicht mehr die Rede. Es geht in der neuen Diskussion nur noch um „Normalisierung". Als Konzept ist Normalisierung zu wenig und ohnehin nicht von grundlegender Art. Als Idee zeichnet sich jenseits der politischen Gewichtungen und Machtverhältnisse die ethische Verpflichtung der menschlichen Welt - Gemeinschaft ab, ihre Mitglieder vor Ausbeutung, Unterdrückung, Missachtung sowie gewalttätigen Übergriffen durch verbrecherische Machtausübung zu schützen. Dabei gilt aber die Warnung, die der gegenwärtige Anlass Terrorismus vor Augen führt. Die Verpflichtung zum Eingreifen gegen Missachtung und Misshandlung führt nicht ins Paradies, auch nicht zu einer ‚neuen Weltordnung', sondern im besten Falle nur zu einer einigermaßen akzeptablen menschlichen Ordnung und Lebensmöglichkeit. Eine neue Doktrin, nach der jeder Staat – zumindest der westlichen Welt – seine Sicherheitsinteressen auch in anderen Ländern und Regionen der Welt verteidigen muss, wirkt wie eine Bestätigung, dass Sicherheit mit Definitionsmacht zusammenhängt. Was sollte geschehen, wenn islam(ist)isch regierte Staaten ähnliche Gedankengänge und dann auch Handlungen produzieren? Der sog. Islamische Staat führt das der Welt bereits vor.

Nach anderen ethischen Ansätzen wird der Umgang mit dem Problem noch schwieriger. In der radikalkonstruktivistischen Sicht der Welt gibt es keine Wirklichkeit, die anzunehmen oder zu entfalten wäre. Alle Akte des Lebens konstruieren jeweils Wirklichkeit. Es kann somit keine vordefinierte „wahre" oder „natürliche" Existenz geben, die moralische Werte von selbst enthält, deren Verteidigung notwendig wäre. Zudem gibt es Schwierigkeiten, überhaupt ethische Entscheidungen zu formulieren oder sie vorzubereiten.[314] Allgemeine - gar naturrechtliche - Maximen, von denen zur Umgehung von Entscheidungen lediglich zu deduzieren wäre, können nicht in Anschlag gebracht werden. Auch ontologisch existierende Werte kann es in dieser Sicht nicht geben.

Damit wäre sichergestellt, dass Konfliktregelung nicht weltanschaulichen Entscheidungen folgen muss, womit letztlich die Sichtweise einer jeweiligen punktuellen moralischen Mehrheit durchgesetzt würde. Das bedeutete jedoch auch, dass Regelungen nicht weltanschauliche Standards festschreiben, sondern für Änderungen im inhaltlichen Kontrollverhalten offen bleiben. Ethischer Kolonialismus wird somit ausgeschlossen. Das Eingreifen könnte damit kaum gerechtfertigt werden.

Wird der Menschenrechtsbegriff „wertontologisch" umgedeutet, bedeutet das oft „auch eine Rehabilitierung des Schicksals und die Aufforderung, in Demut das Gegebene hinzunehmen und auf die Veränderung des Veränderlichen zu verzichten."[315] Der Kieler Philosoph Wolfgang Kersting schließt aus der Auseinandersetzung mit der „Ethik des kategorischen Fundaments", es sei notwendig, eine „inventive Ethik der aktiven moralischen Gestaltung der neuen modernisierungserzeugten Problemfelder im Rahmen einer deliberativen Moralfortbildung, ..., die pluralistisch und dissensfähig ist, die ihre Gestaltungsvorstellungen nach dem Vorbild wissenschaftlicher Hypothesenbildung begreift, sich ihres experimentell-revidierbaren Charakters bewußt bleibt und die fälligen Entscheidungen im Rahmen einer offenen gesellschaftlichen Diskussion nach demokratischen Verfahrensregeln fällt," zu bilden.[316] Dabei bleibt jedoch die Frage, wie es möglich sein könnte, mit Terroristen in eine deliberative Phase einzutreten, die gerade das Deliberative als Gegnerschaft gegen Gott ansehen.

Ergebnis: Sicherheitswahn gegen religiösen Wahn

„Welche Religion hat nicht Brüche in ihrer Geschichte, von den Kreuzzügen bis zum Schweigen angesichts des Mordes an den Juden. Und welche Religion ist frei von Gruppen, die ihre Glaubenssätze anders deuten, von Absplitterungen, die meinen, sie allein seien die wahrhaft Gläubigen. Es fehlt auch keiner Nation an Bürgern, die aus religiösen oder ideologischen Gründen einen ganz anderen Weg durchsetzen wollen. ... Das, was wir das Böse nennen, trägt nirgendwo eine Uniform. Und in aller Welt ist es so, dass jene, die wir als Böse empfinden, uns für die Bösen halten."[317] Wer dieser Einsicht von Gerhard Mauz folgen will – und sie ist ja unmittelbar einleuchtend – wird nicht umhin kommen, die Konsequenzen in der westlichen Politik zu beleuchten. Die Religion hat nämlich bisher kaum eigene Antworten gegeben, sondern versucht sich der Diskussion durch Hinweis auf Fehlinterpretationen zu entziehen.[318] Eine (erste) Antwort kam – wie bereits angemerkt - von Rolf Schieder Ende des Jahres 2008. Und spätestens seit 2014 richtet sich auch das islamische Denken in Europa deutlich gegen den terroristischen Islamismus.

Es ist deutlich und unübersehbar, dass die Antwort auf den Wahn der islamistischen Seite im Westen nicht einfach nur eine Polizeiaktion mit militärischen Mitteln gewesen ist und noch ist. Im Gegenteil nimmt die politische Antwort nahezu ersatzreligiöse Züge an und bewegt sich so zumindest im Bereich der politischen und ethischen Grundlegung im uneigentlichen fremden Gebiet – mit der Gefahr, die eigenen Wertvorstellungen wahnhaft zu verraten. Wenn man jedoch den Überwachungswahn bedenkt, der im Jahr 2013 unter dem Stichwort NSA bekannt wurde, ist es nicht nur ein sehr effektiver Wahn[319], sondern eine rein menschliche Anmaßung derer, die die Mittel zur Kontrolle der Weltbevölkerung zu haben glauben.

Die Politik übersetzt das Stichwort „gerechter Friede" mit ‚Sicherheit für unsere Art zu leben', die von Gewalttätern bedroht wird. Es ist unübersehbar, dass die politischen Verhältnisse im globalen Maßstab die gesellschaftlichen Verhältnisse im nationalen Maßstab widerspiegeln. Nur die gut organisierten und materiell saturierten Staaten der Welt können sich Armeen leisten (wobei die fiskalische und wirtschaftliche Situation der USA fast schon wieder ein Beweis für das Gegenteil ist), die Sicherheit durch globalen Einsatz zu produzieren oder zu erhalten suchen. Das unterstreicht die globale Verteilung der Militärausgaben. 2009 lagen die USA mit 43% aller Militärausgaben an der Spitze, die „westliche Welt" rangierte bei rund 70 Prozent, während die übrige Welt einschließlich Russland, China und Indien sich den Rest teilte. 2015 lagen die USA noch bei 36 Prozent der westliche Anteil schrumpfte ein wenig. Wenn das kein Hinweis auf Sicherung der Vorherrschaft durch Militär ist, was ist es dann?

Bereits bei der Definition des Eingreifens in fremden Territorien unter dem Befehl der UNO wurde das deutlich. Daraus ergibt sich eine Philosophie der Sicherheit, die mit Unverletzbarkeit geltender Regeln und Besitzstände zu interpretieren ist. In der zweiten Hälfte des 20. Jahrhunderts nahm die Sicherheitsdebatte einen ganz anderen Rang ein. Im West-Ost-Gegensatz galt Sicherheit als militärisches Gleichgewicht zwischen den Blöcken. Die Nachrüstungsdebatte in den achtziger Jahren begründete den Zwang zur Nachrüstung mit einem „Fenster der Verwundbarkeit". Im Gleichgewicht des Schreckens (der Atomwaffen) glaubte die Politik, die Sicherheitsfragen gelöst zu haben. Ein Angriff einer Seite auf die andere hätte, so die angewandte Lehre, genau genommen aber ein Glaubenssatz, die gegenseitige Zerstörung zur Folge gehabt. Unter der Prämisse, dass niemand seine eigene Zerstörung anstrebt, konnte diese Lehre als unmittelbar einleuchtend gelten. So wurde Gewaltandrohung mittels apokalyptischer Gewaltszenarien eingedämmt. Aus heutiger Sicht könnte man daran wahnhafte Anteile sehen.

Der Wegfall des Ost-West-Konfliktes setzte auch diese Denkweise außer Kraft. Bedrohliche Gewalt kam in ganz anderen Dimensionen, lokal begrenzten Konflikten wie auf dem Balkan, oder der Dauerkrise um Israel, zu Bewusstsein. Die Unübersichtlichkeit erschien als Grund, zur Verteidigung der Menschenrechte einzugreifen. Die Gesellschaften des Westens wendeten sich mehr und mehr der „Bedrohung" durch (Armuts-) Migranten und organisierte Kriminalität zu. Menschen ohne Aufenthaltsgenehmigung bedrohen danach die „öffentliche Sicherheit und Ordnung"[320]. Kriminalität überhaupt und darunter besonders die so genannte ‚Ausländerkriminalität' wurde unter dem Aspekt der Sicherheit wahrgenommen. Die Hinwendung zur Prävention und zur längeren Verwahrung ‚gefährlicher Täter' dienten in der Kriminalpolitik zur Beruhigung der Bürgerinnen und Bürger, denen die Medien ihre Situation als sehr unsicher geschildert hatten. In Deutschland hat das VI. Strafrechtsänderungsgesetz vom 1998 die Funktion gehabt, BürgerInnenängsten durch Verlängerung der Haftzeiten zu begegnen. In der Realität lief das darauf hinaus, dass sich in den Gefängnissen ein Berg von Inhaftierten bildete, der nach wenigen Jahren ‚durchgelaufen' war. Die Zahl der Inhaftierten stieg auf 105 Prozent der Belegungsfähigkeit im Jahr 2000 und sank bis 2006 wieder auf 93 Prozent. In den 1980iger Jahren lag diese Zahl bei rund 70 Prozent. Ein Rückgang der registrierten Kriminalität wurde durch die Maßnahmen nicht erzielt.

Die Asyl- und Ausländerpolitik gerieten zunehmend unter die Perspektive Sicherheit, besonders seit am 11. September 2001 die völlig neue Variante der Verunsicherung massiv ins Bewusstsein getreten war: Dem Westen wurde bewusst, dass es Menschen gibt, welche den im Kalten Krieg wirksamen Schutz, nämlich die Bedrohung des eigenen Lebens durch einen Angriff auf den anderen, völlig außer Betracht stellten, ja sogar gezielt einkalkulierten. Diese Wahrnehmung beförderte eine Art Präventionsgedanken vor allem in der USA – Politik, wie er auch dort bisher nur in Bezug auf den „Krieg" gegen die Kriminalität im Inneren angewendet wurde. Wenn die Folgen des „inneren Präventionshandelns" in den USA in Betracht gezogen und als Parallele angewendet werden, droht ein noch längerer – vielleicht sogar unaufhörlicher und völlig unwirksamer - Krieg gegen „das Böse".

Die brutale und monströse Übersteigerung eines Selbstmordattentats durch die beispiellosen Taten am 11. September 2001 machte die lange schwelende Unsicherheit in der Begegnung mit solchen Phänomenen mit einem Schlag zur weltweiten gemeinsamen Erfahrung. Folgerichtig reagierten die Innenminister vieler westlicher Länder mit „Sicherheitspaketen", die ihresgleichen suchen, aber in der Logik der wachsenden Bedeutung der Sicherheitsphilosophie seit dem Ende des Ost-West-Gegensatzes liegen. Sicherheit kann in der praktischen politischen und alltagsgebräuchlichen Sprache als ein Zustand gelten, in dem Freiheit des Denkens, der Reise, der Wahl des Wohnortes etc. nur denjenigen zukommen darf, die nicht eben diese Freiheit der anderen bedrohen. Um das zu sichern, bedarf es weitgehender Kontrollmöglichkeiten. Die ziemlich unauffällige Integration der Attentäter vom 11. September als Studierende in Deutschland stellte wiederum die Kriterien für Kontrollen in Frage und tut es anhand der Nachfolgetaten immer wieder.

Es ist aus der organisierten Kriminalität bekannt, dass aus- und einreisende Täter(gruppen) sich durch möglichst perfekte Aufenthalts- und Ausweispapiere dem üblichen Verdachtsschema zu entziehen suchen. Terroristen der Art vom 11. September leisten daher einer Sicherheitsphilosophie Vorschub, die Freiheit generell als ‚gefährlich‘ ansieht. Der im Jahre 2003 durch die USA verwendete Sicherheits- und Präventionsbegriff präzisiert das weiter. Präsident George W. Bush versprach in seiner Rede vom 17. März 2003, der Welt durch einen von der UNO nicht abgesegneten Krieg gegen den Irak „Sicherheit“ zu bringen. In den Augen seiner zahlreichen Kritiker stürzte er die Welt durch diesen Krieg in die Unsicherheit, nicht zu wissen, welche Folgen ein derartiger Präventivkrieg zeitigen wird. In dieser Fortsetzung des Kampfes der Guten gegen die Bösen folgen den USA allerdings nur wenige Länder der Welt. Die Ergebnisse des kriegerischen Einsatzes zeigen eher weitere Verunsicherung als vermehrte Sicherheit. Die Anschläge auf Djerba, auf Bali, in Marokko oder in Tschetschenien 2002 und 2003 sind damit zu erklären. Ebenso die Anschläge von Madrid, London und schließlich sogar Paris, Brüssel und Ankara 2015/2016.

Sicherheit als Freiheit von fremder Gewaltanwendung bekommt für Menschen der westlichen Welt eine Art Heiligenschein. Sie muss sogar präventiv verteidigt werden. Wenn frühere Generationen als Reaktion auf die Unsicherheit des Lebens dem Glauben anhingen, nur in Gott gäbe es wirkliche Sicherheit, während dieses Leben durch fundamentale Unsicherheit geprägt sei, so droht heute als Gegenreaktion gegen Unsicherheit durch ‚Feinde des Lebens‘ ein Sicherheitswahn. Sicherheitswahn hängt dem Glauben an, durch strenge Kontrolle sei vollständige Sicherheit zu erreichen. Vollständige Sicherheit wäre dann das „westliche Paradies“. Die besondere westliche Variante dieser Kontrolle sind Vorschriften und Gesetze. Auffällig und greifbar wird dann nur, wer Vorschriften und Gesetze nicht einhält und dies zum jeweiligen Kontrollpunkt. Die Gesellschaft erhöht den Kontrollaufwand ins Unermessliche, formalisiert, professionalisiert und verheimlicht ihn. Das durchschnittliche Gesellschaftsmitglied erfährt, dass niemand sich mit praktischem Alltagswissen gegen Unsicherheiten, Kriminalität und Gewalt schützen kann. Dazu passt die Ankündigung eines irakischen Politikers im Fernsehinterview im Januar 2003: Die ‚neue Waffe' der (unterlegen scheinenden) Moslems seien tausende von Selbstmordattentätern, die schon bereitstehen und im Falle eines amerikanischen Angriffes in den Krieg ziehen werden. Wie sich seither weltweit zeigt, können solche „Waffen" nur schwer durch lückenlose Kontrolle ‚entschärft' werden. Im Krieg im Irak selbst traten sie kaum in Erscheinung. Sie wurden jedoch nach dem durch den US-Präsidenten proklamierten Kriegsende zum massivsten Problem.

Es entwickelt sich ein glaubens - oder nahezu wahnähnliches - Verhältnis zu denen, die Sicherheit durch Kontrolle garantieren zu können scheinen. Ihnen Opfer zu bringen, schließt sich logisch an. Den Göttern haben die Menschen allezeit kleine und große Opfer gebracht. Die Götter zu kontrollieren, ist nicht Aufgabe des Volkes oder des Einzelnen. Der erste Schritt in Richtung einer Gesellschaftsform, wie sie den Islamisten vorschwebt, wäre damit getan.

Die demokratische und offene Gesellschaftsform beruht nicht auf glaubensähnlichen Verhältnissen zu ihren politischen Repräsentanten. Sie beruht auf dem Glauben an die Gleichheit der Menschen, einem Desiderat der christlichen Lehre von der Unverlierbarkeit, der Würde und dem Wert des Individuums bei Gott[321] – und der ‚Allgegenwart der Sünde' als Grund für die Gewaltenteilung. Insofern handelt es sich auch bei den politischen Auseinandersetzungen mit den islamistischen Lehren um fundamentale Unterscheidungen in der Lehre vom Menschen und seiner Gesellschaft in dieser Welt. Der Westen kompensiert diese schmerzende Differenz mit einem Sicherheitswahn, der nicht weniger gefährlich ist als der Gotteswahn. Die politische Welt des Islam setzt in Teilen dagegen ihr Empörungsritual ein.

Eine merkwürdige und problematische Form zeigte dieser Sicherheitswahn in der Schweiz, in der „das Volk" am Sonntag, 29. 11. 2009, mit einer Mehrheit von 57,4 Prozent den Bau neuer Minarette ablehnte, obwohl die Regierung und wohl auch die Gesetzeslage das Gegenteil woll(t)en. „Das Volk" drückte ein Unbehagen aus, das der politischen Korrektheit nicht zugänglich ist. Ein Teil der politischen Korrektheit der moslemischen Seite nahm das als Anlass, bis hin zum Vorwurf des Faschismus das vermeintliche Recht auf ständige Empörung zu kultivieren. Wenn Extremisten ganze Trauerfeiern oder Teile von Moscheen samt den dort versammelten Gläubigen in die Luft jagen, folgt jedenfalls kein für die ganze Welt sichtbares Empörungsritual. Das Ritual dient also der Darstellung eigener Befindlichkeit gegenüber der gewähnten Diskriminierung der Muslime in der Welt, nicht der Empörung über konkretes gewalttätiges und schandbares Verhalten. Auch hier könnte man von wahnhafter Empörung als Kompensation einer Identitätsproblematik sprechen.

Es scheint aber inzwischen so, als ob diese Wahrnehmungsweise der muslimischen Bevölkerungen allmählich differenziert zu sehen ist. Christian Kreutzer beschreibt das im ‚Spiegel‘: „Das weltweit agierende US-Meinungsforschungsinstitut Pew-Research ermittelte, dass in den betroffenen Ländern bis zu 80 Prozent der Menschen in Angst vor dem Aufschwung der Radikalen leben. Zustimmung gibt es vor allem bei den ganz Jungen, Verzweifelten und Chancenlosen.“[322] Dieser Artikel berichtet auch, dass die monströsesten Anschläge wie 9-11 und andere einen Bekehrungseffekt haben. In Deutschland wenden sich jedoch die islamischen Zentralverbände mit dem Slogan: „Muslime stehen auf gegen Hass und Unrecht“ gegen die Terroristen des „Islamischen Staates“ in Syrien und im Irak am 19. Sept. 2014. Özlem Topcu schreibt dazu in der ‚Zeit‘, den Kampf um den Islam könnten nur die Muslime selbst ausfechten.[323]

Die Verantwortung der (Welt-) Religionen

Der Terrorismus im Namen Allahs ist allen schnellen Abwehrversuchen aus den Kirchen und Religionsgemeinschaften im Westen zum Trotz nicht nur eine politische, sondern auch eine religiöse Herausforderung. Er ist auch nicht einfach als Folge krankhaften, behandlungsbedürftigen Wahns abzutun, sondern ähnlich wie ein Wahn auf seine eigene Weise eine Überkompensation realer physischer und / oder psychischer Not.

Religion wird spätestens seit dem Attentat vom 11. September 2001 in einen Kontext gezwungen, dem sie nicht entkommen kann. Es wird deutlich, dass im Terrorismus die Aggressionen frei werden, die sonst in den Religionen gebunden sind. Die Akteure und besonders ihre Anführer maßen sich an, die apokalyptische Schlacht Gottes (des Guten) gegen den Bösen (das Böse) eigenhändig zu führen. Ihre Aktionen führen aufgrund dessen, dass sie sich „selbst einladen", nicht ins Paradies, sondern in die Hölle, die der Mensch dem Menschen immer dann bereitet, wenn er das endgültige Heil heraufführen will.

Der Wahn, Gottes Werk auszuführen, schlägt in die Verblendung satanischer Besessenheit (von narzisstischer Wut geprägte Gewalthandlungen) um. Terroristen interpretieren den Anspruch aller Religionen auf die letztendliche Hoheit über die Deutung der Welt und des Menschen in ihr durch den politischen Anspruch auf Weltherrschaft. Dabei definieren sie alle Menschen, die nicht ihrer Meinung oder ihres Glaubens sind, zu Feinden Gottes um – eine Denkweise, die aus allen fundmentalistischen Ansätzen bekannt und nach derzeit überwiegender Meinung in Soziologie und Philosophie den Monotheismus inhärent ist.[324] Sie fordern Glauben und richten sich gegen Nichtgläubige. Dies trifft zumindest auf das Christentum jedoch nur in Zeiten seiner historischen Gestalt, nicht aber in seiner Grundtheorie (Theologie) zu, wenn man z.B. den Aufruf zur Feindesliebe in Rechnung stellt. Beim Islamismus handelt es sich wie bei anderen Fundamentalismen um eine offenbar mögliche Interpretation ‚normaler Religion'.

Warum einzelne Menschen (Männer) dieser Form der religiösen und menschlichen Anmaßung erliegen, lässt sich nicht einlinig erklären. Gesellschaftliche, individuelle, politische und historische Prozesse spielen eine Rolle, ohne dass daraus ein einziger bündiger Ansatz gemacht werden könnte. Terrorismus ist ein Männerproblem, seine (gewaltsame) Bekämpfung weitgehend ebenso. Ein Kampf der Kulturen ist die gegenwärtige Auseinandersetzung jedoch ebenso wenig wie ein Kampf der Religionen. Eher muss von einem Kampf zwischen

Fundamentalisten und Liberalen innerhalb der und zwischen den Fundamentalisten verschiedener Religionen, gesprochen werden.

Die Menschenwürde jedes einzelnen Menschen, die Würde als Mensch und Mitmensch, ist die Errungenschaft, um die es in diesem Kampf geht. Die ‚Herrschaft Gottes' sollte – aus ‚christlicher' Sicht - diese Würde zum Ziel haben und gerade nicht irgendeine (angebliche) Unterwerfung. Sie muss gegen schnelle Lösungen, fundamentalistische Anmaßung und somit gegen die so genannte ‚mosaische Unterscheidung' in Verbindung mit den national(istisch)en Lösungen verteidigt werden. Gegen diese wurde sie einst in heftigen Auseinandersetzungen auch errungen.

Wie sollte die Gemeinschaft der Völker auf die globalisierte Herausforderung Terrorismus anders reagieren als durch eine Art Polizeiaktion mit militärischen Mitteln, wenn die Herausforderung die Züge von brutaler Großkriminalität trägt? Die Polizei dient in Rechtsstaaten der Gefahrenabwehr, die in diesem Falle nötig schien. Da es sich um internationale Zusammenhänge handelte, musste das Militär gebraucht werden. Wahrscheinlich aber hätte Zurückhaltung mehr Sicherheit gebracht. Nach oder am besten immer noch statt Waffengewalt helfen nur differenzierte Argumentation, Achtung der Menschenwürde und sorgfältige Gespräche der Religionen in gegenseitiger Anerkennung weiter, sowie eine Politik des globalen Ausgleichs. Sicherheit wäre politisch als Anerkennung der anderen zu definieren. Dass das im Zusammenhang mit einer seit den 1970iger Jahren sich entwickelnden Opfer – Täter – Dichotomie auch innerhalb unserer westlichen Gesellschaften schwierig ist, kann aus psychoanalytischer Sicht so gesehen werden: „Der andere ist nicht länger in seiner Würde unantastbar, er wird zum Feind, zur „schrecklichen, furchterregenden Über –Ich - Figur, der die narzisstische Welt der ‚Opfersubjekte' bedroht, sodass ihm gegenüber rigorose Schutzmaßnahmen und Sicherheitsvorkehrungen notwendig werden."[325] Gegen diese Entwicklung geht es bei der „Zivilisierung" der Religionen in der kosmopolitischen und individuellen Entwicklung der globalen Welt. Und das ist seinem Wesen nach protestantisch.

Wahnfrei geht es aber auch bei der Abwehr des Terrorismus nicht zu. Der Westen wähnt sich als die Ordnungsmacht der Freiheit und wirft damit neue Fragen auf.

Was im Übrigen die Gefahr angeht, die von Religionen ausgeht, so handelt es sich lediglich um eine Gefahr, die der Mensch als Mensch so „an sich hat", die ihm eigen ist. Die Religionen haben das in verschiedenen Formen als Sündhaftigkeit dargestellt. Um einen Wahn mit Krankheitswert dürfte es sich bei den Attentätern eher nicht han-

176

deln, wie der Vergleich mit Wahnerkrankungen zeigte. Eine (narzisstisch verformte) Wahnvorstellung hinsichtlich der eigenen Rolle in der Nachfolge Allahs liegt aber doch zu Grunde. Tödlich enden können sowohl der Wahn als auch der wahnhafte Fundamentalismus. Durch die rein zufällige Auswahl der (Mit-) Opfer und die Wahl des „Mittels" gibt aber der Selbstmordattentäter seinem Gegenüber noch nicht einmal die Gelegenheit des Einspruchs oder der Flucht. Weniger Achtung vor dem individuellen Sein des Anderen ist nicht möglich. Da es hier nur um den ‚ersten Tod' und das wahre Leben geht, erweist sich auch das Leben des Anderen ohnehin als bloßer Schein.

Vor allem die evangelische Theologie, aber auch die meisten Formen von christlicher Religiosität überhaupt, bekommen durch die islamistischen Vorstellungen die Frage nach Gott, Religion, Gewalt, Märtyrertum und Apokalypse geradezu (wieder) aufgezwungen. Sie haben dafür eigentlich eine Lösung, die jedoch – wie sich erst an der Auseinandersetzung mit der neuen konkreten Verbindung von Religion und Gewalt erwiesen hat - als interpretatorischer Ausstieg genutzt wurde: die ‚Lehre' von der Rechtfertigung, die Gewalt zwar überflüssig macht, aber nicht als bloßes Wortanhängsel für die Inszenierung der Freisprechung im Gericht Gottes begreift. Gewalt als mögliches Konstrukt von Religion ist als Ausdruck der menschlichen Angst vor und Ambivalenz gegenüber dem anderen Menschen zu begreifen. Sich mit dem anderen ‚gerechtfertigt' zu glauben und ihn dadurch anzuerkennen, ist die besonders akzentuierte evangelische Antwort, nicht die interpretatorische Eliminierung der Gewalt aus dem Denken und Wahrnehmen.

Die Rechtfertigungsvorstellung wird im Islamismus umgekehrt: Ein Gläubiger darf alles tun, weil Gott ihm verzeiht. Alles ist also gerechtfertigt, was der Gläubige tut, er bleibt nicht länger Sünder. Die Vergebung wird nicht an Reue und Umkehr geknüpft.

In der kommunikativen Situation der Zeit hat der islamistische Terror aber noch eine ganz andere Funktion. Er hat ‚Religion' zum öffentlichen und weltpolitischen Thema gemacht. Davor hatte sie zumindest in Europa und von Europa aus unter dem Tagesordnungspunkt ‚verschiedene Privatsachen' jedenfalls vordergründig ein Nischendasein geführt. Europa erlebt anhand der Religion seine politische Position als Minderheit in der Welt. Es sieht seine mühsam erkämpften Weltkonstruktionen wie Säkularisierung, Individualisierung, Freiheit und Frieden in Frage gestellt. Was als großer Fortschritt galt und von Europa aus so wahrgenommen wurde, kann jetzt aus der Sicht des Islam als Konkurrenz zwischen den beiden großen Religionen verstanden werden. Die Konstruktion der islamischen Seite interpretiert die ‚Politik des Westens' als ‚christlich', während in den christlichen Theologien und Kirchen diese Identifikation nur im geringen Maße stattfindet. So werden Moscheen in Europa von den Muslimen als religiöse Freiheit im politischen Prozess eingefordert, während die europäischen Gesellschaften das als Teil der ‚Privatsache Religion' zu deuten versuch(t)en. Bei diesem Vorgang entsteht ein neues Verständnis dafür, wie grundlegend politisch die Freiheit des Menschen zu seinem eigenen Glauben und dessen Organisation zu sehen ist. Das verdankt sich wiederum der Religion als Gesamtdeutung der Welt.

In den Weihnachtsausgaben des Nachrichtenmagazins ‚Der Spiegel' werden jeweils religiöse Themen verhandelt. Im Jahre 2009 sah die Redaktion die Aufgabe, die globale Konkurrenz von Islam und Christentum zu bearbeiten. Titel: „Wer hat den stärkeren Gott?" Dabei wird der Gegensatz auf die griffige Formel gebracht, dem Islam gehe es um Gehorsam, dem Christentum um Wahrheit. Gott jedenfalls sei stärker aus der Säkularisierung hervorgegangen als man ihm zugetraut habe. Der Islam habe sich allein durch die Zahl und die Jugend seiner Anhänger zum Machtfaktor entwickelt. Der Ausgang des Rennens sei offen, besonders da sich die Moscheen weltweit mit Gläubigen füllten, die Kirchen jedoch nur mit Touristen. Der Islam beginne, die Gewalt als Problem wahrzunehmen. Er habe jedoch seine Reformation noch vor sich. Im Jahr 2010 hieß der Titel „Mekka".

Die religiösen Texte schließlich müssen als eigene Weltkonstruktionen wahrgenommen werden, deren Rezeption für aktuelle Weltkonstruktionen sich nicht nach theologischen Leitlinien welcher Art auch immer richtet. Sie werden als ihrerseits mächtige Konstruktionen (globale Meta - Erzählungen) benutzt, um eigene Differenz- und Ähnlichkeitserfahrungen zu formulieren und die jeweilige eigene Welt zu konstruieren. An diesem Punkt der Konstruktion von Wirklichkeit tritt der verantwortliche Eintrag der Religionsgemeinschaften ein. Auch wenn sie nicht in der Lage sind, alle Konstruktionen zu steuern, so ist ihr Beitrag doch seinerseits eine mächtige Meta – Erzählung, deren Weltkonstruktion Leitfunktionen übernimmt. Jordaniens Königin Ranja[326] und Papst Franziskus[327] haben das verstanden. Beide riefen dazu auf, der isalmistischen Interpretation entgegenzutreten.

Die Verantwortung aller Religionen und ihrer Theologien zu gemeinsamem Handeln und Denken ist immens. Das erscheint besonders auch deshalb entscheidend, weil die islamistische Bewegung dem, was in der christlichen Apokalypse zu lesen ist, in vielen Teilen folgt und es auf eine sehr herausfordernde Art in die Praxis umsetzt. Weil das so ist, mehren sich die Stimmen, die Religionen jedweder Art für eine Art Wahn halten, wenn sie solche Ausgeburten erzeugen können. Die

Religionen müssen aufpassen, dass sie nicht mit der Weltkonstruktion des Islamismus jegliche Reputation in dieser Welt verlieren. Beim religiösen Wahn, der einzelne Menschen betrifft, wäre diese Wirkung nicht zu erwarten, zumal er auch weniger „ansteckend" ist.

Namensindex

Benutzte Literatur

Abdel-Samad, Hamed, Mohamed. Eine Abrechnung. Droemer Verlag, München, Oktober 2015

Abu l-A`la l-Maududi, Vorlesung über islamisches Staatrecht in Marrakesch (1952), in: Meier, Andreas, Der politische Auftrag des Islam, Peter Hammer Verlag, Wuppertal 1994

Abdullah, Muhammad Salim, Islam. Muslimische Identität und Wege zum Gespräch, Patmos Verlag, Düsseldorf 2002

Assmann, Jan, Herrschaft und Heil, Politische Theologie in Altägypten, Israel und Europa, S. Fischer Verlag, Frankfurt 2002

Ates, Seyran, Der Islam braucht eine sexuelle Revolution, Ullstein Verlag, Berlin 2009

Augustin, Vom Gottesstaat, Deutscher Taschenbuch Verlag, München, Vollständige Ausgabe 2007

Beck, Ulrich, Die Erfindung des Politischen, Suhrkamp Verlag, Frankfurt a.M. 1993

Ders., Der eigene Gott, Friedensfähigkeit und Gewaltpotential der Religionen, Verlag der Weltreligionen 2008

Beile, Rüdiger, Zwischenruf aus Patmos, V&R unipress Göttingen 2. Aufl. 2007

Berger, Klaus, Wie kommt das Ende der Welt? Quell Verlag, Stuttgart 1999

Berko, Anat, The Path to Paradise, Praeger Security International, Westport 2007

Chaudhry, Tahir, Der Koran entlarvt den "Islamischen Staat" als antiislamisch, http://www.zeit.de/politik/ausland/2015-05/is-terror-unislamisch/komplettansicht

Cook, David, Die Propheten des Weltuntergangs. Wer den modernen Islamismus verstehen will, muss seine apokalyptischen Wurzeln kennen, Die Zeit 2001

Bouzar, Dounia, u.a., La metamorphose operee chez le jeune par les nouveaux discourse terreristes, recherche-action sur la mutation du processus d'indoctrinement et d'embargement das l'islam radical. Avec l'aide de l'équipe du C.P.D.S.I., des familles et des partenaires, *Novembre 2014,* http://www.bouzar-expertises.fr/metamorphose

DeMause, Lloyd, Die Ursprünge des Terrorismus in der Kindheit, in: Kurth, Winfried; Janus, Ludwig, Hg., Psychohistorie und Persönlichkeitsstruktur, Jahrbuch für psychohistorische Forschung Band 2, Mattes Verlag, Heidelberg 2002, 407-415

"Der Himmel lächelt, mein junger Sohn", DER SPIEGEL - SPIEGEL ONLINE, 30.09.2001

Die islamistische Weltsicht ist bequem, Interview mit Ghaffar Hussain, Der Spiegel online, www.spiegel.de/ politik/ausland/0,1518,druck-607466,00.html

Die Zeit: IS-Anführer soll US-Geisel vergewaltigt haben, http://www.zeit.de/politik/ausland/2015-08/al-bagdadi-islamischer-staat-vergewaltigung

Drewermann, Eugen, Einen Ausweg suchen aus der Blutmühle von Aktion und Reaktion, von Gewalt und Gegengewalt, Paderborner Rede, 27. Oktober 2001

Dutton, Kevin, Psychopathen. Was man von Heiligen, Anwälten und Serienmördern lernen kann, Deutscher Taschenbuch Verlag München, 6. Aufl. 2014, engl. Originaltitel: The Wisdom of Psychopaths, William Heinemann, London 2012.

Ertel Manfred, Unter falschen Vorzeichen, Der Spiegel 39/2013, 102f.

Evangelische Kirche in Deutschland: Friedensethik in der Bewährung, Eine Zwischenbilanz (2001) zu: Schritte auf dem Weg des Friedens. Orientierungspunkte für Friedensethik und Friedenspolitik. Ein Beitrag des Rates der Evangelischen Kirche in Deutschland.

Dies., Aus Gottes Frieden leben –für gerechten Frieden sorgen. Eine Denkschrift des Rates der Evangelischen Kirche in Deutschland, Gütersloher Verlagshaus 2007

Franke, Kirsten, Frauen und Kriminalität, Universitätsverlag Konstanz, Konstanz, 2000.

Fromm, Erich, Ihr werden sein wie Gott, Deutsche Verlags-Anstalt, Stuttgart 1982 (orig. You Shall Be as Gods, New York 1966)

Gebauer, Matthias, Shoib Najafizada Nordafghanistan: Steinigungsvideo demonstriert Macht der Taliban, spiegel-online vom 28.01.2011.

Gebauer, Matthias, Krieg in Mali, "Die Franzosen haben uns gerettet", aus Diabali, spiegel-online, 26. Januar 2013, 11:04 Uhr, http://www.spiegel.de/politik/ausland/mali-franzosen-ruecken-vor-einwohner-fuerchten-islamisten-trotzdem-a-879790.html

Girard, René, Das Heilige und die Gewalt, Fischer Taschenbuch Verlag, Frankfurt, 3. Auflage als Taschenbuch 1999, Original La violence et le sacre, Bernard Grasset, Paris 1972

René Girard, Ich sah den Satan vom Himmel fallen wie einen Blitz. Eine kritische Apologie des Christentums, Frankfurt am Main: Verlag der Weltreligionen 2008. Französische Originalausgabe 1999.

Gogarten, Friedrich, Politische Ethik, Jena 1932;

Ders., Einheit von Kirche und Volkstum?, Hamburg 1933;

Ders., Ist Volksgesetz Gottes Gesetz?, Hamburg 1934

Galtung, Johan, Noch lange kein Ende des Terrors, Sonntagszeitung, 18. November 2001

Gorski, Horst, Die Bibel ist keine echte Heilige Schrift, Erfahrungen eines Protestanten mit dem christlich-muslimischen Dialog, Zeitzeichen 11/2001

Grützner, Friedhelm, Furchtbar, fremd und unheimlich, Zeitzeichen 2/2002, 26-29

Habermas, Jürgen, Glauben und Wissen. Der Preisträger des Friedenspreises des Deutschen Buchhandels zu Säkularisierung in der postsäkularen Gesellschaft und kooperativer Übersetzung religiöser Gehalte, in: Dialog, Jahrgang 1, Nr 1, 63.ff..

Hagenmaier, Heike und Martin, Seelsorge mit psychisch kranken Menschen, Matthias-Grünewald-Verlag, Mainz 1991

Hagenmaier, Martin, Erscheinungsformen des Religiösen in der Psychiatrie, Wege zum Menschen 1983

Ders., Abschiebung und kein Ende, TBT Verlag, Sierksdorf, 2. Aufl. 1997

Ders., Die Austreibung des Heiligen Geistes, Text-Bild-Ton Verlag, Sierksdorf 2001

Ders., Mythen, Konstruktionen, Lebensentwürfe, AVM Verlag, München 2009

Hegel, Georg W.F., Phänomenologie des Geistes, Werke in zwanzig Bänden, Band 3, Suhrkamp Verlag, Frankfurt a.M. 1970

Heitmeyer, Wilhelm; Dollase, Rainer, Hg., i. Z. mit Johannes Vossen, Die bedrängte Toleranz, Suhrkamp Verlag, Frankfurt a.M. 1996

Hume, David, Eine Untersuchung über den menschlichen Verstand, HG: Raoul Richter, Verlag von Felix Meiner in Hamburg, Unveränderter Nachruck 1964

Huntington, Samuel P., Kampf der Kulturen, Goldmann Verlag, München 2002

Jens Jessen, Beleidigung: Warnung! Dieser Artikel kann Gefühle der Kränkung auslösen, ZEIT Nr. 42 vom 6.10.2016

Jung, Carl Gustav, Psychotherapie und Religion, Walter Verlag, Olten und Freiburg i. Br. 2. Aufl. 1972

Käsemann, Ernst, An die Römer, Handbuch zum Neuen Testament 8a, J.C.B. Mohr, Tübingen 4.Aufl. 1980

Kazim, Hasnain, Mohammed-Schmähvideo: Pakistan rätselt über Motiv des Kopfgeld-Ministers, spiegel - online, 23. September 2012, 09:25 Uhr

Kazim, Hasnain, "Muslimische Gesellschaften sind kollektiv gescheitert", Gespräch mit dem pakistanische Atomphysiker Pervez Hoodbhoy, Islamabad, Spiegel Online,

28.01.2013, 14:24 Uhr

Hasnain Kazim, "Demokratie ist etwas für Ungläubige", Spiegel Online 23.10.2014

Kermani, Navid, Das heilige Phantasma, Die Zeit Nr. 2, 2003, 5

Kersting, Wolfgang, Kritik der Gleichheit; Über die Grenzen der Gerechtigkeit und der Moral, Velbrück Wissenschaft, Weilerswist 2002

Khorchide, Mouhanad, Nicht Buch, sondern Rede. Eine ständige Aktualisierung seiner Botschaft ist im Koran angelegt, Zeitzeichen 10/2016

Khoury, Adel Theodor, Der Koran, Patmos Verlag, Düsseldorf 2004

Kippenberg, Hans G., Gewalt als Gottesdienst. Religionskriege im Zeitalter der Globalisierung, C.H. Beck, München 2008

Kölch, Michael, Theorie und Praxis der Kinder- und Jugendpsychiatrie in Berlin 1920-1935, 2006, http://www.diss.fu-berlin

König, Rene; Sack, Fritz, Hg., Kriminalsoziologie, Frankfurt am Main 1968

Konräd, György, Über die Epoche des latenten Terrors - Kultur - SPIEGEL ONLINE, 06.10.2001

Kreutzer, Christian, Ex-Glaubenskämpfer warnen: "Wir werden Al-Kaida nicht mehr los", t-online.de, 31.01.2014, 08:20 Uhr

Kreutzer, Christian, Der Weltuntergang beginnt in diesem Dorf, glaubt der IS. http://www.t-online.de/nachrichten/ausland/id_76424686/tid_pdf_o/wo-alle-schlachten-enden-in-diesem-dorf-beginnt-der-weltuntergang-glaubt-der-is-.html

Kunz, Karl-Ludwig, Kriminologie, Verlag Paul Haupt, Bern, Stuttgart, Wien, 3. Aufl. 2001

Laermann, Klaus, Gewaltmystik. Vortrag bei der Tagung „Wird Gewalt normal?" im Dez. 2003 in Bad Segeberg. (Manuskript)

Lévy, Bernard-Henri, Ein Krieg um die Aufklärung, DER SPIEGEL 49/2001 - 03. Dezember 2001

Lewis, Bernard, Die Assassinen. Zur Tradition des religiösen Mordes im radikalen Islam, Eichborn Verlag Farnkfurt a.M., 2001

Lewis, Bernard, Der Koran kennt keine Selbstmordattentate. Ein Gespräch mit dem amerikanischen Islamwissenschaftler Bernard Lewis über die religiöse Verwirrung in der arabischen Kultur, Die Zeit online, (zeit.de/2004/13/BernLewis/komplettansicht)

Leygraf, Norbert, Zur Phänomenologie islamistisch-terroristischer Straftäter, Forensische Psychiatrie, Psychologie, Kriminologie, Ausgabe 4/2014, 237-245

Loehr, Birgitta, Das Wort ist ihre Waffe, Rheinischer Merkur 34/2001

Löpscher, Gabi; Smaus, Gerlinda, Hg., Das Patriarchat und die Kriminologie, KrimJ, 7. Beiheft 1999, S. 49-66.

Luther, Martin, Ermahnung zum Frieden, 1525

Ders., Wider die räuberischen und mörderischen Rotten der Bauern, 1525

Luxenburg, Christoph, Die syro-aramäische Lesart des Koran: Ein Beitrag zur Entschlüsselung der Koransprache, Verlag Hans Schiler, Berlin, 5. Auflage 2015

El Masrar, Sineb, Emanzipation im Islam – Eine Abrechnung mit ihren Feinden -, Verlag Herder, Freiburg im Breisgau 2016

Mauz, Gerhard, Der Mensch ist zu allem fähig - kein Grund für Generalverdacht, Mauz-Kolumne, SPIEGEL ONLINE - 17. September 2001.

Meier, Andreas, Der politische Auftrag des Islam, Peter Hammer Verlag, Wuppertal 1994

Mernissi, Fatima, Der politische Harem, Verlag Herder, Freiburg i. Br., 4. Aufl. (2002)

Dies., Islam und Demokratie, Die Angst vor der Moderne, Verlag Herder, Freiburg im Breisgau 2002

Merton, Robert K., Sozialstruktur und Anomie, in: Fritz Sack, René König, Kriminalsoziologie, Frankfurt 1968;

Ders., Soziologische Theorie und soziale Struktur, Walter de Gruyter, New York, Berlin, 1995

Meuser, Michael, Gewalt, hegemoniale Männlichkeit und "doing masculinity", in: Moeller, Bernd, Geschichte des Christentums in Grundzügen, Vandenhoeck & Ruprecht, Göttingen, 8., neu bearb. Aufl. 2004

Moltmann, Jürgen, Das Ende als Anfang, zeitzeichen 12/2001

Mundhenk, Ronald, Sein wie Gott. Aspekte des Religiösen im schizophrenen Erleben und Denken, Paranus Verlag, Neumünster 3. Aufl. 2007

Nordelbische Kirchenzeitung vom 14. Okt. 2001

Northoff, Georg, Die Fahndung nach dem Ich. Eine neurophilosophische Kriminalgeschichte, München: Irisiana Verlag im Random House 2009

Oberste, Jörg, Ketzerei und Inquisition im Mittelalter, Wissenschaftliche Buchgesellschaft, Darmstadt 2007

Ourghi, Abdel-Hakim, Hamed Abdel-Samad : Wer hat Angst vor ehrlicher Islamkritik? http://www.zeit.de/gesellschaft/2015-12/hamed-abdel-samad-islamkritik-buch

Pinker, Steven, Gewalt. Eine neue Geschichte der Menschheit, S. Fischer Verlag, Frankfurt a.M. 2013. Original: The better Angels of our Nature. Why Violence has declined. The Viking Press, New York 2011

Pohly, Michael, Durán, Khalid, Osama Bin Laden und der internationale Terrorismus, Econ Ullstein List Verlag, München 2001

Rendtorff, Trutz; Tödt, Heinz Eduard, Theologie der Revolution, Analysen und Materialien, Suhrkamp Verlag, Frankfurt am Main 4. Aufl. 1970

Reuter, Christoph, Offensive im Irak, Die Höhlenmenschen vom "Islamischen Staat", Spiegel Online vom 24. Oktober 2016

Richardson, Louise, Was Terroristen wollen, Frankfurt, Campus-Verlag, New York 2007

Rushdie, Salman, „Terror ist Glamour", Spiegel-Gespräch, Der Spiegel Nr. 35 / 2006, 162-165

Ryan, William, Blaming the Victim, Reviced updated edition, Vintage 1976

Christian Scharfetter, Schizophrene Menschen, München, Wien, Baltimore 2. Aufl. 1986

Raniah Salloum, Mohammed - Schmähvideo: Syrische Aktivisten spotten über wütende Araber, spiegel-online, 14.9.2012

Schaap, Fritz, Nur der Satan isst mit Links, Herder –Verlag, Feiburg, Basel Wien 2012

Schieder, Rolf, Sind Religionen gefährlich?, Berlin University Press, Berlin 2008

Schiller, Friedrich, Maria Stuart, uraufg. 14. Juni 1800 in Weimar, gedruckt 1801, Reclam Universalbibliothek Nr. 64

Schlesier, Vanessa, http://www.welt.de/politik/ausland/article129491973/Gespraech-mit-einem -Isis-massenmoerder.html

Schmidbauer, Wolfgang, Alles oder nichts. Über die Destruktivität von Idealen, Rowohlt, Reinbek bei Hamburg, 2. Aufl. 1983

Schmidt, Wolf, Jung, Deutsch, Taliban, Ch. Links Verlag, Berlin 2012

Schmithals, Walter, Das Evangelium nach Markus, Ökumenischer Taschenbuch-Kommentar zum Neuen Testament 2/2, Gütersloher Verlagshaus Mohn Gütersloh und Echter Verlag, Würzburg, 2. ber. und erg. Auflage 1986

Schneider, Gerhard, Das Evangelium nach Lukas, Ökumenischer Taschenbuch-Kommentar zum Neuen Testament 3/2, Gütersloher Verlagshaus Mohn Gütersloh und

Echter Verlag, Würzburg, 2. Aufl. 1984

Schütt, Peter, Unheiliger Krieg, Rheinischer Merkur Nr. 39, 28.09.2001

Senghaas, Dieter, Zur Pathologie organisierter Friedlosigkeit, in: Bahr, Hans-Eckehard, Hg., Weltfrieden und Revolution, Fischer Bücherei, Frankfurt am Main 1970, 83-130

Sloterdijk, Peter, Von Terror und von Genen, Frankfurter Rundschau 17.11.2001

Ders., Gottes Eifer. Vom Kampf der drei Monotheismen, Verlag der Weltreligionen, Frankfurt am Main und Leipzig, 2007

Ders., Du mußt dein Leben ändern. Über Antropotechnik. Suhrkamp Verlag Frankfurt am Main, 1. Aufl. 2009

Stosch, Klaus von, Krieg gegen den Islam, https://www.publik-forum.de/Religion-Kirchen/krieg-gegen-den-islam

Tessore, Dag, Der Heilige Krieg im Christentum und Islam, Patmos Verlag, Düsseldorf 2004

Tibi, Bassam, Fundamentalismus im Islam, Wissenschaftliche Buchgesellschaft, Darmstadt 2000

Tölle, Rainer, Psychiatrie, 8., neubearb.Auflage, Berlin, Heidelberg, New York, London, Paris, Tokio u.a. 1988

Topcu, Özlem, Ist das unser Islam? Warum so viele Muslime schweigen, wenn ihre Religion missbraucht wird., Die Zeit Nr. 38, 14.9 2014, 2

Tworuschka, Udo, Nur für die Sache Gottes, zeitzeichen 11/2001

Tyerman, Christopher, Gods War; A New History of the Chruisades London und New York, Penguin Books 2006

Ders., Die Kreuzzüge. Eine kleine Einführung, Stuttgart: Philipp reclam junior 2009.

Vaas, Rüdiger; Blume, Michael, Gott, Gene und Gehirn, Hirzel, Stuttgart 2009

Vaas, Rüdiger, Gläubige Gehirne, Bild der Wissenschaft 1/ 2010, 54-59

Ders., Weltangst schürt die Gottesfurcht, a.a.O., 62-69

Vaknin, Sam, "Malignant Self-love": The World of the Narcissist, The Essay, 10. Aufl. 2013

Wallmann, Johannes, Kirchengeschichte Deutschlands seit der Reformation, J.C.B. Mohr, Tübingen, 6. Aufl. 2006

Watson, Ivan, 'They would torture you': ISIS prisoners reveal life inside terror group, CNN, October 28, 2014.

Widmann, Michael, Im Kampf der Kulturen. Wo steht der Feind?, Sankt Ulrich Verlag, Augsburg 2007

Wikipedia, freie Internet Enzyklopädie www.wikipedia.de

Zimbardo, Philip, Der Luzifer-Effekt, Die Macht der Umstände und die Psychologie des Bösen, Spektrum Verlag Heidelberg 2008

Anmerkungen

[1] René Girard, Ich sah den Satan vom Himmel fallen wie einen Blitz. Eine kritische Apologie des Christentums, Frankfurt am Main: Verlag der Weltreligionen 2008, 9.

[2] So etwa Ronald Mundhenk, Sein wie Gott. Aspekte des Religiösen im schizophrenen Erleben und Denken, Neumünster: Paranus Verlag 3. Aufl. 2007. Hier wird allerdings die Sicht der Bedeutungen von Religion in der psychischen Erkrankung weniger als Erkenntnisweg für ein vertieftes Verständnis der Betroffenen im Sinne der Therapie ausgerichtet, sondern als Erkenntnisweg für Religion.

[3] Siegmund Freud, Die Zukunft einer Illusion, in: Studienausgabe Band IX, Frankfurt am Main: S. Fischer Verlag 1974, 135 – 189.

[4] Susanne Heine, Grundlagen der Religionspsychologie, Göttingen: Vandenhoeck & Ruprecht 2005, 145-183; Christian Henning; Sebastian Murken, Erich Nestler, Einführung in die Religionspsychologie, Paderborn: Ferdinand Schöningh Verlag 2003, 33f. (Autor Chr. Henning).

[5] S. http://www.t-online.de/nachrichten/ausland/krisen/ id_71335728/ islamischer-staat-ehe-malige-is-kaempferin-aus-syrien-packt-aus.html.

[6] So beispielsweise Thomas Feld, Religion und Psychose, Religiöse Erfahrung im Kontext der Psychiatrie, gefunden in der Internetrecherche „Religion und Psychiatrie", 11.

[7] Rüdiger Vaas; Michael Blume, Gott, Gene und Gehirn, Hirzel Stuttgart 2009 und Rüdiger Vaas, Gläubige Gehirne, Bild der Wissenschaft 1/ 2010, 54-59.

[8] Dazu die Forschungen über Interaktion, z.B. zusammengefasst bei Heinz Abels, Interaktion, Identität, Präsentation, Kleine Einführung in interpretative Theorien der Soziologie, Westdeutscher Verlag, 2., überarbeitete Auflage 2001, bes. 107-141.

[9] „Ich erfahre die Wirklichkeit der Alltagswelt als Wirklichkeitsordnung.", Berger, Luckmann, 24. Die Schrift folgt im wesentlichen dem Ansatz von Alfred Schütz, Strukturen, a.a.O..

[10] Die Annahme von verschiedenen Rationalitäten stammt aus der Ethnomethodologie, s. die Darstellung bei Abels, Heinz, Interaktion, Identität, Präsentation, Kleine Einführung, 107-141. Garfinkel, Harold, Studies on ethnomethodologiy, Englewood Cliffs: Prentice Hall 1967.

[11] Abels, a.a.O, 120.

[12] Sloterdijk, Du mußt dein Leben ändern, Über Antropotechnik, Suhrkamp Verlag Frankfurt am Main, 1. Aufl. 2009, 20f..

[13] A.a.O., 22.

[14] Edb..

[15] Ebd..

[16] Arno Plack, Ohne Lüge leben. Zur Situation des Einzelnen in der Gesellschaft, Deutsche Verlagsanstalt, 1976, 266.

17 Rainer Tölle, Psychiatrie, 8., neubearb.Auflage, Berlin, Heidelberg u.a. 1988, 101-117.

18 J.L.A. Koch, Die psychopathischen Minderwertigkeiten, Maier Verlag Ravensburg 1891-93). F. Pinel, Traité Medico-Philosopique sur l'aliénation mentale, Brosson Verlag Paris 1809.

19 Tölle, Psychiatrie, 101.

20 Harald Schultz-Henke, Lehrbuch der analytischen Psychotherapie, Stuttgart, Georg Thieme Verlag, 2. unveränderte Aufl. 1969 (1. Aufl. 10951), 298 – 308.

21 Hier spricht man von dissozialer oder antisozialer Persönlichkeitsstörung. Aufschluß-reich ist jedoch die Zusammenfassung dieser Störungen unter dem Stichwort der Psychopathie, so etwa: Hart SD, CoxDN & Hare RD (1966) The Hare PCL.SV. Psychopathy Checklist: Screening Version. MultiHealth Systems, North Tonawanda-Toronto. Die Häufigkeit von Persönlichkeitsstörungen in nordamerikanischen Gefängnissen liegt nach Hare bei 20 %, in der forensischen Psychiatrie bei 10 %, in der Allgemeinpopulation rechnet man mit 3-7 % bei Männern und 1-2 % bei Frauen. Antisoziale Persönlichkeiten werden angenommen zwischen 0,2 und 3 %, Bronisch, T., Persönlichkeitsstörungen. In: Möller, H.-J. u.a., Hg., Psychiatrie und Psychotherapie, Springer - Verlag, Berlin Heidelberg, New York 2000.

22 Kevin Dutton, Psychopathen, 2014, 230f.

23 Christian Scharfetter, Schizophrene Menschen, München, Wien, Baltimore 2. Aufl. 1986, 67.

24 Ebd., 136.

25 Ebd., 138.

26 Vgl. Georg Northoff, Die Fahndung nach dem Ich. Eine neurophilosophische Kriminalgeschichte, München: Irisiana Verlag im Random House 2009, 172.

27 A.a.O., 178.

28 S. auch Thomas Feld, Religion und Psychose, 8.

29 Carl Gustav Jung, Psychotherapie und Religion, Walter Verlag Olten und Freiburg i. Br. 2. Aufl. 1972, 64.

30 Martin Hagenmaier, Erscheinungsformen des Religiösen in der Psychiatrie, Wege zum Menschen 1983.

31 Spiegel online, 10. September 2009, 10:32 Uhr: Flugzeugentführung in Mexiko. Täter handelte nach "göttlicher Eingebung". http://www.spiegel.de/panorama/flugzeugent fuehrung in-mexiko-taeter-handelte-nach-goettlicher-eingebung-a-648079.html.

32 Carl Gustav Jung, a.a.O., 57f..

33 Rolf Schieder, Sind Religionen gefährlich?, Berlin University Press 2008.

34 Hans G. Kippenberg, Gewalt als Gottesdienst. Religionskriege im Zeitalter der Globalisierung, München: C.H. Beck 2008.

35 Klaus Laermann, Gewaltmystik, Vortrag bei der Tagung „Wird Gewalt normal?" im Dez. 2003 in Bad Segeberg (Manuskript).

[36] Jürgen Moltmann, Das Ende als Anfang, Zeitzeichen 12/2001, S. 43

[37] Jürgen Habermas, Glauben und Wissen, in: Dialog · Jg. 1/Nr. 1 · Frühjahr 2002, 64f..

[38] S. dazu Peter Sloterdijk Gottes Eifer. Vom Kampf der drei Monotheismen, Verlag der Weltreligionen Frankfurt am Main und Leipzig, 2007; Ulrich Beck, Der eigene Gott, Friedensfähigkeit und Gewaltpotential der Religionen, Verlag der Weltreligionen, a.a.O., 2008.

[39] Moltmann, a.a.O, 41.

[40] Fatima Mernissi, Der politische Harem, Verlag Herder, Freiburg i.Br., 4. Aufl. 2002. Darin wird erklärt, wie es zu der Geschlechterkonstruktion kam, die heute als ‚islamisch' angesehen wird.

[41] Vom kulturwissenschaftlichen Zugang Sloterdijks und dem soziologischen Becks wird später die Rede sein. Hier geht es zunächst um die ‚religionseigenen' Vorstellungen. S. dazu die ausführliche und quellennahe Darstellung des Problems des „Heiligen Krieges" in der christlichen und islamischen Theologie durch Dag Tessore, Der Heilige Krieg im Christentum und Islam, Patmos Verlag Düsseldorf 2004.

[42] "Bei diesem Krieg geht es durchaus um den Islam", SPIEGEL ONLINE - 03. November 2001.

[43] Die islamistische Weltsicht ist bequem, Interview mit Ghaffar Hussain, Der Spiegel online, www.spiegel.de/ politik/ausland/0,1518, druck-607466,00.html.

[44] Jan Assmann, Herrschaft und Heil, Politische Theologie in Altägypten, Israel und Europa, Frankfurt, S. Fischer Verlag 2002, 263.

[45] Dazu im Überblick: Friedhelm Grützner, Furchtbar, fremd und unheimlich, zeitzeichen 2/2002, 26-29. Die Herleitung der Kreuzzüge, die aus einer uns heute fremden und unheimlichen Interpretation diverser Texte von Paulus und anderen besteht, lautete da noch ganz anders: Christopher Tyerman, Gods War; A New History of the Chruisades London und New York, Penguin Books 2006, 28-33.

[46] Steven Pinker, Gewalt, 38.

[47] A.a.O., 42.

[48] Der eigene Gott, 40.

[49] Friedrich Schiller in Maria Stuart, uraufg. 14. Juni 1800 in Weimar, 3. Aufzug, 4. Auftritt.

[50] Der Spiegel vom 8.10.2001.

[51] György Konräd, über die Epoche des latenten Terrors - Kultur - SPIEGEL ONLINE, 06.10.2001.

[52] Bassam Tibi, Fundamentalismus im Islam, Wissenschaftliche Buchgesellschaft Darmstadt 2000, S. 160f.:

[53] So die nachvollziehbare Erklärung eines Schweizerischen Experten in einer Fernsehsendung am 11. November 2001 über afghanische Kunstschätze, womit auch die Sprengung der berühmten Bhuddastatuen in Afghanistan begründet wurde. Siehe auch die Herrschaftsansprüche des 'Islamischen Staates' 2013ff.

[54] Tibi, 163.

⁵⁵ Martin Odermatt, Der Fundamentalismus. Ein Gott, eine Wahrheit, eine Moral?, Benzinger Verlag Zürich 1991, 9.

⁵⁶ Odermatt, Klappentext.

⁵⁷ MÄRTYRERTOD FÜR HIJACKER "Der Himmel lächelt, mein junger Sohn", aus: DER SPIEGEL - SPIEGEL ONLINE, 30.09.2001.

⁵⁸ György Konräd, Über die Epoche des latenten Terrors - Kultur - SPIEGEL ONLINE, 06.10.2001.

⁵⁹ Christoph Reuter, Offensive im Irak, Die Höhlenmenschen vom "Islamischen Staat", Spiegel Online vom 24. Oktober 2016, http://www.spiegel.de/politik/ausland/islamischer-staat-der-is-und-seine-tunnelsysteme-a-1117950.html.

⁶⁰ http://www.t-online.de/nachrichten/ausland/krisen/id_71335728/ islamischer-staat-ehe-malige-is-kaempferin-aus-syrien-packt-aus.html.

⁶¹ Gewalt, 34.

⁶² Bernard Lewis, Die Assassinen, Eichborn Verlag Frankfurt a.M., 2001.

⁶³ Odermatt, 116.

⁶⁴ Zum Begriff des Märtyrers aufschlussreich Behnam T. Said, Islamischer Staat, Verlag C.H. Beck, München 2014, 163, Anm. 122, wo die biblische Herkunft des Begriffes nachvollzogen wird.

⁶⁵ Dazu Klaus Berger, Wie kommt das Ende der Welt?, Quell Verlag Stuttgart 1999, 46ff.

⁶⁶ Das Kalifat Islamischer Staat in Syrien und im Irak 2014.

⁶⁷ Said, Islamischer Staat, 163 f.

⁶⁸ S. http://kath-zdw.ch/maria/unversehrt.html: Hier werden nicht verweste Heilige und ihre Geschichten vorgestellt. Vgl. auch den (einfachen) Überblicksartikel von Michael Odenwald, Gibt es Heilige, die nicht verwesen? Freitag, 27.04.2007, 05:55, focus-online - http://www.focus.de/wissen/weltraum/odenwalds_universum/frage-von-christoph-jannack_aid_54625.html.

⁶⁹ Im griechischen Urtext wird das Wort ‚nike' benutzt, in der Lutherbibel lautet die Übersetzung: ‚Überwinder'.

⁷⁰ Offb. 2,11; 20,14.

⁷¹ Offb. 2,26ff..

⁷² Offb. 3,21.

⁷³ Offb.3,5.

⁷⁴ Offb. 2,10. Der Satz diente u.a. als Konfirmationsspruch.

⁷⁵ Römer 12:19, Zitat aus 5. Mose 32,35; auch in Hebräer 10,30.

⁷⁶ G.W.F. Hegel, Phänomenologie des Geistes, Werke in zwanzig Bänden, Band 3, Suhrkamp Verlag Frankfurt a.M. 1970, S. 145ff.

[77] Koran 9, 111.

[78] Heine, a.a.O., 211.

[79] S. Heike und Martin Hagenmaier, Seelsorge mit psychisch kranken Menschen, Matthias-Grünewald-Verlag Mainz 1991, S. 36 ff.

[80] Jürgen Moltmann, Das Ende als Anfang, zeitzeichen 12/2001, 40.

[81] Hasnain Kazim, "Demokratie ist etwas für Ungläubige", Spiegel Online 23.10.2014, 16:44 Uhr.

[82] Hasnain Kazim, Rekrutierer des „Islamischen Staats" im Interview "Demokratie ist etwas für Ungläubige". Spiegel online, 23.10.2014.

[83] 11. Januar 2015, 09:13 Uhr, Telefonmitschnitt: Islamist Coulibaly rechtfertigte seine Taten vor Geiseln, http://www.spiegel.de/panorama/justiz/pariser-geiselnehmer-coulibaly-rechtfertigt -seine-tater-vor-geiseln-a-1012374.html.

[84] Ebd.

[85] http://liveblog.t-online.de/Event/Terroranschlag_auf_Redaktion_ in_Paris, (Volker Bonacker,t-online.de 18:13).

[86] Jörg Diehl. Radikale Islamisten in Deutschland: 230 Gefährder im Visier, http://www.spiegel.de/politik/deutschland/islamisten-in-deutschland-wie-bedroht-ist-die-in nere-sicherheit-a-1011912.html.

[87] Gruselig: Interview mit einem deutschen IS-Kämpfer: "Wollen Sie Europa erobern?" - "Nein, wir werden!" 13.01.2015, 16:29 Uhr | je, http://www.t-online.de/ nachrichten/ausland/id_72472330/interview-mit-einem-deutschen-is-kaempfer-wollen-sie-europa-erobern-nein-wir-werden-.html.

[88] Zu christlichen Formen des Fundamentalismus s. Martin Hagenmaier, Die Austreibung des Heiligen Geistes, Text-Bild-Ton Verlag Sierksdorf 2000, S. 45-55.

[89] Adel Theodor Khoury, Der Koran, Patmos Verlag Düsseldorf 2004, 252f..

[90] MÄRTYRERTOD FÜR HIJACKER "Der Himmel lächelt, mein junger Sohn", aus: DER SPIEGEL - SPIEGEL ONLINE, 30.09.2001.

[91] 1. Samuel 18,7.

[92] A.a.O. S. auch Tyerman, Die Kreuzzüge. Eine kleine Einführung, Stuttgart: Philipp reclam junior 2009, 25-30 und 93-100.

[93] 5. Mose 13. 13ff.

[94] 4. Mose 25.

[95] 1. Samuel 15.

[96] 26. Januar 2013, 11:04 Uhr, Krieg in Mali, "Die Franzosen haben uns gerettet", Aus Diabali berichtet Matthias Gebauer, spiegel-online.

[97] United States Senate, Senate Select Committee on Intellgence, Commitee Study oft he Central Intelligence Agency's Detection and Interrogation Program vom 3.12. 2014. Über: http://www.spiegel.de/politik/ausland/folter-der-usa-bericht-vorgestellt-a-1007435. html.

[98] Siehe dazu die Anmerkungen des Ratsvorsitzenden der EKD im Zusammenhang mit dem Irakkrieg 2003.

[99] Bassam Tibi, Fundamentalismus im Islam, 163.

[100] Einschlägige Schriften in Auswahl: Friedrich Gogarten, Politische Ethik, Jenau 1932; Einheit von Kirche und Volkstum?, Hamburg 1933; Ist Volksgesetz Gottes Gesetz?, Hamburg 1934.

[101] Hasnain Kazim, "Demokratie ist etwas für Ungläubige".

[102] Udo Tworuschka, Nur für die Sache Gottes, zeitzeichen 11/2001, S. 23.

[103] Horst Gorski, „Die Bibel ist keine echte Heilige Schrift", Erfahrungen eines Protestanten mit dem christlich-muslimischen Dialog, zeitzeichen 11/2001, 30.

[104] A.a.O., 51ff..

[105] Röm 12,21.

[106] Matth 5-7.

[107] Thomas Müntzer, Fürstenpredigt am 13. 7. 1524. Zur näheren Kurzcharakterisierung s. Johannes Wallmann, Kirchengeschichte Deutschlands seit der Reformation, J.C.B. Mohr Tübingen, 6. Aufl. 2006, 46ff.; Bernd Moeller, Geschichte des Christentums in Grundzügen, Vandenhoeck & Ruprecht Göttingen, 8., neu bearb. Aufl. 2004, 246f..

[108] Wider die räuberischen und mörderischen Rotten der Bauern, 1525.

[109] An die Römer, Handbuch zum Neuen Testament 8a, J.C.B. Mohr Tübingen, 4.Aufl. 1980, 337ff., zusammenfassend 347.

[110] Mk 12, 13-17 par. Zur Exegese Walter Schmithals, Das Evangelium nach Markus, Ökumenischer Taschenbuch-Kommentar zum Neuen Testament, 2/2, Güterloher Verlagshaus Mohn Gütersloh und Echter Verlag Würzburg, 2. ber. und erg. Auflage 1986, 523ff..

[111] So Gerhard Schneider, Das Evangelium nach Lukas, Ök. Taschenb.-Komm. 3/2, a.a.O., 2. Aufl. 1984, 403.

[112] Aus Matth. 4, 1-11; vgl. Lk. 4, 1-11, hier ist die Reihenfolge der Versuchungen anders als bei Matth.

[113] Etwas allgemein, aber durchaus imposant dazu Helmut Gollwitzer, Veränderung im Diesseits. Politische Predigten, München: Chr. Kaiser Verlag 1973, 39ff. und 69ff.. Trutz Rendtorff und Heinz Eduard Tödt, Theologie der Revolution, Analysen und Materialien, Suhrkamp Verlag Frankfurt am Main 4. Aufl. 1970.

[114] Im katholischen Bereich machte die Kirche der Armen, Basisgemeinden und die sog. Befreiungstheologie in Lateinamerika von sich reden. Sie verbinden sich u.a. mit den Namen Leonardo Boff, Oscar Romero oder Dom Helder Camara.

[115] Zusammenfassend: Jörg Oberste, Ketzerei und Inquisition im Mittelalter, Wissenschaftliche Buchgesellschaft Darmstadt 2007. Die Inquisition wurde in der Auseinandersetzung Roms mit den Katharern in Südfrankreich entwickelt und danach weiter eingesetzt.

[116] Offb. 19,11 – 20,8.

[117] S. dazu in anderer Weise Rüdiger Beile, Zwischenruf aus Patmos, V&R unipress Göttingen 2. Aufl. 2007. Beile versteht die Apokalypse des Johannes als Flugschriftenreihe zu den Entwicklungen des Herrscherkultes und der Politik des römischen Kaisers Domitian.

[118] Hamed Abdel-Samad, Mohamed. Eine Abrechnung. Droemer Verlag, München, Oktober 2015, 87.

[119] Birgitta Loehr, Das Wort ist ihre Waffe, Rheinischer Merkur 34/2001.

[120] David Cook, Die Propheten des Weltuntergangs. Wer den modernen Islamismus verstehen will, muss seine apokalyptischen Wurzeln kennen, Die Zeit 2001.

[121] Hasnain Kazim, "Demokratie ist etwas für Ungläubige", Spiegel Online 23.10.2014, 16:44 Uhr.

[122] Christian Kreutzer, Der Weltuntergang beginnt in diesem Dorf, glaubt der IS. http://www.t-online.de/nachrichten/ausland/ id_7642 4686/tid_pdf_o/wo-alle-schlachten-enden-in-diesem-dorf-beginnt-der-weltuntergang-glaubt-der-is-.html. siehe auch: http:// www.welt.de/ politik/deutschland/article149438108/Warum-der-IS-die-Apokalypse-her-beisehnt. html.

[123] Im angegebenen Artikel wird dazu der Politikwissenschaftler Asiem el-Difraoui zitiert.

[124] http://www.spiegel.de/politik/ausland/syrien-rebellen-vertreiben-is-aus-dabik-a-1116857.html. http://www.t-online.de/nachrichten/aus-land/krisen/id_79279438/krieg-gegen-den-is-der-mythos-dabik-ist-ge-fallen.html.

[125] Michael Pohly, Khalid Durán, Osama Bin Laden und der internationale Terrorismus, Econ Ullstein List Verlag München 2001, S. 72.

[126] Berko, Anat, The Path to Paradise, Praeger Security International, Westport 2007, 1f..

[127] Siehe Zimbardo, Philip, Der Luzifer-Effekt, Die Macht der Umstände und die Psychologie des Bösen, Spektrum Verlag Heidelberg 2008, 283-285, fasst diesen Vorgang zusammen.

[128] Lk 17,24.

[129] Mt 24,42.

[130] Berger, Wie kommt das Ende der Welt?, 11.

[131] Lukas 1,52.

[132] Siehe auch Berger, a.a.O., 39ff..

[133] Berger, a.a.O., 37f.

[134] A.a.O., 46.

[135] Offb. 20. Augustin, Vom Gottesstaat, Deutscher Taschenbuch Verlag München, Vollständige Ausgabe 2007, Buch 20, Kapitel 6ff..

[136] A.a.O., 159. Auch Wolf Schmidt beschreibt das in einem Kapitel: „Sterben um zu leben": Dschihad-Pop aus Deutschland, in: Jung, Deutsch, Taliban, Ch. Links Verlag, 2012, 123-135.

[137] Dazu: Abu l-A`la l-Maududi, Vorlesung über islamisches Staatrecht in Marrakesch (1952), in: Andreas Meier, Der politische Auftrag des Islam, Peter Hammer Verlag Wuppertal 1994, S. 185ff.

[138] MÄRTYRERTOD FÜR HIJACKER „Der Himmel lächelt, mein junger Sohn", aus: DER SPIEGEL - SPIEGEL ONLINE, 30.09.2001.

[139] Peter Schütt, Unheiliger Krieg, Rheinischer Merkur Nr. 39, 28.09.2001.

[140] Mt. 12,30; Lk 11,23.

[141] Mk 14,38.

[142] 1. Thess 5,17.

[143] Koran 5, 32.

[144] Koran 5, 33.

[145] Koran, 2, 190-193.

[146] MÄRTYRERTOD FÜR HIJACKER "Der Himmel lächelt, mein junger Sohn", aus: DER SPIEGEL - SPIEGEL ONLINE, 30.09.2001.

[147] Bernard-Henri Lévy, "Ein Krieg um die Aufklärung", DER SPIEGEL 49/2001 - 03. Dezember 2001.

[148] Nordelbische Kirchenzeitung vom 14. Okt. 2001, S. 1.

[149] Wolfgang Schmidbauer, Alles oder nichts. Über die Destruktivität von Idealen, Rowohlt, Reinbek bei Hamburg, 2. Aufl. 1983, 188f..

[150] Am Tag der Anschläge auf das World Trade Center wurde im Bostoner Logan Airport eine Reisetasche gefunden: das nicht rechtzeitig umgeladene Gepäck des Terrorpiloten Atta, der die Boeing 757, Flug 011 der American Airlines, in den Nordturm steuerte. Unter den Schriftstücken sein letzter Wille verfasst im April 1996. http://www.spiegel.de/ spiegel/ 0,1518,160036, 00.html.

[151] www.spiegel.de/politik/ausland/0,1518,druck-573611,00.ht ml9.

[152] Georg Mascolo und Kersten Mügge, Terrorberatung per Telefon. www.Tagesschau.de, 5.8. 2016.

[153] http://www.t-online.de/nachrichten/deutschland/gesellschaft/id_ 79252772/suizid-im-gefaengnis-terrorverdaechtiger-strangulierte-sich-mit-hemd.html. http://www.spiegel.de/politik/deutschland/fluechtlinge-aus-leipzig-jaber-albakr-wollte-uns-toeten-a-1116646.html.

[154] Norbert Leygraf, Zur Phänomenologie islamistisch-terroristischer Straftäter, Forensische Psychiatrie, Psychologie, Kriminologie, Ausgabe 4/2014, 237-245.

[155] Dag Tessore, a.a.O., 212.

[156] Ulrike Putz, Was vor Mohammeds Martyrium geschah vom 23.1.2011, www.spiegel.de/politik/ausland/0,1518. html.

[157] Der Koran kennt keine Selbstmordattentate. Ein Gespräch mit dem amerikanischen Islamwissenschaftler Bernard Lewis über die religiöse Verwirrung in der arabischen

Kultur, Die Zeit online, (zeit.de/2004/13/BernLewis/komplettansicht).

[158] Ivan Watson, 'They would torture you': ISIS prisoners reveal life inside terror group, CNN, October 28, 2014.

[159] "Ein Krieg um die Aufklärung", DER SPIEGEL 49/2001 - 03. Dezember 2001.

[160] Berko, 174.

[161] Zimbardo, Der Luzifer-Effekt, 281.

[162] Das könnte auch auf Bin Laden zutreffen, von dem Lévy im "Spiegel-Interview" berichtet, "dass Bin Laden ein typisches Produkt saudischer Palastintrigen sei, getrieben vom Ehrgeiz, Prinz an Stelle der Prinzen zu werden."

[163] Lloyd DeMause, Die Ursprünge des Terrorismus in der Kindheit, 407.

[164] A.a.O., 408.

[165] A.a.O., 410f.

[166] A.a.O., 412.

[167] A.a.O., 413.

[168] Zimbardo, a.a.O., 282.

[169] Manfred Ertel, Unter falschen Vorzeichen, Der Spiegel 39/2013, 103.

[170] Zimbardo, ebd.

[171] Seyran Ates, Der Islam braucht eine sexuelle Revolution, Berlin: Ullstein Verlag 2009. S. auch das Spiegel-Gespräch mit der Autorin, Der Spiegel Nr. 42 vom 12.10.2009, 142-145. (144).

[172] Der Luzifer-Effekt, 281.

[173] IS zieht eher die Gebildeten an, AFP, dpa, t-online.de, 06.10. 2016

[174] http://www.spiegel.de/panorama/gesellschaft/teenagerinnen-im-dschihad-oesterreicherinnen -wollen-zurueck-a-996670.html.

[175] Wolf Schmidt, Jung, Deutsch, Taliban, 100. Siehe auch 30ff.; 44f.; bes. 93-101. Dazu interessant: Fritz Schaap, Nur der Satan isst mit Links.

[176] http://www.t-online.de/nachrichten/ausland/krisen/id_71335728/ islamischer-staat-ehemalige-is-kaempferin-aus-syrien-packt-aus.html.

[177] Teresa Dapp, Dschihad-Touristinnen - Reisen drei Mädchen zum "Islamischen Staat", http://www.spiegel.de/schulspiegel/leben/londo-ner-teenager-reisen-zum-is-nach-syrien-warum-a-1020843.html.

[178] Dounia Bouzar u.a., La metamorphose operee chez le jeune par les nouveaux discourse terreristes, recherche-action sur la mutation du processus d'indoctrinement et d'embargement das l'islam radical. Avec l'aide de l'équipe du C.P.D.S.I., des familles et des partenaires, *Novembre* 2014, http://www.bouzar-expertises.fr/metamorphose.

[179] Siehe: http://www.spiegel.de/politik/ausland/malala-friedensnobel-preistraegerin-von-taliban-bedroht-a-996623.html.

[180] http://www.spiegel.de/politik/ausland/kobane-augenzeuge-berichtet -vom-kampf-gegen-is-a-996584.html. Eine militärstrategische Erklärung ist hier nicht nötig.

[181] Ivan Watson, 'They would torture you'. https://amp.twimg.com/v/-ffe9a6b4-be62-4327-b99d-05c07dbcffdb.

[182] 10.07.14, Vanessa Schlesier, http://www.welt.de/politik/ausland/ article129491973/Gespraech-mit-einem-Isis-massenmoerder.html.

[183] www.ndr.de/info/sendungen/intensiv-station/Das-freiwillige-terroristische-Jahr, Dez. 2014.

[184] Im Jahre 2009 wurden im Iran die meisten Menschen weltweit hingerichtet. (amnesty international am 10.10.2009).

[185] Michael Pohly, Khalid Durán, Osama Bin Laden und der internationale Terrorismus, Ullstein Taschenbuchverlag München, 2. Aufl. 2001, S 18 ff.

[186] A.a.O., 22.

[187] www.spiegel.de/politik/ausland/-0,1518.html.

[188] Manfred Ertel: Unter falschen Vorzeichen, Der Spiegel 39/2013, 102f.

[189] Richardson, Louise, Was Terroristen wollen, Frankfurt, NewYork, Campus-Verlag 2007. In Kurzform bei http://onnachrichten.t-online. de/c/ 11/83/92/58/ 11839258.html.

[190] Dounia Bouzar u.a., La metamorphose, 31.

[191] ”Der Himmel lächelt, mein junger Sohn”, DER SPIEGEL - SPIEGEL ONLINE, 30.09.2001.

[192] So ein Bericht www.spiegel.de/politik/deutschland/0,1518, 466082,00.html vom 21.02. 2007.

[193] Kippenberg, Gewalt als Gottesdienst, 165ff. u.ö.. Kippenberg spricht vom kriegerischen Gesinnungsislam.

[194] a.a.O., 168ff.

[195] "Noch lange kein Ende des Terrors" Sonntagszeitung, 18. November 2001.

[196] Hamed Abdel-Samad, Mohamed. Eine Abrechnung. Droemer Verlag, München, Oktober 2015.

[197] Daniel Bax, "Mohamed" von Abdel-Samad. Religionskritik nach Pegida-Art, Spiegel – online, 28. 9. 2015. http://www.spiegel.de/kultur/literatur/mohamed-von-hamed-abdel-samad-die-angst-vor-dem-islam-a-1055047.html.

[198] Abdel-Samad, a.a.O., Kap4

[199] A.a.O., 87.

[200] Luxenburg, Christoph, Die syro-aramäische Lesart des Koran: Ein Beitrag zur Entschlüsselung der Koransprache, 153.

[201] Daniel Bax, a.a.O.

[202] Abdel-Hakim Ourghi, Hamed Abdel-Samad : Wer hat Angst vor ehrlicher Islamkritik?

http://www.zeit.de/gesellschaft/2015-12/hamed-abdel-samad-islamkritik-buch

[203] Christian H. Meier, Islam? Da muss man unterscheiden, http://www.zeit.de/gesellschaft/zeitgeschehen/2015-12/hamed-abdel-samad-islam-islamismus-kritik-debatte.

[204] Jens Jessen, Beleidigung: Warnung! Dieser Artikel kann Gefühle der Kränkung auslösen, ZEIT Nr. 42 vom 6 10.2016, http://www.zeit.de/2016/42/beleidigung-kult-islamisten-studenten-political-correctness-macht.

[205] Sineb El Masrar, Emanzipation im Islam – Eine Abrechnung mit ihren Feinden -, Verlag Herder, Freiburg im Breisgau 2016, 191.

[206] Emanzipation, 141.

[207] Emanzipation 88.

[208] Emanzipaztion, 243.

[209] Samuel P. Huntington, betont ausdrücklich, dass es sich nicht um eine sozialwissenschaftliche Arbeit handelt, Kampf der Kulturen, 12.

[210] Huntington, Kampf der Kulturen 187.

[211] A.a.O., 186ff..

[212] A.a.O., 183. Die harten Proben wurden im Jahre 2011 sichtbar und führten zu politischen Änderungen, s. Tunesien und Ägypten sowie Libyen.

[213] A.a.O., 316ff..

[214] Hasnain Kazim, "Muslimische Gesellschaften sind kollektiv gescheitert", Gespräch mit dem pakistanische Atomphysiker Pervez Hoodbhoy, Islamabad, Spiegel Online, 28.01.2013, 14:24 Uhr.

[215] Jürgen Habermas, a.a.O., 65.

[216] Michael Widmann, Im Kampf der Kulturen. Wo steht der Feind?, Sankt Ulrich Verlag, Augsburg 2007.

[217] A.a.O., 182.

[218] A.a.O., 187.

[219] Klaus Laermann, Gewaltmystik.

[220] Ivan Watson, 'They would torture you'.

[221] Die Ursprünge des Terrorismus in der Kindheit, 412.

[222] 172, Absatz 1.

[223] A.a.O., 133-212.

[224] A.a.O., 207.

[225] A.a.O., 208.

[226] Ebd..

[227] A.a.O., 210.

[228]   http://www.spiegel.de/politik/ausland/nigeria-boko-haram-bildete-maedchen-als-selbst-mordattentaeterin-aus-a-1010303.html.

[229] 2. Mose 15, 3. Weitere Schrifthinweise bei Tyerman, Die Kreuzzüge: 2. Mose 32, 26-28 und 1. Samuel 15,3. Die Literatur zu den Kreuzzügen umfasst in der deutschen Nationalbibliothek 170 Titel.

[230] Eph. 6,11.

[231] Tyerman, a.a.O., 93-97.

[232] Tyerman, a.a.O., 29.

[233] A.a.O., 30.

[234] A.a.O., 192.

[235] A.a.O., 194.

[236] Beck, Der eigene Gott, 41.

[237] A.a.O., 42.

[238] Dieser Begriff entstammt den Auseinandersetzungen mit dem Islam.

[239] Beck, a.a.O., 49, weiter vertieft am Beispiel der Türkei.

[240] A.a.O., 111.

[241] A.a.O., 77.

[242] Matth. 5, 38-48. Gott „lässt seine Sonne aufgehen über Böse und Gute und lässt es regnen über Gerechte und Ungerechte." (45b).

[243] Gottes Eifer, 148ff..

[244] Wilhelm Heitmeyer, Rainer Dollase Hg., i. Z. mit Johannes Vossen, Die bedrängte Toleranz, Suhrkamp Verlag Frankfurt a.M. 1996, S. 411ff..

[245] Robert K. Merton, Sozialstruktur und Anomie, in: Fritz Sack, René König, Kriminalsoziologie, Frankfurt 1968, S. 283-313, Aufsatzsammlung: Social Theory and Social Structure, New York 1949, deutsch: Soziologische Theorie und soziale Struktur. Hrsg. u. eingel. von Volker Meja und Nico Stehr, Walter de Gruyter, Berlin 1995.

[246] Robert K. Merton, Sozialstruktur und Anomie S. 284.

[247] Dazu: Navid Kermani, Das heilige Phantasma, Die Zeit Nr. 2, 2003, 5.

[248] A.a.O. 308.

[249] Ulrich Beck, Die Erfindung des Politischen, Suhrkamp Verlag Frankfurt a.M. 1993, 99 ff.

[250] Beck, a.a.O., 93.

[251] Peter Sloterdijk, Von Terror und von Genen, Frankfurter Rundschau 17.11.2001.

[252] Beck, Der eigene Gott, 214.

[253] Siehe das Interview von Bernard-Henri Lévy, "Ein Krieg um die Aufklärung", DER SPIEGEL 49/2001 - 03. Dezember 2001.

[254] Glauben und Wissen. Der Preisträger des Friedenspreises des Deutschen Buchhandels zu Säkularisierung in der postsäkularen Gesellschaft und kooperativer Übersetzung religiöser Gehalte, in: Dialog Jahrgang 1, Nr. 1, 63.

255 Hasnain Kazim, "Muslimische Gesellschaften sind kollektiv gescheitert".

[256] Ebd.

[257] Verzweiflung in Kundus, SPIEGEL ONLINE - 19. November 2001.

[258] "labeling approach", König; Sack, Kriminalsoziologie, Frankfurt am Main 1968.

[259] Karl-Ludwig Kunz, Kriminologie, Verlag Paul Haupt, Bern, Stuttgart, Wien, 3. Aufl. 2001, S. 195 f. (teilweise fettgedruckt).

[260] Jörg Diehl, Roman Lehberger, Verdacht auf Entführung: Polizei überwältigt Islamist in NRW, http://www.spiegel.de/politik/deutsch-land/islamist-in-aachen-von-polizei-ueberwaeltigt-a-992984.html.

[261] The Path to paradise, 2.

[262] Fatima Mernissi, Der politische Harem, Verlag Herder, Freiburg i.Br., 4. Aufl. 2002, 33.

[263] Dazu: Kirsten Franke, Frauen und Kriminalität, Universitätsverlag Konstanz, Konstanz, 2000, zus.gef. S. 173 ff.; Meuser, Michael, Gewalt, hegemoniale Männlichkeit und "doing masculinity", in: Löpscher, Gabi; Smaus, Gerlinda, Hg., Das Patriarchat und die Kriminologie, KrimJ, 7. Beiheft 1999, S. 49-66; Martin Hagenmaier, Mythen, Konstruktionen, Lebensentwürfe, AVM Verlag München 2009, 180ff..

[264] Die Zeit: IS-Anführer soll US-Geisel vergewaltigt haben. http://www.zeit.de/politik/ausland/2015-08/al-bagdadi-islamischer-staat-vergewaltigung.

[265] http://www.spiegel.de/politik/ausland/is-islamischer-staat-rechtfertigt-versklavung-von-jesidena-1035101.html.

[266] Die Täter-Opfer-Umkehr wurde in den 1970iger Jahren formuliert und beispielsweise als Erklärung für Legitimationsstrategien von sexistischer Gewalt oder rechtsradikalen Denkweisen angewandt. Siehe: William Ryan, Blaming the Victim, Reviced updated edition, Vintage 1976. Sam Vaknin, "Malignant Self-love": The World of the Narcissist, The Essay, 10. Aufl. 2013.

[267] Textauszug aus: Andreas Meier, Der politische Auftrag des Islam, Peter Hammer Verlag Wuppertal 1994, S. 201ff; Original: Sayyid Qutb, Wegmarken, Kairo, 10. Auflage 1983.

[268] Andreas Meier, Der politische Auftrag des Islam, S. 197.

[269] Die Begründung könnte man auch aus der bereits erwähnten Koranstelle 2, 191ff. entnehmen: „Und kämpft gegen Sie, bis es keine Verfolgung mehr gibt und die Religion (allein) Allahs ist." (2, 193)

[270] Bernard-Henri Lévy, „Ein Krieg um die Aufklärung", DER SPIEGEL 49/2001 - 03. Dezember 2001: „Der Islam in seiner fundamentalistischen Form ist in gewisser Weise der dritte Faschismus, der grüne Faschismus nach dem braunen und dem roten."

[271] Berza Simsek, Raphael Satter, "Ich war ein Niemand", Was ganze Familien in den Terror-Staat treibt, t-online, 25.09.2014, 11:48 Uhr

[272] A.a.O., 115.

[273] Alle Zitate aus: Hasnain Kazim, "Demokratie ist etwas für Ungläubige"

[274] Offener Brief an Dr. Ibrāhīm ʿAwwād al-Badrī alias „Abū Bakr al-Baġdādī" und an die Kämpfer und Anhänger des selbsternannten „Islamischen Staates", unterzeichnet von über 120 Gelehrten, übersetzt von Muhammed F. Bayraktar, 3. Ḏū l-Ḥiġġah 1435 / 27. September 2014, erschienen auf www.madrasah.de/.at.

[275] 1. Korinther 6,12.

[276] Offener Brief, Nr. 8, 13ff. . Anders Qutb, siehe vorheriger Abschnitt.

[277] Muhammad Salim Abdullah, Islam. Muslimische Identität und Wege zum Gespräch, Patmos Verlag, Düsseldorf 2002, 141.

[278] http://www.spiegel.de/politik/ausland/is-islami-scher-staat-musli-me-protestieren-gegen-verbrennung-von-pilot-a-1016693.html.

[279] Siehe vorheriger Abschnitt.

[280] Abdullah, Islam., 37f.

[281] Wikipedia, Hadith.

[282] Offener Brief Nr. 1 – 5.

[283] Ebd., Nr. 22.

[284] Ebd., 15.

[285] Offener Brief an al-Bagdadi, 8.

[286] Siehe Anmerkung 55, S. 44.

[287] Ulrich Beck, Der eigene Gott, 40.

[288] Klaus von Stosch, Krieg gegen den Islam, https://www.publik-forum.de/Religion-Kirchen/krieg-gegen-den-islam.

[289] Tahir Chaudhry, Der Koran entlarvt den "Islamischen Staat" als antiislamisch, http://www.zeit.de/politik/ausland/2015-05/is-terror-un-islamisch/komplettansicht.

[290] A.a.O., zweiter Absatz.

[291] A.a.O., zehnter Absatz.

[292] http://diepresse.com/home/politik/aussenpolitik/4882477/Deutsch-lands-Katholiken-fordern-Fatwa-gegen-IS?from=gl.home_politik.

[293] Mouhanad Khorchide, Nicht Buch, sondern Rede. Eine ständige Aktualisierung seiner Botschaft ist im Koran angelegt, Zeitzeichen 10/2016, http://www.zeitzeichen.net/religion-kirche/ueber-den-koran.

[294] Widmann, Michael, a.a.O., 80.

[295] Die islamistische Weltsicht ist bequem, Interview mit Ghaffar Hussain, Der Spiegel online, www.spiegel.de/politik/ausland/0,1518, druck-607466,00.html.

[296] Melilla / Spanien: Halt suchen in der Islamistensekte, Sendeanstalt und Sendedatum:

BR, Sonntag, 13. September 2009. Autor: Thomas Schneider / ARD-Madrid.

[297] Vgl. Berko, 174, Absatz 2.

[298] Im Rahmen der Unosom - Missionen 1992/93 ragt besonders die Schlacht von Mogadischu am 3. und 4. Oktober 1993 heraus, nach der die Leichen amerikanischer Soldaten durch die Stadt geschleift wurden. Die Folgen sind kurz zusammengefasst unter ‚Schlacht von Mogadishu' bei Wikipedia.de mit Literaturhinweisen.

[299] Damals demonstrierten 10 Millionen Menschen weltweit gegen den Beginn eines Krieges gegen den Irak, in Berlin alleine 500000.

[300] Richtig unterbrochen zuerst in einer Predigt der EKD Ratsvorsitzenden Margot Käßmann zum Jahr 2010 am Neujahrstag in der Frauenkirche in Dresden: „Nichts ist gut in Afghanistan!"

[301] Siehe nur: Matthias Gebauer, Protokoll der Alptraumnacht von Kundus, Spiegel online am 26. Nov. 2009, 17:01 Uhr.

[302] So Bundeskanzler Gerhard Schröder auf dem Parteitag der Sozialdemokraten in Nürnberg am 19. 11. 2001.

[303] Rede zum Tag der Deutschen Einheit in Stuttgart nach Zeit, t-online: Gauck fordert stärkere Verantwortung Deutschlands in der Welt, 3.Okt. 2013, 15:17 Uhr.

[304] Dieter Senghaas, Zur Pathologie organisierter Friedlosigkeit, in: Hans-Eckehard Bahr, Hg., Weltfrieden und Revolution, Fischer Bücherei Frankfurt am Main 1970, 83-130.

[305] "Ein Krieg um die Aufklärung", Der Spiegel 49/2001 - 03. Dezember 2001.

[306] Friedensethik in der Bewährung, III, 1a).

[307] "Einen Ausweg suchen aus der Blutmühle von Aktion und Reaktion, von Gewalt und Gegengewalt" Die Paderborner Rede von Eugen Drewermann am 27. Oktober 2001.

[308] Aus Gottes Frieden leben – für gerechten Frieden sorgen. Eine Denkschrift des Rates der Evangelischen Kirche in Deutschland, Gütersloher Verlagshaus 2007, 69f..

[309] Dasselbe gilt auch für den bisher letzten Anschlag auf einem Moskauer Flughafen im Januar 2011.

[310] Ein Parallel – Text findet sich bei Micha 4,3f..

[311] Hier tut sich übrigens eine interessante Parallele zu den islamistischen Vorstellungen auf, dass nicht der Mensch, sondern Gott das gute Gesetz „macht".

[312] Erich Fromm, Ihr werden sein wie Gott, Deutsche Verlags-Anstalt Stuttgart 1982 (orig. You Shall Be as Gods, New York 1966), S. 122 f..

[313] Matthias Gebauer, Shoib Najafizada Nordafghanistan: Steinigungsvideo demonstriert Macht der Taliban, spiegel-online vom 28.01.2011.

[314] Ernst von Glasersfeld, Radikaler Konstruktuivismus, Suhrkamp Verlag Frankfurt a.M. 1997, 335ff..

[315] Wolfgang Kersting, Kritik der Gleichheit; Über die Grenzen der Gerechtigkeit und der Moral, Velbrück Wissenschaft, Weilerswist 2002, 332.

[316] Kersting, a.a.O., 337.

[317] Gerhard Mauz, Der Mensch ist zu allem fähig - kein Grund für Generalverdacht, Mauz-Kolumne, SPIEGEL ONLINE - 17. September 2001.

[318] Sind Religionen gefährlich?

[319] Spiegel-online: Das Stichwort US – Überwachung listet am 30.10.2013 schon sechs verschiedene Artikel auf.

[320] Dazu Martin Hagenmaier, Abschiebung und kein Ende, TBT Verlag Sierksdorf, 2. Aufl. 1997, 65.

[321] Gal. 3, 28.

[322] Christian Kreutzer, Ex-Glaubenskämpfer warnen: "Wir werden Al-Kaida nicht mehr los", t-online.de, 31.01.2014, 08:20.

[323] Özlem Topcu, Ist das unser Islam? Warum so viele Muslime schweigen, wenn ihre Religion missbraucht wird., Die Zeit Nr. 38, 14.9. 2014, 2.

[324] Siehe aber die vehemente Ablehnung dieses Zusammenhangs bei Schieder, Sind Religionen gefährlich?, der besonders die Übersteigerung der „mosaischen Unterscheidung" (Assmann) bei Beck, Der eigene Gott, kritisiert. M.E. handelt es sich um ein Missverständnis, da Beck nicht theologisch argumentiert.

[325] Christian Kohner – Kahler, Victim goes Superstar – eine kritische Lektüre des Opfers, Neue Kriminalpolitik, jg. 25, Nr. 2, 2013, 166-181, Zitat 180.

[326] http://www.spiegel.de/politik/ausland/is-islamischer-staat-jorda-niens-koenigin-rania-ruft-zum-widerstand-a-1004205.html.

[327] http://www.spiegel.de/panorama/papst-franziskus-muslimische-fuehrer-sollen - terror-verurteilen-a-1005879.html.